KB064011

내 손 안의 경남 *014*

경남을
기록하다

내 손 안의 경남 *014*

경남을 기록하다

초판 1쇄 발행 2022년 2월 28일

저 자 _전병철·강정화·이영숙·최헌섭·김광철·남재우·김준형·안순형·전성현
펴낸이 _윤관백
편 집 _박애리 ▍표 지 _박애리 ▍영 업 _김현주
펴낸곳 _ 도서출판 선인 ▍인 쇄 _대덕문화사 ▍제 본 _바다제책
등 록 _ 제5-77호(1998.11.4)
주 소 _ 서울시 마포구 마포동 324-1 곳마루 B/D 1층
전 화 _ 02)718-6252/6257 ▍팩 스 _ 02)718-6253
E-mail _ sunin72@chol.com
정 가 15,000원

ISBN 979-11-6068-703-3 03900

내 손 안의 경남 014

경남을 기록하다

강정화 · 김준형 · 전병철
이영숙 외 5인

도서
출판 선인

남해, 지리산, 가야산, 낙동강, 남강, 섬진강...사람과 물자가 오가는 통로였고, 지역을 나누는 경계가 되기도 했다. 아름다운 풍광은 많은 사람들을 오가게 했다.

도서 '경남을 기록하다'는 경남학연구센터가 해마다 발행하는 '내손안의 경남' 열 네번 째 책이다. 이러저러한 이유로 경남지역을 드나들던 사람들이 그들의 눈으로 본 경남의 모습을 글로 남겼다. 지금의 사람들이 그 기록들을 살펴 보았다.

산과 들녘을 기록한 글이 많았다. 지리산은 그 자체가 사람들의 삶이었고, 역사가 되었다. 그래서 산지(山誌)로는 흔치 않은 『두류전지』가 남았다. 지리산의 자연, 명승지, 문화유산, 그리고 깃들어 살았던 사람들이 그 안에 있다. 문창후 최치원, 점필재 김종직, 일두 정여창, 남명 조 식 등의 선현들이 지리산을 터전으로 삼아 은거했다. 지리산을 유람했던 이들은 그때의 감흥을 남겼다. 한시와 기문 등이다. 가야산은 '문인들의 이상향' '영험한 영산' '수도할 만한 산'이었다. 50여 편의 유람록이 전한다.

바다와 그 위에 수 놓은 섬들은 삶의 터전, 수려한 공간이었다. 살펴보고, 노래했다. 우리나라 최초의 어류도감, 『우해이어보』는 궁핍했던 바닷가 사람들에 대한 유배온 선비의 사랑이었다. 남해 바다 위, 금산은 '비단 산' '비단을 두른 산'이라 했다. 남해의 아름다운 경관을 바라볼 수 있는 곳이어서 선현의 발자취가 끊이질 않았고, 그 풍광을 글로 남겼다.

땅에 살았던 사람들의 모습도 기록되었다. 읍지는 고을의 다양한 정보가 담겨 있다. 가장 오래된 읍지, 『함주지』는 조선시대 읍지 체제의 기본이 되었다. 『진양지』, 『밀양지』, 『천령지』, 『분성여지승람신증초』에서 고을의 역사를 되살릴 수 있다. 돌에 새겨진 「봉림사지 진경대사탑비문」은 선불교의 땅, 창원을 말한다. 『단성호적(丹城戶籍)』은 산청지역의 가족구성과 사회변화를 엿볼 수 있다. 지방관이었던 오횡묵은 관할지역에 대한 소소한 이야기, 『고성총쇄록』을 남겼다.

일제강점기 일본사람이 쓴 경남의 모습도 남았다. 『경남사적명승담총』, 『마산항지』, 『마산번창기』 등이다. 일본인 사회로 만들기 위한 노력을 보여준다. '영주(永住)'를 위한 공간만들기였고, 식민자 일본인의 '역사만들기'였다.

이 책은 한국사회 변화와 함께 했던 경남의 모습을 보여준다. 이를 통해 현재의 경남은 어떤 모습이어야 할지 곱씹어보는 계기가 되었으면 좋겠다. 글쓰기를 허락해 주신 선생님들, 이쁜 책으로 만들어주신 선인 출판사 선생님들께 고맙다는 말을 전한다.

2022. 2.
창원대학교 경남학연구센터
남 재 우

경남을 기록하다

내 손 안의 경남 014

「두류신도」(왼쪽) · 함양 용유담(오른쪽 상단) · 가야산(오른쪽 하단)

자연을 노래하다

Ⅰ. 자연을 노래하다

1. 산과 들녘을 기록하다

1) 지리산에 관한 백과사전, 『두류전지』_ 전병철

(1) 김선신과 『두류전지』

특정한 산에 대해 문학·역사·지리 등 종합적인 체계성을 가지고 편찬된 조선 시대의 산지(山誌)는 현재까지 조사한 바로는 3종이 있을 뿐이다. 지리산에 관한 것은 김선신(金善臣, 1775~ ?)의 『두류전지(頭流全志)』가 있으며, 주왕산에 관한 것은 서원모(徐元模, 1787~1858)의 『주왕산지(周王山志)』가 있다. 그리고 청량산에 관한 것으로는 이세택(李世澤, 1716~1777)의 『청량지(淸凉志)』가 있다.

아직까지 학계에서는 산지에 대한 관심이 부족한 편이다. 중국에서는 『무이산지(武夷山誌)』를 비롯한 각 지역의 산지를 총서로 발간하여 연구를 진행하고 있다. 이에 비하면 우리 학계는 기초 작업과 연구 진행이 매우 뒤처진 상태라고 평가할 수 있다. 그런데 일본에서는 산지로 편찬된 서적이 발견되지 않는다. 이 사실은 산에 대한 한국과 일본의 인식 차이를 파악할 수 있는 중요한 단서가 되며, 조선 유교의 특징으로서 산과 관련한 독특한 문화 양상을 밝히는 데 주요 지점이 될 수 있다.

이 글은 조선 시대에 편찬된 산지가 지니는 중요한 의미와 그것에 상응하는 연구 진행의 필요성을 절감하여 작성하게 됐다. 그중에서도『두류전지』를 중심으로 구성 체계와 주요 내용에 관해 살펴볼 것이다. 김선신과『두류전지』에 대해 최초로 언급한 인물은 추사 김정희 연구의 선구자인 후지쓰카 지카시[藤塚鄰, 1879~1948]이다. 그는「청조문화동전의 연구-가경·도광학단과 이조의 김완당-」에서 김선신에 대해 "일본 유학자들 사이에 이현상(李顯相)과 나란히 명성을 떨친 영재로 유명하며, 특히 미야케 기츠엔[三宅橘園] 같은 학자는 김선신에게 자신의 저술인『박유만재(薄遊漫載)』에 서문을 청할 정도로 높이 봤다"라고 서술했으며, "김선신은『두류전지』라는 규모가 큰 저술이 있다"라고 언급했다. 따라서 후지쓰카 지카시는 김선신을 동아시아 교류사에서 중요한 역할을 담당한 학자로 주목했으며,『두류전지』를 대단한 저술이라고 높이 평가했다.

이후 후마 스스무[夫馬進]는 조선·중국·일본 학술 교류사에서 김선신이 가지는 역할과 의미를 심도 있게 고찰했는데, 그는 김선신에 대해 "1811년 일본에 온 통신사의 일원으로서 유명하며, 그때의 기록『통신행등록(通信行謄錄)』에 의하면 1775년 출생이고 당시 37세였다. 쓰시마에서 고가 세이리[古賀精里]나 마쓰자키 고오도오[松岐慊堂] 등과 필담하여 문명(文名)을 날렸던 점은 조선통신사 연구에서 주지의 사실이다"라고 언급했다.

그리고 이와 같은 문제의식과 궤를 같이하여 김선신의 생애와 저술을 본격적으로 다룬 논문은 신로사의「김선신의 생애와 그의 저작에 관한 일고」이다. 이 논문은 김선신의 생애를 상세하게 알 수 있는 자료가 남아 있지 않은 상황에서 주변의 여러 자료를 활용하여 대체적인 삶의 궤적을 파악했다는 데 의미가 있다. 이 연구 성과에 따르면 김선신의 본관은 선산(善山)이며, 자는 계량(季良), 호는 청산(淸山)이다. 김선신은 1805년과 1822년에 연행사의 일원으로 중국 심양에 다녀왔으며, 1811년에는 통신사의 서기(書記)로 일본에 갔다. 그는 이러한 계기를 통해 중국과 일본의 문인 및 학자와 교유할 수 있는 기회를 가졌다.

(2) 『두류전지』의 구성 체계와 내용

『두류전지』의 구성 체계는 크게 상권과 하권으로 구분되어 있다. 상권은 첫 부분에 「두류조종신자손족당총략지도(頭流祖宗身子孫族黨摠略之圖)」와 「두류신도(頭流身圖)」라는 2편의 지도가 그려져 있다. 이것은 제일 「두류조종보」, 제이 「두류신기」, 제삼 「두류자손록」, 제사 「두류족당고」, 제오 「유수경」

| 『두류전지』 목차(국립중앙도서관)

등의 내용을 총괄하는 지도이다. 그 뒷부분에는 제육 「이산군읍지」, 제칠 「선승편」, 제팔 「사원누정략」 등이 수록되어 있다. 하권에는 제구 「범천총표」, 제십 「고적차」, 제십일 「첩산시화」, 제십이 「보색유탈장」, 제십삼 「두류잡지」 등이 구

성되어 있다. 마지막 부분의 「환산주현방리도」는 제육 「이산군읍지」를 그림으로 나타낸 지도이다.

이처럼 『두류전지』는 상권의 여덟 주제와 하권의 다섯 주제를 합해 총 열셋 주제로 구성되어 있다. 이 열셋 주제는 다시 세 가지 유형으로 나눌 수 있다. '제일~제오'는 자연지리에 관한 내용이고 '제육~제칠'은 지리산권의 지역적 범위와 명승지에 대한 서술이며 '제팔~제십삼'은 문화유산에 관한 기록이다. 다음 장에서는 이 세 가지 유형으로 주제를 나누어 『두류전지』의 주요 내용을 살펴보자.

지리산의 자연지리

「두류조종보」를 비롯한 「두류신기」·「두류자손록」·「두류족당고」 등의 주제는 국내의 다른 산지에 보이지 않을 뿐만 아니라 현재 국외의 어떤 산지에서도 보이지 않는 독특한 설정이다. 『두류전지』의 인용 서목에서 확인되듯이, 김선신이 이 주제들을 설정한 연유에는 『산경표』의 영향이 깊다고 볼 수 있다. 『산경표』는 우리나라의 산줄기와 산의 위치를 일목요연하게 표(表)로 나타낸 지리서인데, 그 형식이 족보와 같은 체제이다. 그러므로 김선신은 『산경표』의 체제를 응용하여 지리산의 근원·본체·흐름 등을 조종(祖宗)·신(身)·자손(子孫)·족당(族黨) 등으로 명명하여 자연지리를 독특한 방식으로 설명했다.

「두류조종보(頭流祖宗譜)」의 첫 부분에서 '산경운(山經云)'이라는 내용을 인용한 후, 지리산의 근원에 대한 자신의 견해를 드러냈다. 천하에는 삼대간룡(三大幹龍)이 있는데 모두 중국의 곤륜산에서 유래됐다고 전제했다. 그런 뒤 그 가운데 한 줄기인 백두대간이 남쪽으로 내려와 조선의 여러 산이 되고 두류산에 이르러 그 흐름이 다했으며, '두류(頭流)'라는 이름은 백두대간의 유맥(流脈)이라는 뜻이라고 밝혔다. 그리고 백두대간의 유맥이 바다를 만나 멈추게 됐으므로, '두류(頭留)'라 일컫기도 한다는 설명을 덧붙였다.

그는 백두산으로부터 지리산에 이르기까지 백두대간의 흐름을 파악하여 그 사이에 대표되는 중요한 산들의 이름을 「두류조종보」에 제시했다. 지리산의 근원을 이렇게 파악한 것은 『산경표』의 내용을 그대로 따랐으므로, 김선신의 독창적인 견해는 아니다. 다만 김선신이 『산경표』의 족보식 체제를 응용하여 조종·신·자손·족당 등으로 새롭게 명명하고 주제를 설정한 점은 그의 독창적 견해라고 말할 수 있다.

그리고 한 지역의 독립된 개체로 파악하지 않고 국토의 전체적인 맥락에서 그 근원을 파악하여 본체와 줄기를 구획한 사실도 지리산이 우리나라의 지리에서 가지는 의미를 분명하게 드러냈다고 평가할 수 있다. 지리산이 국토의 남단에 치우쳐 있는 산이 아니라 유기체적 국토 속에서 백두대간과 연결되어 그 흐름을 거두어들이는 역할을 담당하고 있다는 사실을 일목요연하게 보여 주고 있기 때문이다.

「두류조종보」가 지리산의 근원을 밝힌 부분이라면, 「두류신기(頭流身記)」는 지리산의 본체에 대한 설명이다. 「두류신기」로부터 「두류족당고」에 이르는 내용은 지리산의 본령과 산줄기에 대해 김선신 자신의 견해를 서술한 것으로 보인다. 그는 지리산의 직경이 1백여 리이므로 둘레를 세 배로 추산하면 4백여 리가 되며, 굴곡을 고려하여 계산하면 칠팔백 리가 될 것이라고 추론했다. 이렇게 거대한 지리산 내에 수많은 봉우리와 골짜기를 이루 다 열거할 수 없으므로, 본체의 큰 줄기만 소개하고 자세한 부분은 서술하지 않는다고 밝혔다. 그렇게 하더라도 지리산의 전체를 이해하는 데에 문제가 되지 않는 이유는 사람의 신체에서 비중이 큰 부분인 어깨와 등을 거론하고 지체와 마디의 작은 부위를 생략하더라도 온몸을 드러내는 데에 문제가 되지 않는 것과 같기 때문이라고 설명했다.

| 눈내린 지리산 천왕봉(산청군청)

지리산의 본령과 거점 산들을 그림으로 표현한 것이 아래의 지도이다. 아울러 제오 「유수경(流水經)」의 내용도 반영하여 주요 물줄기를 그려 놓았다.

「두류자손록(頭流子孫錄)」에서는 반야봉과 천왕봉에서 흘러간 산맥을 서술했는데, 천왕봉의 줄기는 북쪽으로 함양·산청에서 끝나고 동쪽으로는 단계·진양에서 다하며, 반야봉

의 줄기는 서쪽으로 남원에 이르고 서남쪽으로 구례에 이르
며, 동남쪽에서 온
것은 하동·곤명·사
천·고성·진주·함
안·거제·진해·칠
원·창원·웅천·김해
등의 산들이 된다고
설명했다. 그리고
두류산의 원기(元氣)
가 본체에만 머물러
있는 것이 아니라 아
래의 산줄기로 내려
가는 사실을 참된 자
식과 훌륭한 자손이

| 「두류신도」

있어 대대로 아름다움이 계승되는 일에 비유하여 '두류자손
록'이라 이름을 붙였다고 밝혔다.

「두류족당고(頭流族黨考)」에서는 덕유산으로부터 내려와 지
리산의 양 옆으로 우익(羽翼)이 된 산들을 서술했는데, 이것
을 친족과 이웃에 비유하여 이름을 붙였다. 김선신은 이 산
들에 대해 조종(祖宗)의 같은 기운을 보존하고 있지만 본체
및 자손과는 구별된다고 파악했다.

이상으로 「두류조종보」, 「두류신기」, 「두류자손록」, 「두류
족당고」 등을 살펴봤는데, 총괄하는 지도를 아래와 같이 표
현했다.

「유수경」에서는 지리산의 수원(水源)과 하류(下流)를 설명하고 있다. 김선신은 지리산의 물줄기를 세 가닥으로 파악했다. 동쪽 수원은 운봉에서 발원되어 함양·산청·단성 등을 지나 안의의 여러 하천과 합쳐져 진주의 남강이 되고, 서쪽 수원은 장수의 물에서 발원하여 나누어져 남원·구례 등을 거쳐 서쪽의 여러 하천과 합쳐져 하동의 섬진강이 되어 남해로 들어가며, 남쪽 수원은 모두 천왕봉에서 발원하여 청천으로 흘러 남강이 된다고 설명했다.

김선신이 『두류전지』를 편찬하면서 「유수경」을 넣은 이유는 신경준의 『산수고(山水考)』 및 『산경표』에 영향을 받은 것이라고 이해할 수 있다. 신경준은 『산수고』의 서문에서 나라의 근간이 되는 산과 강을 분합의 원리로 파악하여 산수(山水)를 대칭적이면서도 조화를 이루는 음양의 구조로 이해했음을 드러내고 있다. 『산수고』는 산경(山經)·산위(山緯)·수경(水經)·수위(水緯)의 네 가지 주제로 구성되어 있는데, 우리나라 전국의 산과 강을 거시적인 안목에서 조망하여 전체적

| 「두류조종신자손족당총략지도」

17

인 체계를 파악하고 촌락과 도시가 위치한 지역을 산과 강의 측면에서 이해했다.

『산경표』도 산맥의 체계가 하천의 수계(水系)를 기준으로 나누어져 있고, 우리나라 산맥의 이름도 강을 중심으로 붙여진 것에서 산수(山水)의 불가분의 관계를 재삼 확인할 수 있다. 예를 들자면, 청북정맥과 청남정맥은 청천강을, 청남정맥과 해서정맥은 대동강을, 해서정맥과 임진북례성남정맥은 예성강을, 임진북례성남정맥과 한북정맥은 임진강을, 한북정맥과 한남정백은 한강을, 금북정맥과 금남정맥은 금강을, 호남정맥은 영산강과 섬진강을 기준으로 명명되었다.

그러나 백두대간과 장백정간은 하나의 하천 수계를 기준으로 나눈 것이 아니라, 지금의 함경산맥 이남과 태백산맥 동측의 작은 하천들을 나누는 구분선으로 대간(大幹)과 정간(正幹)으로 명칭을 부여하여, 하나의 하천 유역권을 기준으로 이루어진 정맥(正脈)과 구분했다.

지리산권과 명승지

『두류전지』의 「이산군읍지(麗山郡邑誌)」에는 지리산을 중심으로 그 둘레에 형성된 여러 군읍을 소개하고 있다. 지리산권의 지역 범위를 어디까지 설정할 것이며 그 범위에 속한 군읍의 특성은 무엇인지를 고찰한 내용이다. 김선신은 지리산권에 속한 고을로 운봉, 함양, 산청, 단성, 진주, 곤양, 하동, 구례, 남원 등을 설정했다. 그리고 그 군읍에 관한 역사적 내력을 소개하고 접경 고을과 지리산과의 거리 등을 기록했다. 그런 후 '안(按)'자를 내어 각 군읍의 자연지리적 특성과 그에 따른 지역민의 성정을 요약하여 표현했다.

그중에서 진주를 예로 들자면 아래와 같다.

진주는 지리산 전체에서 60% 정도를 차지하고 있으며, 산수의 빼어난 경치가 영남에서 제일이라고 이인로가 칭송했다. 나라에 바치는 수륙의 물산량이 영남 여러 고을 가운데 절반을 담당한다. 그러므로 동방의 육해(陸海)라 일컬어진다. 풍속은 부유하고 화려함을 숭상하며 배우기를 좋아하여 업으로 삼는다. 고을에는 즐거움이 넘치고 인가(人家)가 서로 바라보이며 걸출한 인물이 많이 출생하는데, 거대한 산과 큰 강물에 가득한 맑은 기운이 그러한 결과를 이루게 한다.

특별히 남원에 관해서는 남악사(南嶽祠)가 이곳에 있는 까닭을 자세하게 논평했다. 김선신은 지리산에 산신제를 올리는 곳인 남악사가 남원에 있는 까닭에 대해 의문을 품었다. 지리산의 대세가 영남의 우측으로 비스듬히 들어가 남원과 서로 등을 지고 떠나가는 형상이다. 그런데 어떻게 남원이 지리산의 산신제를 주관하는 것일까? 김선신은 그 이유를 지리산의 형세에서 파악했다. 지리산의 흐름이 동쪽으로 흘러가지만, 실제로는 산 전체가 남원의 손바닥 안에 쥐어져 있어 동쪽으로 몰아 내보내는 형국이기 때문이라고 보았다.

남악사가 남원에 있는 이유에 관해 그 이전에는 어느 누구도 의문을 제기하지 않았는데, 김선신은 그것에 관해 문제

를 제기한 후 지리산의 형세에 근거해 설명했다. 이것은 김
선신만의 독창적인 견해이다. 하지만 이 문제는 산의 형세뿐
만 아니라 역사적 배경과 정치적 관점 등 다각적인 측면에서
살펴봐야 한다. 향후 이 문제에 관해 상세한 고찰을 진행하
기로 기약하며 여기에선 더 이상 논의를 진행하지 않는다.

　김선신은 지리산권의 각 고을들이 가지는 특성을 이와 같
이 서술했으며, 고을의 지리적 위치는 「환산주현방리도(環山
州縣坊里圖)」라는 그림을 통해 간략하게 나타냈다.

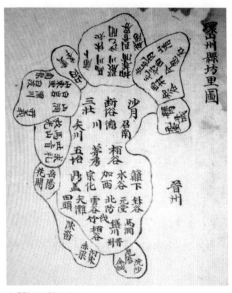

| 「환산주현방리도」

　다음으로 지리산의 승경지를 선별하고 그곳과 관련된 자
료들을 기록해 놓은 「선승편(選勝編)」이 있다. 여기서는 천

왕봉을 필두로 삼았는데, 관련 자료 분량이 다른 항목에 비해 월등하게 많다. 그다음 항목은 반야봉으로 천왕봉 줄기가 동남북 방면 100리 내에서 다하는 것에 비해 반야봉은 서쪽으로 굽이쳐 남쪽 수십 고을의 산들과 봉우리들이 모두 자손이 된다고 표현했다. 그리고 한나라 무제 시기의 인물인 왕하(王賀)에 비유하여 그 음덕이 누대에 걸쳐 다함이 없을 것이라고 높이 평가했다. 왕하는 수의어사(繡衣御史)로 나갔을 때 흉년에 굶어 죽게 된 백성 만 명을 살리고 나서 "듣건대, 천 명을 살리면 자손에 봉후(封侯)가 난다는데, 나는 만 명을 살렸으니 내 자손이 잘될 것이다."라고 말했다. 과연 그의 손녀가 원제(元帝)의 황후가 되고, 왕봉(王鳳)·왕상(王商) 등 5후(侯)가 부귀를 누렸다고 한다.

김선신의 이러한 견해는 지리산의 으뜸을 천왕봉으로 보는 일반적인 상식에서 벗어나 지리산권에서 반야봉이 가지는 지리적 의미를 새롭게 인식하고 그 의의를 조명한 것이다. 봉우리의 높이에만 주목하지 않고 줄기가 흘러가며 다른 산들에게 영향을 끼친 사실을 관찰한 면모는 지리산을 이해하는 시각이 매우 깊고도 참신하다고 볼 수 있다.

또한 반야봉의 명칭에 근거해 지리산의 '지이(智異)'라는 이름을 해석했다. 어떤 승려가 "아무리 견고한 번뇌라도 반야지(般若智)가 깨뜨릴 수 있으니, 반야봉의 이름은 대개 이러한 뜻을 가진다."라고 말한 것을 인용한 후, '지이(智異)'라는 명칭은 불지(佛智)에서 연유한 이름일 것이고 반야지가 최초의 선관(禪關)이 되므로 두류산의 무수한 봉우들이 이 봉우리의 지속(支屬)이 된다고 풀이한 것이다. 그는 백두대간이 지리산으로 흘러들어 오는 입수처(入首處)가 바로 반야봉이고, 이 봉우리의 줄기가 천왕봉보다 더 넓고 멀리 흘러가서 주변 산들에게 큰 영향을 끼치며, 지리산의 이름도 여기에서 기원했다고 이해할 만큼 반야봉을 중시하는 관점을 가졌다.

남원에 남악사가 있는 까닭, 지리산 봉우리들 가운데 반야봉이 천왕봉 못지않게 중요한 이유 등과 같이 지리산에 대한 김선신의 참신한 견해를 볼 수 있는 측면은 「선승편」의 뒤에 '금강산과 지리산 중에 어느 산이 더 뛰어난가?'라는 제목으로 덧붙인 「부론금강두류숙승(附論金剛頭流孰勝)」에서도 뚜렷하게 드러난다.

그는 우리나라 산 중에서 빼어난 경치는 금강산이 최고이며 웅장한 모습은 지리산이 가장 뛰어나다고 평가했다. 하지만 금강산은 나라의 중심 지역에 자리하여 사람들이 다투어 유람하고 그 빼어난 경치를 모두 알고 있는데, 지리산은 남쪽에 위치하여 아는 사람도 찾아오는 사람도 드물다고 했다.

이처럼 지리산은 입지 조건이 금강산에 비해 불리하지만, 김선신은 지리산이 금강산보다 더 뛰어나다고 평가했다. 지리산은 몸체가 커서 신령스러우며 이곳에서 온갖 약초와 과일을 생산한다, 그래서 주변의 고을 사람들이 여기에 의지해 생활하기 때문에 베푸는 혜택이 매우 넓다, 그러나 그 형상이 흉측하고 우두커니 서 있는 모습이므로 사람도 귀신도 진면목을 제대로 알지 못하고 다만 하늘과 통할 뿐이다, 라고 묘사했다.

이에 비해 금강산은 널리 알려져 사람들의 손에 모든 곳이 훼손되어 초목은 살 수 없고 짐승은 숨을 곳이 없다, 그리하여 산 속에는 거주하는 백성이 없고 산 아래에는 밭이 없으며 혜택을 줄 수 있는 자원이나 식물이 드물다, 라고 묘사했다. 김선신은 그 이유로 금강산의 정취가 지나치게 기이하고 모습이 너무 드러나기 때문이라고 지적했다.

이러한 이유로 그는 차라리 지리산의 묵묵함을 배울지언정 금강산의 찬란함을 본받지 말며, 지리산의 엄숙함에 처할 것이지 금강산의 깨끗함을 가까이하지 말라고 자신의 견해를 피력했다. 하지만 금강산이 지리산만 못하다고 갑작스레 사람들에게 말한다면 결코 믿지 않을 것이라는 사실을 그 역시 감안하고 있었다.

그러므로 결론에서 금강산을 '재사(才士)'에 지리산을 '덕로(德老)'에 비유했다. 재주 있는 사람은 사람들이 사랑하지만 사랑이 지극하면 오히려 그를 해치게 만들어 그 모습이 근심에 잠기게 되며, 덕이 있는 사람은 사람들이 공경하지만 공경함이 오래되면 반드시 멀어지게 되며 멀어지면 잊어버리는 데에 이르게 된다고 설명했다. 그리고 오래되어도 공경함을 잊지 않는 사람과 함께 지리산의 온전한 덕을 논하고 싶다고 자신의 심경을 토로하는 것으로 마무리를 지었다.

이 글을 통해 김선신이 지리산을 얼마나 깊이 이해하고 있었으며, 마치 덕로(德老)처럼 우러러 경모하는 마음이 있었음을 충분히 짐작할 수 있다. 대부분의 사람들이 유람자의 관점에서 경치가 빼어난 금강산을 최고의 명산으로 꼽는 것에 비해, 거주민의 입장에서 금강산의 빼어남보다 지리산의 풍부한 토양과 너른 품을 높이 평가한 김선신의 참신한 식견을 엿볼 수 있다. 그가 『두류전지』를 편찬하게 된 배경에는 이처럼 지리산에 대한 깊은 이해와 경모가 내재되어 있었음을 확인할 수 있다.

지리산권의 문화유산

『두류전지』에는 지리산권의 문화유산과 관련해 「사원누정략」, 「범천총표」, 「고적차」, 「첨산시화」, 「두류잡지」 등 5편이 편성되어 있다. 「사원누정략(祠院樓亭略)」은 지리산권에 소재하고 있는 서원·사당·당(堂)·재(齋)·대(臺)·관(館) 등의 건축물을 정리한 것이다.

「범천총표(梵天摠表)」는 성모사(聖母祠)에 대한 기록과 불교 사찰의 소재 및 현존 여부 등을 밝힌 것이다. 지리산권에는 쌍계사(雙磎寺)·화엄사(華嚴寺) 등을 비롯한 큰 사찰뿐만 아니라 곳곳에 무수한 암자들이 자리하고 있다. 예전에 80,009소(所)의 사찰이 있다고 일컬어졌는데, 김선신은 이 말이 지나치게 과장된 것이라고 여겼다. 그래서 자료와 탐문을 통해 지리산권의 사찰들을 정리해 산을 찾는 이들이 표식으로 삼을 수 있도록 한다고 의도를 밝혔다.

「고적차(古蹟箚)」는 지리산권의 유적과 역사 사건을 선별하여 총 60개 항목으로 정리한 것이다. 여기에는 건물·비석·읍성·샘·석각 등 다양한 소재의 내용을 수록했다. 「첩산시화(貼山詩話)」에는 지리산 및 주변 고을과 관련된 시 작품들을 수록했다. 첩산시화의 뜻을 추론해 보면 '지리산에 시판(詩板)으로 붙여 놓은 시들의 이야기' 정도로 이해될 수 있다. 직접 지리산에 관해 묘사한 시들도 있지만, 그 주변 고을의 풍경이나 유적, 누정 등을 읊은 시들이 많다. 모든 시들이 편찬자가 직접 눈으로 본 시판들에 적혀 있는 작품일 수는 없겠지만, 지리산권 누정이나 사찰 등지의 시판에 적혀 있을 만한 시들을 수습하여 기록한다는 의미로 '첩산시화'라는 이름을 붙인 것이라고 생각된다. 가장 많은 작품이 실린 작자는 조식으로 총 10편이 수록됐다. 다음으로 유호인과 어득강(魚得江)이 6편, 김종직이 4편 등이다.

「두류잡지(頭流雜識)」에는 지리산과 관련된 소소한 이야기들을 별도로 모았다. 최치원 설화, 지리산 여사(女史), 송림사 승려 정사(正思), 지리산 차의 유래, 귀금(貴金)의 거문고 전수, 진사 류인옥(柳仁沃), 태조와 아기발도, 민씨(閔氏)의 정절, 승려 천연(天然), 해도원수(海道元帥) 정지(鄭地), 정씨(鄭氏)의 정문(旌門), 일두 정여창, 도구(陶丘) 이제신(李濟臣), 청파(青坡) 이륙(李陸), 지평(持平) 하충(河漴), 영신사 대나무 열매, 용유당 물소리와 왕모(王茅), 만수동의 쏘가리와 용문암의 고사리, 산청 철(鐵), 단성 숫돌, 하동 붉은 흙, 지리산 주변 고을의 토산물, 남원의 빼어남, 지리산의 아름다움, 지리산이 남악으로 지정된 시기 등의 이야기들이 실려 있다.

이외에 「보색유탈장(補塞遺脫章)」이 있는데, 앞부분에서 누락된 내용들을 보완하기 위해 마련한 장이다. 첨가한 내용은 「두류신기」 4항목, 「유수경」 2항목, 「이산군읍지」 1항목, 「고적차」 2항목, 「사원누정략」 2항목, 「범천총표」 6항목, 「첩산시화」 1항목 등이다.

(3) 『두류전지』와 『청량지』·『주왕산지』

지금까지 우리는 『두류전지』의 구성과 내용에 관해 살펴봤다. 그렇다면 『두류전지』는 『청량지』·『주왕산지』와 어떤 차이점을 가지며, 그러한 차별성을 가지게 된 원인이 무엇일까? 여기서는 세 종류의 산지를 서로 비교하여 각각의 책이

가지는 특징을 알아보고, 그와 같은 차이점을 가지게 된 이유를 살펴보기로 하자.

퇴계 이황의 후손인 이세택에 의해 편찬된『청량지』는 무이산이 주자로 인해 주자학파의 학자들에 의해 성산(聖山)으로 존숭되는 것처럼, 청량산과 관련된 퇴계 이황과 퇴계학파 학자들의 작품 및 자취를 체계적으로 정리하여 긴밀한 연관성을 드러냈다.『청량지』는 청량산이 퇴계 이황 및 퇴계학파와 맺고 있는 깊은 연관을 선명히 보여 줌으로써『두류전지』・『주왕산지』와 구별되는 산지의 성격을 가지고 있다.

『주왕산지』는 편찬자인 서원모가 어릴 적부터 집과 가까운 거리에 있는 주왕산을 자주 왕래하면서 오랫동안 관심을 갖고 관련된 자료들을 모으고 정리하여 1833년에 편찬한 것이다. 따라서『주왕산지』는 어떤 특정한 의도를 가지고 편찬한 것이기보다는 지역민의 입장에서 주왕산과 관련된 자연지리・고적・문학작품 등을 빠짐없이 수집하여 완비하려 했다고 이해된다.

이에 비해『두류전지』는 방대한 자료를 토대로 지리산의 자연지리・군현・누정・고적・문학작품・일화 등을 총망라했다. 특히 지리산을 한 인격체에 비유하여「두류조종보」・「두류신기」・「두류자손록」・「두류족당고」 등의 독특한 주제를 통해 우리나라 국토에서 가지는 지리적 의미를 분명하게 드러냈다. 그리고 금강산을 재사(才士)에 비유하고 지리산을 덕로(德老)에 빗대어 빼어난 금강산보다 덕스러운 지리산을 더 높이 평가하는 관점을 드러냈다.

『두류전지』에 반영되어 있는 김선신의 이와 같은 관점과 견해는 그가 가진 입장에 연유한 것으로 추론해 볼 수 있다. 그는 소촌역 찰방이라는 공무를 수행하는 관리로서 지리산에 대한 정보를 보다 객관화하고 체계화하려는 입장에 서 있었을 것이다. 그런 가운데 지리산이 국토 전체에서 가지는 지리적 의미는 무엇이며, 지역과 주민들에게 어떤 영향과 혜택을 끼치는 산인가에 대해 면밀히 살펴보았을 것이다. 이런 입장과 시각에서 접근해간 김선신은 자신이 찾아갈 수 있는 곳을 답사하고 관련 자료들을 모으며 지역민에게 탐문하는 과정에서 지리산에 대한 깊은 인식과 새로운 통찰을 가질 수 있었을 것이다. 그러므로 지역민의 입장에서 편찬한 『주왕산지』와 퇴계 후손의 관점에서 내용을 구성한 『청량지』와는 편찬 목적이 다를 수밖에 없었고 내용의 범위와 견해의 관점도 차이를 가질 수밖에 없었다.

또한 『두류전지』가 가진 특징의 원인으로 간과할 수 없는 점은 지리산 그 자체에 있다는 사실이다. 지리산은 빼어난 자연적 특성과 함께 문학·역사·건축 등과 같은 풍부한 인문 경관을 가진 산이므로, 그 모든 내용을 수렴하려 한 『두류전지』가 다른 산지(山誌)에 비해 주제와 항목들이 광범위하고 많을 수밖에 없다.

〈참고문헌〉

김선신(金善臣), 『두류전지(頭流全志)』. (고려대학교 도서관 및 국립중 앙도서관 소장본)

편자 미상, 『두류지(頭流志)』. (고려대학교 도서관 소장본)

김선신 편찬/전병철 옮김, 『국역 두류전지』, 경상대학교출판부, 2017.

등총린(藤塚鄰) 지음/등총명직(藤塚明直) 엮음/윤철규·이충구·김규 선 옮김, 『추사 김정희 연구-청조문화 동전의 연구』, 과천문화원, 2009.

배우성, 『조선후기 국토관과 천하관의 변화』, 일지사, 1998.

부마진(夫馬進) 지음/하정식 외 옮김, 「조선연행사 신재식의 『필담』에 보이는 한학·송학 논의와 그 주변」, 『연행사와 통신사』, 신서원, 2008.

현진상, 『한글 산경표』, 도서출판 풀빛, 2000.

김영진, 「조선후기의 명청소품(明淸小品) 수용과 소품문(小品文)의 전 개 양상」, 고려대학교 박사학위논문, 2003.

신로사, 「김선신의 생애와 그의 저작에 관한 일고」, 『동방한문학』 제36 집, 동방한문학회, 2008.

양보경, 「조선시대의 자연 인식 체계」, 『한국사시민강좌』 제14집, 일조 각, 1994.

전병철, 「청량산(淸凉山) 산지(山誌)의 간행과 장소의 의미화」, 『한문학 연구』 23집, 계명한문학회, 2014.

최원석, 「산지(山誌)의 개념과 지리산의 산지(山誌)」, 『문화역사지리』 제23권 제2호, 한국문화역사지리학회, 2011.

최헌섭, 「소촌역(召村道)-경남의 역(驛)과 그 길 Ⅲ-」, 『경남발전』 제 79호, 경남발전연구원, 2006.

2) 산의 인문학, 지리산 유람 _ 강정화

(1) 생애 버킷리스트, 지리산 유람

2010년 10월 29일. 필자는 마침내 벼르고 벼르든 지리산 종주(縱走)를 나섰다. 구례 성삼재에서 시작해 노고단→연하천→벽소령→세석평→장터목→천왕봉을 거쳐 법계사로 하산하는 2박3일 간의 일정이었다. 그동안 책상머리에서 조선 시대 문인의 숱한 지리산행 기록을 읽으며 지리산의 골짜기를 수없이 오르내렸다. 그때마다 그들이 지리산에서 보았던 것들을 상상 속에서 얼마나 염원했든가. 지리산 천왕봉에서의 월출(月出)과 성출(星出) 그리고 그 찬란한 일출을 비로소 보게 되었다. 1998년 조선 문인의 지리산행 기록을 처음 접하고 10여 년이 지난 후였다.

| 지리산 천왕봉(김기훈 작)

우리는 등산 인구 1천만 시대를 맞이한 지 이미 오래되었다. 그만큼 산행이 보편화되고 일상이 되었다는 말이다. 그러나 조선 시대 문인에게 산행은 죽기 전에 꼭 도전하고픈 버킷리스트나 다름없었다. 삼국시대부터 남악으로 지정되어 사전(祀典)에까지 올랐던 지리산은, 여타 명산과 달리 우리가 사는 인근에 위치하여 언제든 오를 수 있었다. 그러나 이런저런 이유로 선뜻 나서지 못하였고, 지리산 유람은 곁에 두고도 평생의 소망이 되었다.

특히 우리나라는 '큰 산'을 통해 '큰 인물'을 바라는 염원이 유독 강렬하였다. 빼어난 인물은 그 땅의 정기로 태어난다고 여겼기 때문이다. 역사 속 수많은 인물의 출생에 언제나 명산을 배경으로 하는 신비한 설화가 뒤따르는 것도 같은 이유에서이다. 그래서 사람들은 그 '높은 산'을 우러르듯 자연스레 '큰 인물'을 떠올렸고, 그의 '높은 덕'을 닮고자 노력하였다. 이것이 바로 명산이 지닌 상징성이다.

명산에 대한 이러한 동경과 선망은 수많은 선현을 산으로 이끌었다. 역사상 줄곧 명산으로 이름난 곳은 특히 일찍부터 많은 사람이 찾아들었다. 그리고 그때의 잊지 못할 경험과 감흥을 기록으로 남겼으니, 바로 유산록(遊山錄)이다. 유산록은 산행 일정에 따라 기록한 산문 형식의 산행 기록인데, 유람록(遊覽錄)·유기(遊記)라고도 부른다. 우리나라의 유산록은 고려 시대 금강산에서 처음 등장하고, 조선 초기 국토 인식이 고조되고 감식안이 높았던 문인들이 산을 오르면서 본격적으로 나타났다. 주로 1500년대에 이미 전국의 명산이 산행 대상지로 부상하였고, 후기로 가면서 더욱 성행하여 작품이 폭발적으로 증가하였다.

| 지리산 유람록

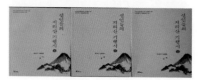

| 지리산 기행시

　이는 지리산도 예외가 아니었다. 1463년 8월, 현 경상남도 산청군 단성면에 소재하는 단속사(斷俗寺)에서 공부하던 청파(靑坡) 이륙(李陸 1438~1498)이 지리산을 유람하고 지은 「유지리산록(遊智異山錄)」에서부터, 1941년 양회갑(梁會甲 1884~1961)의 「두류산기(頭流山記)」에 이르기까지 모두 1백여 편의 지리산 유기가 확인되고 있다. 유산록은 일행 중 한 사람이 대표로 작성하는 반면, 유산시(遊山詩)는 동행한 모두가 자유로이 지었다. 따라서 지리산 유산시는 셀 수 없이 많은 작품이 현전하고 있다. 참고로 지리산 유기 1백여 편은 모두 번역되어 『선인들의 지리산 유람록』 시리즈 6책으로

출간되었고, 유산시도『선인들의 지리산 기행시』시리즈로
출간되고 있는데 현재 3책이 완간되었다.

(2) 지리산을 찾은 사람들

지리산을 오고 간 사람들도 앞뒤로 계속 이어졌다. 신라의 문
창후(文昌侯) 최치원(崔致遠), 조선의 점필재(佔畢齋) 김종직(金
宗直), 탁영(濯纓) 김일손(金馹孫), 일두(一蠹) 정여창(鄭汝昌)이
있다. 또 지리산에 들어와 거문고를 연구한 신라의 옥보고(玉寶
高), 고려 시대 녹사(錄事)를 지낸 한유한(韓惟漢), 조선의 매계
(梅溪) 조위(曹偉), 뇌계(㵢溪) 유호인(兪好仁), 추강(秋江) 남효
온(南孝溫), 고봉(高峰) 기대승(奇大升), 구암(龜巖) 이정(李楨),
황강(黃江) 이희안(李希顔), 죽각(竹閣) 이광우(李光宇), 미수(眉
叟) 허목(許穆), 부사(浮查) 성여신(成汝信), 창주(滄洲) 하징(河
憕), 겸재(謙齋) 하홍도(河弘度), 조은(釣隱) 한몽삼(韓夢參), 밀
암(密庵) 이재(李栽), 명암(明庵) 정식(鄭栻), 창설(蒼雪) 권두경
(權斗經) 등은 모두 지리산과 관련된 한시와 기문(記文)을 후대에
남긴 사람들이다. 그러나 그 안팎의 빼어난 형세를 샅샅이 살펴
본 것으로는 남명(南冥) 조식(曺植)이 그 오묘함을 얻는 것만 함
이 없다.〈하겸진,「유두류록(遊頭流錄)」중에서〉

이는 진주사람 회봉(晦峰) 하겸진(河謙鎭 1870~1946)이
1899년 8월 16일부터 24일까지 지리산을 유람하고 남긴
유산록 끝에 역대로 지리산과 관련지을 만한 선현들을 나열
한 것이다. 조선 시대 지리산을 찾은, 그리고 후세에 많은

영향을 끼친 인물을 가장 총괄적으로 보여주는 기록이라 할
수 있다.

이들 가운데 최치원·옥보고·한유한·정여창·조위·유호
인·조식·한몽삼·이광우·성여신·하징·하홍도·정식은 지
리산을 터전으로 삼아 은거했던 인물이고, 나머지는 대개
지리산을 유람하거나 관련 글을 남긴 이들이다. 전자(前者)
의 인물 중 최치원·옥보고·한유한·정여창·조식은 은거할
곳을 찾아 지리산에 들어온 인물이고, 그 외는 지리산권역
에 거주하던 지역의 사족(士族)이다. 조위와 유호인은 함양에
거주하였고, 나머지는 당시 진주권역에 세거하던 지식인들
이다. 최치원은 하동 쌍계사 일대에, 옥보고는 하동 칠불사
에, 그리고 한유한과 정여창은 하동 악양 일대에, 조식은 산
청 덕산 등지에 그들과 관련한 유적 및 기록이 전하고 있다.

| 쌍계사 진감선사대공탑비

| 하동 악양정

　이들 중 김종직·남효온·김일손·조식·허목·성여신·정식
은 지리산을 유람하고 유람록을 남겼다. 김종직은 함양군수
로 재직 중 지리산 천왕봉을 올랐고, 그의 문인 조위와 유
호인이 스승과 동행하였다. 함양사람 정여창은 김일손과 함
께 지리산을 유람했으며, 하동에 그가 공부하던 악양정(岳
陽亭)이 현전하고 있다. 이정과 이희안은 조식의 지리산 유
람에 함께 했는데, 인근 사천과 합천 지역에 살던 큰 학자
였다. 기대승은 유산록이 전하진 않으나 천왕봉에 올라 쓴
한시가 그의 문집에 실려 있고, 조식의「유두류록(遊頭流錄)」
속 '기대승 일행이 지리산에 올랐다가 비에 길이 막혀 상봉
(上峯, 천왕봉)에서 내려오지 못하고 있다는 말을 들었다.'라
고 한 기록에서 그의 유산을 확인할 수 있다. 그 외 이광우·
하징·하홍도 등은 모두 당시 진주권역에 살던 남명학파 인

물이다. 이재(李栽 1680~1746)는 갈암(葛庵) 이현일(李玄逸 1627~1704)의 아들로, 부친의 유배지인 하동 섬진강 가에 들렀다가 화개에 남아 있던 정여창의 유적을 둘러보고 읊은 작품이 전한다. 권두경 또한 하동 악양 일대를 읊은 작품이 그의 문집에 여럿 실려 있다.

이렇듯 지리산 관련 대다수 인물은 ①지리산권역에 거주한 이들과 ②유람하고서 작품을 남긴 이들로 크게 분류할 수 있다. 물론 지리산권역에 거주한 인물도 지리산을 유람하고 작품을 남겼다. 지리산을 오른 이가 어찌 이들뿐이랴. 그러나 이들 중 최치원·한유한·정여창·조식은 후인의 유산에서 특히 빈번하게 등장한다. 이처럼 빈번하게 그리고 지속적으로 등장할 수 있었던 것은, 그들이 역사에 남긴 삶의 자취뿐만 아니라 지리산 곳곳에 남아 전하는 유적 때문이었다.

이들 4인은 조선조 문인에겐 '선비의 표상'이었다. 조선의 선비는 지식을 갖춘 지식인에다 하늘이 부여해준 본성을 늘 돌아보며 사는 사람이었다. 법과 질서를 준수하고, 게다가 자신의 고유한 향기와 지조를 갖춘 사람이다. 조선의 참다운 선비는 지식 문명이 이룩한 가장 바람직한 인간형이다. 따라서 이들에 의해 도출된 지리산에 대한 인식을 살피는 것은 지리산의 정체성 확립을 위한 또 다른 모색이 될 수 있다. 지리산은 바로 선비의 산이었기 때문이다.

예로부터 지리산은 늘 당대 지식인의 관심 대상이었고, 특히 지리산 자락에는 수많은 지식인이 늘 지리산을 우러르며 깃들어 살았다. 큰 산은 높은 덕을 지닌 큰 인물에 비견

36

된다. 수백 년 동안 지리산을 오른 유람자는 같은 공간에서 이들 네 명의 큰 인물을 만났고, 이들로 인해 지리산도 후인에게 기억될 수 있었다.

(3) 지리산에도 길이 있다, 지리산 유람로

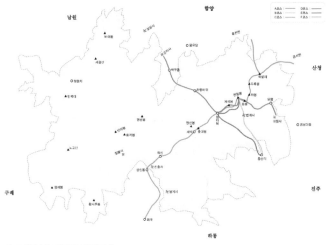

| 조선시대 지리산 유람코스

　길은 사람의 흔적이다. 그 길을 걷던 이들의 사연이 고스란히 담겨있다. 조선 시대 수백 년 동안 천왕봉을 향해 올랐던 그 길에도 저마다의 사연들이 켜켜이 쌓여 있다. 그 길을 따라 오르면 내 사연도 하나 더 보태질까.

　고금을 막론하고 어떤 경로로 오르든 지리산행의 최종 목적지는 천왕봉이다. 천왕봉에 오르는 길은 전문 산꾼들만 다니는 코스까지 포함하면 그 수를 헤아릴 수도 없지만, 현

재 많이 알려진 것으로는 대략 열대여섯 가지가 있다고 한
다. 그러나 지리산 유기에 나타난 선현들의 유산 코스는 이
보다 훨씬 단출한 예닐곱 가지로 나타난다. 그중 현재의 주
능선 코스를 비롯해 칠선계곡 등으로 오르내린 기록은 아직
발견되지 않았다.

A코스 : 백무동→하동암→제석당→천왕봉
B코스 : 중산리→법계사→천왕봉
C코스 : 함양군 휴천면 또는 산청군 금서면→쑥밭재→하봉→
　　　　중봉→천왕봉
D코스 : 청학동→세석평원→제석당→천왕봉
E코스 : 대원사→중봉→천왕봉
F코스 : 중산리→장터목→천왕봉

　함양이나 산청, 멀게는 남원 운봉이나 인월에서 출발한
유람자가 즐겨 애용하던 등산로가 A코스다. 이 길에는 지
리산 북쪽 권역 중 가장 **빼어난** 경관을 자랑하던 용유담(龍
游潭)이 유명하였다. 용유담은 함양군 마천면 임천강 상류에
있는 못이다. 용유담 가의 바위 모양이 마치 '용이 물속에서
노니는 듯'하다고 해서 붙여진 이름이다. 그 빼어난 경관에
가슴이 두근거리고 넋이 나갈 지경이라고도 했고, 가까이서
구경하기보다는 멀리서 바라보는 것이 더 좋다고도 하였으
며, 금강산 만폭동(萬瀑洞)과 비교해도 손색이 없다고 자부하
는 이들도 있었다. 이곳을 찾는 사람들은 그 황홀한 광경에

한마디 말도 한 줄의 시도 읊지 못한 채 술잔만 기울이다가 돌아가기 일쑤였다고 한다.

| 함양 용유담

B코스는 현 경상남도 산청군 시천면 중산리에서 시작하는데, 천왕봉까지 오르는 가장 짧은 거리의 등산로이다. 당일로 천왕봉 등정이 가능하기에 김일손을 비롯한 선현들도 이 코스를 즐겨 애용하였다. 기록상으로도 가장 선호한 코스다. 중산리 주차장에서 산행을 시작하여 칼바위를 지나 법계사를 거쳐 천왕봉에 올랐다. 깎아지른 절벽 같은 가파른 산행길이나, 그 길목에서 바라보는 탁 트인 남해의 절경을 감상하는 것이 이 코스의 또 다른 매력이기도 하다.

선현들이 이 코스를 선호한 또 하나의 이유는 바로 덕산에 있는 남명 조식의 유적지 때문이었다. 산청군 덕산은 중산리로 가는 길목에 있는 마을로, '지리산의 선비' 조식이 만년에 기거했던 곳이다. 덕산에는 조식이 만년을 보냈던 산천재(山天齋)를 비롯해 묘소와 덕천서원 등 관련 유적이 곳곳에 남아 있다. B코스의 지리산 유람은 남명을 만나러 가는 길이었다. 조선 시대 선현들의 영원한 사표(師表) 남명 조식과 민족의 영산(靈山) 지리산을 한 번에 만날 수 있는 코스, 기왕 나선 길이라면 이 길을 버리고 어디로 가겠는가.

| 덕산 산천재

중산리에서 등반을 시작하는 코스 중 칼바위에서 장터목을 거쳐 천왕봉으로 오르는 길이 바로 F코스다. 현재는 법계사로 올랐다가 장터목을 거쳐 칼바위로 내려오거나, 이의 반대 코스를 당일 일정으로 오르는 경우가 일반적이다.

C코스는 지리산 동부능선의 끝자락에서 천왕봉으로 오르는 경우로, 쑥밭재를 경유해 하봉과 중봉을 차례로 거쳐 정상에 오른다. 주로 함양군 휴천면이나 산청군 금서면에서 시작하고, 하봉에서 바라보는 중봉과 천왕봉의 조망이 일품이다. 김종직·변사정(邊士貞)·유몽인(柳夢寅) 등이 이 코스로

유람하여 더욱 유명해진 길이다.

D코스는 청학동을 찾아 화개동과 삼신동에 들렀다가 영신봉을 거쳐 천왕봉으로 오르는 코스다. 하동 불일폭포 일대로 대변되는 지리산 청학동은 천왕봉 다음으로 중요한 지리산 유람의 목적지였다. 이곳은 선현들의 이상향이었다. 수많은 선현이 현실에서 상처받은 자신을 위로받기 위해 이곳으로 찾아왔다. 청학동만을 위한 유람도 많았지만, 이왕 나선 길에 천왕봉까지 오르고자 하는 이들이 택한 코스였다.

| 지리산 대원사[현석(玄石) 이호신(李鎬信) 화백]

E코스는 산청이나 덕산에서 시작하여 대원사(大源寺)를 거쳐 천왕봉으로 오르는 길이다. 이 코스의 핵심은 대원사이다. '대원'이란 말은 '진주 서쪽 물줄기 중 근원이 되는 가장 큰 시내'라는 뜻이었는데, 후인들이 '도(道)의 큰 근원은 흘러나오는 곳'이란 뜻으로 바꿔서 받아들였다. 신라 진흥왕

때 창건된 사찰이니, 그 오랜 역사와 주변 계곡의 아름다운 풍광으로 인해 이 방면의 유람에서는 빼놓을 수 없는 명승이었다. 특히 구한말 이후 학자들이 도의 근원을 찾고자 하는 마음을 담아 이 골짜기를 거쳐 천왕봉에 올랐다.

| 대원사 계곡(산청군청)

지리산 유람의 떠오르는 다크호스, 노고단

그러고 보면 지금까지 올랐던 지리산의 길은 동쪽과 북쪽과 남쪽으로만 나 있고, 서쪽이 텅 비어 있다. 실제로 조선 시대 수백 년 동안 지리산의 서쪽, 그러니까 노고단이나 반야봉으로 길을 잡은 이는 없었다. '노고'나 '반야'는 민간 무속이나 불가에서 숭상하던 이름이다. 아마도 유교 지식인이었던 조선 시대 선현들이 그 이름 때문에 발길을 하지 않았던 것이 아닐까.

그러나 일제강점기에 이르러 이곳으로 사람들이 몰려들기 시작했다. 구례를 거쳐 노고단으로 오르기도 하였고, 천왕봉을 등정하거나 하동 청학동을 찾은 후에도 노고단을 거쳐 하산하는 이들이 많았다. 수백 년 동안 외면을 당하다가 이 시기에 이르러 각광 받는 명승으로 부상하게 된 것이다.

그것은 바로 당시 노고단에 설립된 '선교사 휴양촌' 때문이었다. 일제강점기에 포교활동을 하던 수많은 미국인 선교사들은 낯선 기후와 풍토로 인해 여러 질병을 앓았다. 이들은 높은 지대에서 생활하면 이 풍토병을 치료할 수 있으리라 생각하고 1920년부터 노고단에 휴양촌을 건립하기 시작하였다. 이는 일종의 외국인 피서지였다. 당시 지리산에 올라 이를 본 조선의 문인들은 '미국인의 피서실'이라 불렀다.

| 천왕봉에서 본 반야봉(김기훈 작)

이후 노고단의 휴양촌은 금강산, 함경도 원산, 황해도 구미포와 함께 국내 4대 외국인 피서지로 부상하였고, 중국의 북경과 상해 등지에서 피서객이 찾아올 정도로 성황을 이루었다. 절정일 때는 50여 채가 넘었고, 그 안에는 숙박시설 외에도 수영이나 골프 등을 즐길 수 있는 레저시설까지 갖추어져 있었다.

이곳은 일반인이 위화감을 느낄 만큼 화려하고 이국적인 공간이었다. 이처럼 가파르고 높은 산 속에 서양식 벽돌집과 휴양시설이 있다는 입소문을 타면서, 노고단은 지리산 유람의 새로운 공간으로 부상하였다. 늦은 감이 없지 않지만, 이렇게 하여 지리산에는 사방으로 여러 갈래의 길이 나게 되었다. 그리고 비로소 사통팔달의 지리산 모습을 감상할 수 있는 길이 완성되었다.

(4) 지리산 유람의 백미, 천왕봉 일출

| 천왕봉 일출

예나 지금이나 지리산행의 백미(白眉)는 단연 천왕봉 일출이다. 그만큼 천왕봉은 오르기 어려웠다는 말이기도 하다. 힘겹게 부여잡고 천왕봉에 올라 일출을 맞이하는 그 감개무량함을 무슨 말로 다 표현할 수 있으랴.

조선 시대 지리산행은 어느 코스로 등정하든 천왕봉에 오른 후 정상 주변에서 노숙하거나 법계사까지 하산해서 자고 이튿날 동틀 무렵 일출을 보기 위해 다시 천왕봉으로 오르는 것이 일반적이었다. 행여 일출의 그 장엄함을 놓칠까 노심초사한 선현들은 천왕봉 주변에서의 험난한 노숙을 기꺼이 감내하기도 했다. 당시 변변한 장비가 있었겠는가. 뼛속까지 파고드는 돌바닥의 냉기도, 하늘이 울부짖는 듯 음산하기 그지없는 매서운 바람 소리도, 온 세상을 집어삼킬 듯 세찬 비바람도 거뜬히 견뎌냈다.

그동안 수십 편의 지리산 유기를 숱하게 읽으면서 얼마나 많은 상상을 했든가. '맑은 하늘에 잘 닦은 구리거울 같은 해가 바다 밑에서 불쑥 튀어 올랐다'라고도 했고, '옥으로 만든 유리 항아리가 자꾸만 자꾸만 하늘로 올라가는 듯하다'라고도 했고, '떠오르는 해 모양이 돌미륵 부도탑처럼 길쭉한 대머리였다'라고도 했다. 점점 밝아오는 여명을 일러 '바다 위에 금가루를 뿌리는 듯 오색찬란하다'라고도 했고, 해가 떠오르기 직전 구름에 가렸다 보였다 하는 모습을 '파도가 해를 삼켰다가 토한다'라고도 했으며, 그렇게 애간장을 태우다 하늘에 둥실 떠오른 해는 '천연 그대로의 한 송이 연꽃'이라 표현하기도 했다.

지금도 해마다 수많은 사람이 지리산 일출을 보기 위해 짙은 어둠을 무릅쓰고 천왕봉으로 향한다. 삼대(三代)가 공적을 쌓아야 볼 수 있다는 지리산 일출! 선현들 또한 그 장엄한 광경을 보기 위해 온갖 고생을 무릅쓰고 천왕봉에 올랐고, 살을 에는 듯한 추위를 견뎌냈다. 그리고 보았다, 황홀

45

한 그 해돋이를!

백성을 굽어살피소서, 일월대

산 정상에 넓은 터를 가진 중국 태산과 달리, 지리산 천왕
봉에는 온통 바위뿐이다. 평평한 바위 면이라 해 봐야 그리
넓은 공간이 아니다. 밀집해서 따닥따닥 붙어 선다 하더라
도 1백여 명 정도 올라설 공간이 전부다. 그곳에 일월대(日
月臺)가 있다. 선현들은 천왕봉 언저리에서 잠을 설치고 추
위에 떨며 밤을 지새우다가, 새벽녘이 되면 이 일월대에 올
라 일출을 맞이하였다.

| 천왕봉 일월대

천왕봉 표지석이 있는 곳에서 동쪽으로 중산리를 바라보
고 서면 오른쪽 끝에 있는 바위가 바로 일월대이다. 그곳에
여러 사람의 이름 낙서와 함께 '일월대'라는 세 글자가 새겨

져 있다. 언제 누가 새긴 것인지 정확하지 않다. 석각된 위치가 밑에서 올려 보기에도 위에서 내려 보기에도 어정쩡하여 쉽게 찾을 수 없다. 무심히 지나쳐 버릴 수 있는 이곳은 바로 예부터 지리산을 유람하던 선현들이 일출과 일몰과 월출을 맞이하던 장소이다.

'일월대'란 명칭은 박장원(朴長遠)의 「유두류산기(遊頭流山記)」에 처음 나타난다. 박장원은 1643년 8월 20일부터 7일 동안 안음(安陰, 현 함양군 안의면)을 출발해 용유담→군자사(君子寺)→하동암(河東巖)을 거쳐 천왕봉에 올랐으니, 그 이전에 누군가가 바위에 새긴 듯하다.

일월대란 명칭은 어디에서 유래되었을까? 현 산청군 단성에 살던 박래오(朴來吾)는 1752년 8월 13일 일월대에 올라 일출을 보았다. 그리고는 "이곳에 올라야만 해와 달이 뜨고 지는 것을 제대로 볼 수 있으니, 옛사람들이 일월대라 이름하였도다."라고 하였다. 이 얼마나 단순 명쾌한 이름인가.

선현들이 일출을 맞이한다는 것은 단순히 떠오르는 해를 보며 자신의 소망과 염원을 비는 행위와는 사뭇 다른 의미가 있다. 천문(天文)을 살펴서 백성들이 농사를 잘 짓고 평안히 살아가길 염원하는 성왕(聖王)의 일로 인식하였다. 그러므로 선현들은 천왕봉에 올라 특히 일출을 보는 데에 큰 의미를 두었으며, 일월대는 바로 그들의 염원이 집약된 곳이었다.

(5) 지리산을 노래한 한시

2010년 10월 31일 새벽녘, 필자는 천왕봉에서 일출을 기다렸다. 그 전에도 몇 번의 기다림이 있었으나, 온전한 일출을 본 적은 없었다. 그리고 온갖 기대와 설렘으로 맞이한 천왕봉 일출!

그런데 정작 천왕봉 꼭대기에서 일출을 마주한 그 순간, 필자는 아무것도 떠오르지 않았다. 유산기에서 본 그 숱한 명문(名文)들은 날아가 버린 새만도 못한, 종이에 쓰인 한낱 글자에 불과했다. 그저 가슴 먹먹한 감동과 오랜 여운만이 있을 뿐. 그리고 알게 되었다, 선현들이 이 순간을 전하기 위해 얼마나 고뇌했을지를. 그리고 또 알게 되었다, 일출을 기다리는 과정은 그렇게 상세히 기록하면서도 정작 그 순간만큼은 '아침 해가 떠올랐다'라는 짧은 한 문장으로밖에 표현할 수 없었던 유산기 저자들의 그 고뇌를.

지금부터 옛 선현들이 천왕봉에서 읊은 한시를 몇 수 소개하고자 한다. 감흥은 오롯이 독자의 몫이다.

◈ 유몽인, 『어우집(於于集)』 권2, 「두류록(頭流錄)」 중에서
■ 천왕봉에 올라登天王峰

녹나무가 말라 죽어 반쯤은 가지가 없고	崇楠枯死半無枝
태초의 얼음 서리는 바위틈에 그대로네.	太始冰霜貯石巇
황학은 날아가서 둘러봐도 보이지 않고	黃鶴奮翮望不及
청려장에 불을 붙여 날아가듯 올라가네.	靑藜遺火去如飛
화산·숭산은 앉아 뭇 봉우리 위무하는 듯	華嵩坐撫諸孫頂

48

하수·한수는 멀리 작은 물줄기 거느리는 듯.　河漢遙橫一尺絲
공자께선 공연히 천하를 작다고 하셨구나　尼父謾談天下小
내 올라보니 땅은 없고 연무만 자욱하네.　我看無地但烟霏

◈ 이갑룡(李甲龍 1734~1799), 『남계집(南溪集)』 권1, 「유두류작(遊
　頭流作)」 중에서

■천왕봉 일월대에 올라 비를 맞으며 짓다 登天王峰日月臺 値雨作

천왕봉에 올라 회포를 펴보려고 했는데　大擬登臨好抱開
뜬구름 어이하여 서쪽에서 몰려오는 건지.　浮雲何事自西來
잠깐 새 뒤덮어서 천지가 온통 구름이라　須臾蔽盡乾坤闊
신령이여, 이 시골나그네 시기하지 마오.　莫是山靈野客猜

■천왕당에서 유숙하고 이틀 뒤 다시 일월대에 오르다
　留宿天王堂 再明日 復登日月臺

방장산에 오르니 높이가 구름과 나란하여　登臨方丈與雲齊
세상의 삼라만상이 다 한눈에 들어오누나.　納納乾坤入眼低
어찌하면 회오리바람 타고 구만리를 날아　安得扶搖九萬翼
곧장 이 정상에서 하늘 위로 날아오를까.　直從絶頂上天梯

◈ 박태무(朴泰茂 1677~1756), 『서계집(西溪集)』 권1, 「유두류산기행
　(遊頭流山記行)」 중에서

■천왕봉 정상을 바라보며望絶頂

사람들은 이 산을 오를 수 없다고 말하지　人言不可上
천 길 봉우리가 푸른 허공에 닿아 있구나.　千丈接靑空
중도에 지팡이를 돌려 그만두지 말자꾸나　中途莫回杖
오르고 또 오르면 절로 정상에 도달하리.　登登山自窮

◆ 하익범(河益範), 『사농와집(士農窩集)』 권1
■ 천왕봉에 올라 登天王峰

방장산이 높다하나 하늘 아래 있으니   方丈雖高在天下
제군들은 오를 수 없다고 말하지 말라.   諸君休道我不能
기를 쓰고서 올라가 천왕봉에 앉아서   努力躋攀峰上坐
꼭대기 위에 더 높은 곳 있음을 보게.   試看頂上尙餘層

◆ 민재남(閔在南), 『서계집(西溪集)』 권1, 「유두류산기행(遊頭流山記行)」 중에서
■ 상봉에 오르다 登上峰

하늘 바람 문득 표표히 사람에게 불어오니   天風飄忽送人來
이곳은 만 길의 천왕봉 꼭대기 일월대라네.   萬仞峰頭日月臺
내 평생 우활하고 졸렬한 나그네였지마는   自信平生迂拙客
잠시 마음과 눈으로 저 하늘을 둘러보네.   暫時心目匝天回

◆ 안익제(安益濟 1850~1909), 『남선록(南選錄)』「두류록(頭流錄)」 중에서
■ 천왕봉가 天王峯歌

방장산의 상봉을 천왕봉이라고 부르니   方丈上峯是天王
천왕봉이란 호칭은 황제만큼 존귀하네.   天王之號尊如皇
세인들은 천왕봉이 귀중한 줄을 모르고   世人不識天王重
천왕봉 밟기를 마치 마당 밟듯이 하네.   足踏天王如踵場
우러를지언정 어찌 밟을 수 있으리오?   寧可仰止那可踏
산이 중하지 않고 그 이름이 황송해서라.   山非重也名是惶
이번 산행에 천왕봉을 능멸할 뜻 없으니   今行未敢凌高意

춘추대의가 마음에 꽉 차 있기 때문이라.   春秋大義在腔腸

여섯 닭이 울고 풍우에 산 동쪽이 어둡더니   六鷄風雨山東晦

한 선비가 우뚝 일어나 기강을 부지했지.   一士偘儻能扶綱

천왕봉에 영특한 기운이 없어진 지 오래라   久矣天王無英氣

남쪽 오랑캐가 제멋대로 창궐하게 하였네.   至使蠻夷恣搶攘

쌍으로 밝던 세상이 연나라처럼 흐려지니   雙明日月歸燕世

온 세상 사람들이 한양에 모여 들끓었네.   萬國衣冠動漢陽

발이 위에 있고 머리가 아래에 있는 세상   足反居上頭居下

가의 태부의 말씀이 곧바로 지금이라네.   太傅之言今切當

원안은 부질없이 한나라 황실 걱정하여   袁安空自懷王室

한밤중에 베개를 어루만지며 눈물 흘렸네.   中夜拊枕涕淚滂

화 땅 봉인의 축원처럼 미천한 내 간절함   微臣偏切華封祝

천왕이 신령한 빛 드러내기를 바랄 뿐이네.   但願天王發靈光

귀신같은 칼과 도끼로 요망한 자들 몰아내   神劒鬼斧驅魍魎

이 땅을 환히 청소해 밝은 햇빛 돌려주소서.   廓淸區宇回霽暘

천왕처럼 막강하게 우리나라 안정되게 하시고

                  奠我家邦如天王之强

천왕처럼 오래오래 우리 황제 장수하게 하소서.

                  壽我皇帝如天王之長

아! 천년토록 만년토록   於千萬年

영원히 무궁하게 하소서.   永享無疆

높기로는 하늘만큼 드높은 것이 없겠고   高高莫若天之高

존귀하기로는 왕만큼 존귀한 분 없다네.   尊尊莫若王之尊

이 산이 비록 높지만 대지 위에 있으니   此山雖高猶在地

높다 한들 어떻게 하늘 문까지 닿으리오.	高高那得及天門
이 산이 존귀하지만 이 나라의 국토이니	此山雖尊猶國土
존귀한들 어찌 천왕과 이름을 함께 하리.	尊尊那得名相渾
산 위의 하늘이 바로 이 산의 왕이시니	山之天也山之王
하늘을 통솔하는 천황이 천지인 조율하네.	統天皇王調三元
다만 바라노니, 천왕봉 위의 신령이시여	但願天王峯上靈
우리 천왕의 대대손손을 영원히 도우소서.	
	輔我天王萬萬世子孫
그 덕은 천왕봉의 존귀함처럼 존귀하고	德如天王峯之尊
그 복은 천왕봉의 높이만큼 높게 하여	福如天王峯之高
한 차례 온 천하의 먼지를 쓸어주소서.	一掃烟塵廓乾坤

〈참고문헌〉

최석기·강정화 외, 『선인들의 지리산 유람록 1』, 돌베개, 2000.

최석기·강정화 외, 『선인들의 지리산 유람록 2』, 보고사, 2008.

최석기·강정화 외, 『선인들의 지리산 유람록 3』, 보고사, 2009.

최석기·강정화 외, 『선인들의 지리산 유람록 4』, 보고사, 2010.

최석기·강정화 외, 『선인들의 지리산 유람록 5』, 보고사, 2013.

최석기·강정화 외, 『선인들의 지리산 유람록 6』, 보고사, 2013

강정화·최석기, 『지리산, 인문학으로 유람하다』, 보고사, 2010.

강정화, 『남명과 지리산 유람』, 경인문화사, 2013.

최석기·강정화, 『선인들의 지리산 기행시 1』, 보고사, 2015.

최석기·강정화, 『선인들의 지리산 기행시 2』, 보고사, 2016.

최석기·강정화, 『선인들의 지리산 기행시 3』, 보고사, 2016.

3) 삼재(三災)가 들지 않는 산 : 가야산 _ 이영숙

(1) 고운(孤雲) 최치원(崔致遠)을 만나는 산

가야산은 경상남도 합천군과 경상북도 성주군에 걸쳐 있는 산이다. 우두산(牛頭山), 설산(雪山), 상왕산(象王山), 중향산(衆向山), 지달산(只怛山)으로도 불렸으며, 신라의 고운 최치원이 은둔한 이후 많은 문인들의 이상향으로 그려졌다. 『택리지』에서는 "그 높고 수려함과 한재(旱災), 수재(水災), 병화(兵禍)가 들지 않는 영험함 때문에 명산으로 불린다."고 하였으며, 『세종실록』 지리지에서는 "가야산 형승(形勝)은 천하에 뛰어나고 지덕은 해동에 짝이 없으니, 참으로 수도할 곳이다."라고 하였다.

'문인들의 이상향'이자 '영험한 명산'이며, '수도할 만한 산'이라는 선대의 기록들은 오늘날 사계절 사람들의 눈길을 사로잡으며, 많은 이들의 발길을 머물게 하는 가야산이 지닌 매력을 압축적으로 표현했다. 어느 산인들 이런 표현이 따르지 않겠냐마는 그래도 가야산은 반드시 가야산이어야 하는 그만의 색과 풍광으로, 현실을 살아내느라 지친 현대인들에게 마음의 여유와 안식을 제공한다.

역사 속에서 가야산은 어떤 의미를 지녔으며, 오늘날 가야산을 찾는 이들은 그 산에서 무엇을 보고 느끼며, 또 무슨 의미를 담는 것일까? 뛰어난 경관이야 가야산이 아니더라도 우리나라에 형승 아닌 산이 어디 있으랴. 이 글에서는 가야산이 지닌 가야산만의 멋과 아름다움을 찾아 그것이 어디에서부터 유래하였으며 어떤 의미를 지닌 것인지 알아보고, 뭇 산들과는 다른 의미로 우리에게 다가오는 사찰, 숲, 골짜기, 바람 등에 담긴 살아 있는 숨결을 느껴보고자 한다.

선인들이 가야산을 유람하고 남긴 기록으로는 현재까지 50여 편의 유람록이 전한다. 그 유람록 속에 빠지지 않고 등장하는 인물이 최치원이다. 오늘날에야 거의 하루에 끝나는 가야산 유람길을 정구(鄭逑)는 1579년 9월 10일부터 24일까지 14일 동안 유람하고 「유가야산록(遊伽倻山錄)」을 남겼다. 거기에서 그는 가야산 정상에 올라 '천년 처사의 마음 가만히 합해지네[默契千年處士心]'라고 읊었다.

| 우두봉에서 바라본 가야산 능선

여기에서의 '천년 처사'는 고운 최치원이다. 12세의 나이로 당(唐)에 유학하여 6년 만에 빈공과(賓貢科)에 장원으로 급제하였으며, 황소의 난이 일어나자 절도사 고병(高騈)의 막하에서 「토황소격문(討黃巢檄文)」을 지어 당 전역에 문장으로

54

이름을 떨쳤던 인물… 그런 그가 신라로 돌아와 이상을 펼치고자 하였을 때 대면한 유리천장은 그를 좌절하게 하였다. 온 나라의 명승을 떠돌며 유람하다 결국 가야산 이 골짜기에 은둔하여 다시는 세상에 나타나지 않게 되기까지, 번민과 울분에 얽힌 한 천재의 삶은 시공간을 초월한 천년 뒤의 후인들에게도 깊은 공명을 일으키며 안타까운 탄식을 하게 만든다. 뛰어난 천재가 자유롭게 뜻을 펼칠 수도, 비상할 수도 없을 만큼 본래 세상은 그렇게 좁은 곳이고, 인간이란 그렇게 비열한 존재였던가?

거세게 돌에 부딪쳐 겹겹의 봉우리 올리니	狂奔疊石吼重巒
지척에서 하는 말도 분간하기 어렵구나	人語難分咫尺間
늘 시비하는 소리 귀에 들릴까 두려워	常恐是非聲到耳
일부러 흐르는 물로 온 산을 감싸게 했네	故教流水盡籠山

| 농산정

55

번잡하고 시끄러운 세상의 시비를 벗어나 세상쯤이야 깃털처럼 가볍게 여기며 신선이 되고 싶었던 사람... 가야산 홍류동(紅流洞) 골짜기에 지금도 남아서 전하는 그의 자취들로 가야산은 어느새 신선이 머무는 산이 되었다.

이종익(李鍾翼)은 「유가야산기(遊伽倻山記)」에서 "가야산은 경상도와 전라도 두 도(道)에 맞물려 있고, 다섯 고을의 진산(鎭山)이다. 맑고 험준하며 우뚝 솟아 다른 사람들보다 빼어나 영남을 호령하고 있다. 신라 말에 고운 최선생이 '계림의 누른 잎, 곡령의 푸른솔[鷄林黃葉鵠嶺靑松]'이라 말하여 당시 사람들에게 참소를 입어 벼슬을 던지고 은거하던 곳이다."라고 하였다.

그리고 신필청(申必淸)은 「유가야산록(遊伽倻山錄)」에서 '영남의 산수는 우리 나라에 으뜸이다. 가야산의 형승은 더욱 남쪽 산봉우리 중에 가장 뛰어나 장대하고 매우 빼어나다는 이름을 떨친다. 더구나 고운 최치원이 속세를 떠나 은거하였던 곳으로 선경(仙境)이 많고 기이한 자취가 있어 늘 한번 그 가운데로 유람하여 이른바 학사대(學士臺)ㆍ홍류동을 보고 싶었다.'라고 하였다.

'계림의 누른 잎, 곡령의 푸른솔'은 신라는 누런 나뭇잎처럼 국운이 시들어 가고 고려는 푸른 솔처럼 국운이 흥기할 것이라는 말로, 최치원이 왕건에게 고려의 흥기를 암시한 참언(讖言)이다. 이종익은 최치원이 이 말 때문에 참소를 입어 벼슬을 던지고 은거하였다고 했지만, 말기적인 병폐로 난세였던 현실에 그가 할 수 있는 일은 없었다. 진성여왕에

56

게 시무 10여 조를 올리고 아찬(阿飡)에 임명되었지만, 귀족들의 거센 반발이 있었고, 결국 그는 공고한 골품제의 벽을 넘지 못하고 떠날 수밖에 없었다.

최치원의 불우(不遇)한 생은 그에게만 한정된 불우가 아니다. 역사를 통해 반복되는 불우한 인물들에게 감정이입이 될 때마다 사람들은 끊임없이 최치원을 소환하여 불우를 낳은 시대를 한탄하고, 그가 속세를 버리고 선인이 되었다는 이야기와 그가 남긴 유적들을 현실의 번뇌를 위로받을 해방구로 삼곤 했다. 그렇게 가야산은 최치원의 이야기와 함께 단순히 경치가 아름다운 산이라는 평범한 수식을 넘어 다양한 스토리를 품은 역사의 현장이 되었고, 최치원을 만나는 산이 되었다.

| 가야산 정상

(2) 무릉교(武陵橋)를 지나 우두봉(牛頭峰)까지

무릉교는 가야산 홍류동계곡 입구에 있는 다리였다. 김창협(金昌協)이 가야산을 유람하고 "내가 가야산 해인사의 경관이 좋다는 말을 들은 지 오래되었는데, 이번에 왕명을 받들고 이 고장을 지나가게 되었기에 이 절을 한번 살펴볼 수 있었다. 암벽으로 이루어진 골짜기와 절간의 규모는 웅장하고도 아름다워 사실 헛소문이 아니었으며, 무엇보다 최고운의 유적이 한층 더 감회를 불러일으켰다. 다녀오는 길에 오언장편(五言長篇) 58운(韻)을 지어 보고 느낀 것을 기록하였으나, 이것을 감히 정서(正書)하여 남에게 보이지는 못하였다. 그 후 십여 일이 지나 다시 합천 고을의 관아에 와서야 비로소 종이와 붓을 가져다가 정서하여 태수 형께 받들어 올리고 혹시 찾아오는 해인사의 중이 있으면 꺼내 보여주도록 하였다."라고 하는 긴 제목의 시에 다음과 같이 읊고 있다.

…전략…

무릉교 다리에서 말을 세우고	立馬武陵橋
신선 사는 저곳에 고개 돌리니	回首仙源裏
차가운 시내 소리 어제와 같고	寒溪響如昨
푸른 구름 가까워 손에 잡힐 듯	碧雲猶在邇
가고 머묾이 소원과 맞지 않으니	去住與願違
이 유감 어느 제나 풀어지려나	含恨何時弭
산속의 사람들께 부탁하노니	多謝山中人
내 늙는 그날까지 기다려다오	歲暮且相俟

신선 세계를 드나드는 길목에 무릉교가 있고, 무릉교를

58

건너 저곳은 신선 세계이고, 이곳은 속세이다. 무릉교를 지나 신선 세계로 들어서면 거기에 해인사가 있고, 가야산이 있다. 시냇물 소리, 푸른 구름이 나그네를 맞이하는 곳… 거기에서 속된 세상의 욕망은 모두 풀어내고 싶지만 손에 잡힐 듯 잡히지 않는 구름처럼 소원은 손끝에서 멀어져 간다. 그런데 변함없이 의구(依舊)한 산인 줄 알기에 나이 들어 다시 찾아올 때까지 기다려달라고 부탁한다. 이 한 수의 시 속에 우리가 가야산을 찾는 이유가 모두 들어 있는 듯하다.

무릉교를 지나 닿는 산이기에 가야산을 '무릉도원'이라 기록한 사람도 있다. 1759년 가야산을 유람한 이기(李夔)는 「유가야산록(遊伽倻山錄)」에서 "가야산 한 줄기는 우두봉에서 시작하여 구불구불 기복이 있고 지묘에서 열리고 남교에서 마무리된다. 해와 달이 서로 빛나고 용호(龍虎)가 겹치고, 한 줄기 긴 내가 굽이돌아 깊어져 절로 별천지를 만드니 안개와 구름이 엄연히 무릉도원(武陵桃源)이다."라고 하였다.

가야산 정상의 형상이 '소머리'를 닮았다고 하여 '우두봉'이라고 하는데, 이 형상에서 유래하여 가야산을 '우두산'이라 하기도 하였다. 이기가 유람록에서 가야산 줄기가 우두봉에서 시작한다고 한 이유이다. 그렇게 흘러내린 산줄기가 굽이돌아 별천지를 만드니 그곳이 무릉도원이며, 무릉도원의 초입은 무릉교이다. 이 하나의 기록이 가야산이 별유천지의 선계인 무릉도원임을 요약해서 보여주고 있다.

이시선(李時善)은 「유가야산기(遊伽倻山記)」에서 "가야산은 비록 작지만 춤추듯 단정하고 아름다우며 사는 곳과 멀지

않으니, 손바닥 뒤집듯 매우 가기 쉬웠다."라고 하였으며,
최흥원(崔興遠)은 「유가야산록(遊伽倻山錄)에서 "가야산은 영남
의 벼리가 되어 산수의 승경과 사관(寺觀)의 성대함으로 최고
의 명성이 있어 오래전부터 한번 유람하고자 하였다."라고
하였다.

| 가야산

  '작지만 춤추듯 단정하고 아름다운 산' 가야산을 이렇게
생동감 있고 율동감이 넘치게 표현한 이는 없었다. 그리고
멀지 않고 가까운 곳에 있기에 '손바닥 뒤집듯 가기 쉬운 산'
이라는 이시선의 이 표현이 가야산을 좀 더 가깝게 느낄 수
있는 산뜻함을 선사한다. 김명범(金明範)은 「가야산유록기(伽
倻山遊錄記)」에서 가야산을 다음과 같이 기록하였다.

  "우리 고을의 가야산은 가파른 절벽이 옥봉(玉峰)을 여러 번 둘

60

러 일찍이 고노(故老)들이 가야산이 천하지도(天下地圖)에 실려 있다 여기고 소금강(小金剛)이라 부르는 것을 보았다. 대개 해인 사는 신라 때 창건되어 동태사(同泰寺)에 뒤지지 않고, 고운 최 치원의 명성은 중국에 가득 차 최호(崔顥)와 나란히 달려, 해마 다 꽃피는 봄과 단풍드는 가을이 되면 소인(騷人)·운사(韻士)가 지팡이를 끌고 유람하여 발꿈치가 이어지고 어깨가 부딪친다."

가야산을 '소금강'이라 부르고, 해인사를 '동태사'에 버금 간다고 하며, 최치원을 '최호'에 비견된다고 한 것은 가야산 의 위상을 비유한 것이다. 동태사는 중국 양(梁)나라 무제(武 帝)가 건강(建康)에 세운 절이며, 최호는 「등황학루(登黃鶴樓)」 를 지어 이백(李白)도 감탄시켰던 당시(唐詩)를 대표하는 시인 으로, 이백도 이에 필적할 시를 지어 보려고 운(韻)과 시상 과 시구를 모방하여 「등금릉봉황대(登金陵鳳凰臺)」라는 시를 지었다.

가야산에서 금강산을 연상하고, 중국의 동태사를 연상하 며, 최호의 「등황학루」에 이어 이백의 「등금릉봉황대」까지 연상하도록 한 것은 가야산이 많은 문사들을 찾게 만든 산 이라는 의미를 내포하고 있다. 이들이 줄을 지어 산을 찾아 발꿈치가 이어지고, 어깨가 부딪칠 정도라면 과장이 되었다 하더라도 실제 당시에 가야산을 찾는 사람이 상당했음을 말 하는 것인데, 18세기 후반 산을 유람하는 인구가 폭발적으 로 늘어난 현실을 반영한 것이다.

무릉교를 지나 우두봉까지 가야산 승경의 굽이굽이는 거

기에 담긴 스토리와는 별개로 경관만으로 또 하나의 볼거리가 되고, 무릉도원같은 이상향이 되어 산을 찾는 유람객들에게 현실의 부질없는 욕망을 내려놓고 마음의 안식을 찾도록 해준다. 그런 안식을 주는 산이 손을 뻗으면 잡힐 듯 가까운 곳에 있기에 가야산은 다른 어떤 산보다 큰 존재감으로, '작지만 춤추듯 단정하고 아름다운 산'이 된다.

(3) 생명의 소리로 하나 되는 곳 : 홍류동

홍류동은 세속을 떠나 자연과 하나 되어 물소리, 바람 소리, 새소리를 들으며 마음의 묵은 때를 씻어내고 다시 세상과 호흡할 힘을 얻는 곳이라는 뜻을 담아 '해인사 소리길'이라는 이름으로 뭇 사람들의 발길을 끄는 곳이다. 정식(鄭栻)의 「가야산록(伽倻山錄)」에 "홍류동은 가야산에서 제일의 승경이다. 위아래로 십여 리에 푸른 절벽이 병풍처럼 펼쳐져 있고 시내의 돌은 눈과 같으며, 소나무와 회나무는 무성하였다. 철쭉꽃이 떨어져 붉은 꽃잎이 시내에 가득하니 참으로 고운이 말한 '봄꽃과 가을 잎을 물에서 구한다[春花與秋葉取向水中求]'는 것과 같았다."라며 홍류동에 대해 기록하고 있다.

'봄꽃과 가을 잎이 떨어져 붉게 흘러간다'는 뜻을 담은 '홍류동'이라는 이름에서 이 골짜기가 지닌 정취는 이미 별유천지의 선경임을 알 수 있다. 이만성(李萬成)의 「유가야산록(遊伽倻山錄)」에는 "골짜기 옆에는 바위가 있어 홍류동이라는 큰 글씨가 쓰여 있는데, 세상에서 전하기를 문창후 최치원의 글씨라고 한다. 또 2리쯤에 봉우리가 있는데 취적봉(吹笛峯)이라 하고, 바위는 자필암(泚筆巖)이라 한다. 수중의 반석에는 광풍뢰(光風瀨)·제월담(霽月潭)·분옥폭(噴玉瀑)·낙화담(落花潭)·음풍뢰(吟風瀨)라고 새겨져 있는데, 모두 문창후가 노닐던 곳이며, 음풍뢰·자필암은 모두 강희맹의 글씨이다. 또 28자를 새긴 것이 있으니 문창후의 시를 문정공 우암 송시열이 쓴 것이다."라고 기록하였다.

| 홍류동

취적봉, 자필암, 광풍뢰, 제월담, 분옥폭, 낙화담, 음풍뢰는 지금도 그대로 전하는 홍류동 골짜기 곳곳의 이름으로 최치원이 노닐던 곳이었다. 그의 흔적을 좇아 강희맹은 글씨를 쓰고, 송시열은 그의 시를 새기고, 후대의 유람객은 다시 그 자취를 찾아 감회에 젖는다. 시대를 초월하여 반복

되는 행위의 배경에는 변함없는 가야산이라는 자연의 공간이 존재하며, 그 속에는 사람이 있다. 자연은 사람을 통해 이름을 얻고, 사람은 자연을 통해 세속적인 욕망을 씻어낸 인간 본연의 순수를 되찾아 지극히 인간다운 모습과 자연은 결국 하나임을 알게 된다.

1841년 가야산을 유람한 김익동(金翊東)의 「유가야산기(遊伽倻山記)」에는 홍류동의 아름다움을 다음과 같이 묘사하였다.

"홍류동문을 들어가니 굽이굽이 맑은 샘이 바위에 부딪쳐 울리고 휘도는 물은 깊은 연못이 되어 경색이 빼어나 유리같은데, 뿜어내는 물은 나르는 폭포가 되어 눈꽃처럼 희다. 고운 최치원의 '짐짓 물을 흘려보내 온 산을 감싸네.'라는 구절을 낭송하며 걸음을 옮겨 점점 나아가니 사방의 붉고 푸른 산이 서로 비추어 그대로 수놓은 비단을 두른 것 같아, 비록 용면(龍眠)의 좋은 솜씨로도 베껴 그리지 못할 것이다."

맑은 물이 바위에 부딪히고, 연못은 유리 같으며, 폭포는 눈꽃처럼 하얗게 부서진다. 거기에 붉고 푸른 빛깔의 조화까지 이뤄내니 그야말로 비단을 두른 것 같아 송나라의 뛰어난 화가 이공린(李公麟)이라고 하더라도 진경(眞景)을 그대로 살려내기 어렵다. 피리를 불게 하는 봉우리[취적봉], 붓에 먹을 찍은 듯한 바위[자필암], 빛과 바람이 머무는 여울[광풍뢰], 맑게 갠 하늘에 뜬 달과 같은 연못[제월담], 옥을 뿜어내

64

는 듯한 폭포[분옥폭], 꽃잎이 떨어지는 연못[낙화담], 시를 읊게 하는 여울[음풍뢰]이라는 이름으로 살아난 선경(仙境)은 최치원에서부터 천년의 세월을 뛰어넘어 지금도 변함없는 비경으로 사람들의 발길을 끌어 들여 그곳을 찾은 이들에게 안식을 준다.

그러므로 이중무(李重茂)는 「가야록(伽倻錄)」에서 "홍류동의 경관이 사랑스러워 차마 내버려 두고 떠나지 못하였다. 흰 바위에 뒤섞여 앉아 술을 마시고 시도 읊으니, 해가 이미 기울어 산에 걸친 것도 알지 못하였다."라고 하였으며, 신필청(申必淸)은 「유가야산록(遊伽倻山錄)」에서 "바위 위에 이름을 새기자 해가 기울어 곧 되돌아오며 구름 낀 산으로 머리를 돌리니, 마치 가인(佳人)과 이별하듯 열 걸음에 한 번씩 돌아보며 차마 떠나지 못하였다."라고 하였다. 이들이 기록에 남겼듯이 홍류동은 경치에 취해 시간 가는 줄 모르고 차마 발걸음조차 떼기 어려울 정도로 떠나기가 힘든 곳이었다.

이렇듯 자연은 변함없는 듯하지만 그것을 바라보는 사람의 시각에

│ 치인리 마애불입상

따라 감정을 지닌 대상이 될 수 있다. 외세에 의해 지속적인 국권침탈을 겪었던 1872년 가야산을 찾은 송병선(宋秉璿)은 「가야산기(伽倻山記)」에서 "다시 몇 리를 나아가니 홍류동이 나타났다. 시냇물은 구불구불 흐르며 때마침 슬피 울고, 누런 잎은 때때로 다시 사람에게 스쳐가니 정취가 더욱 처량하다. 시냇물을 따라 내려오니 백천(百川)이 내닫는 성난 소리가 온산에 부르짖어 바로 곁의 사람 말도 알아듣기 어렵다는 고운의 절구(絕句)가 참으로 사실이다."라고 하였다.

이전의 유람객들이 선경에 압도되어 아름답게만 묘사하였던 홍류동과는 달리 송병선은 '슬피 운다', '처량하다', '성난 소리', '부르짖다'라고 하며 자연에 처연한 감정을 이입하였다. 그리고 유람록의 말미에 "사람이 한 세상을 사는 것은 순식간과 같이 빠른데 이렇게 시원하게 트인 경계(境界)를 얻어 살지 못하고 진세(塵世)에 골몰(汩沒)하니 참으로 슬프다."고 하였다.

그가 가야산 홍류동에서 느낀 감정은 어쩌면 그가 살았던 시대만의 감정이 아니라 바쁜 일상과 처리해야만 하는 업무, 좀처럼 내려놓기 힘든 인간으로서의 세속적인 욕망, 그 속에서 고민하고 번뇌하는 현대인들도 다르지 않을 것이다. 정지된 자연 속에서 물을 보고, 산을 보고, 사람을 보고, 세상을 보았던[看水看山, 看人看世] 남명선생의 그 옛날 유람의 감회가 어찌 그 시대만의 감회였을까? 인간은 끊임없이 순회하는 우주 자연 속의 미미한 존재로 살아가지만 축적된 지식을 습득하여 그 성취는 높여간다. 그리고 기본적으로 느끼는 감정의 얼개도 비슷하여 옛사람의 감정 속에서 우리가 알지 못했던 지금 자신의 마음을 읽어 위로받기도 한다. 자연 속에서 사람과 세상을 읽은 선인의 지혜에서 우리는 오늘을 읽고 미래까지 읽을 수 있는 혜안을 얻어야 할 것이다.

| 해인사 법고

(4) 법보종찰과 화마(火魔)도 피해간 장경각

가야산을 더욱 가야산답게 하는 데에는 해인사도 한몫하고 있다. 해인사의 해인은 『화엄경』 중에 나오는 '해인삼매(海印三昧)'에서 유래한 것이다. 따라서, 해인사는 화엄의 철학, 화엄의 사상을 천명하고자 하는 뜻으로 이루어진 화엄의 대도량이다. 해인사는 우리나라의 법보종찰로 고려 시대에는 국찰(國刹)로 삼았던 해동 제일의 도량이다.

그러나 조선시대 문인들의 가야산 유람록에는 해인사가

그다지 많이 등장하지 않는다. 유학의 비조(鼻祖)라고 할 수 있는 최치원에 대해서는 50여 편의 유람록에서 언급하지 않은 작품이 없지만, 가야산의 상징이라고 할 수 있는 해인사에 대해서는 기록을 전한 작품이 별로 없는 점은 불교를 외면한 조선 유학자들의 의식을 읽을 수 있는 단면이기도 하다. 해인사에 대해 기록한 몇 되지 않는 작품 중의 하나인 정식(鄭栻)의 「가야산록」에서는 해인사에 대해 다음과 같이 기록하고 있다.

"해인사는 대적광전, 진상전(眞常殿), 해행대(解行臺), 무설전(無說殿)이 매우 웅장하니, 금옥처럼 휘황찬란하다. 동서에 금탑이 있으니, 33층이다. 승려가 말하기를, '33의 하늘을 상징하는 것이다.'라고 하였다. 모직으로 된 천불(千佛) 족자가 있는데, 승려가 말하기를, '월지국에서 가져온 것이다.'라고 하였다. 장경판각은 백여 칸이다. 절의 왼쪽에 극락전, 지족암, 국일암, 희랑대, 백련암이 있다. 희랑대는 큰 바위 위에 만들어졌는데 서 있는 돌이 병풍처럼 좌우를 둘러싸니, 참으로 하늘이 만든 승경이다."

이 기록에서 대적광전, 극락전, 지족암, 국일암, 희랑대, 백련암 그리고 장경판각은 지금도 해인사에 그대로 전하는 건축물이다. 그런데 동서에 있다고 하는 33층의 금탑과 진상전, 해행대, 무설전 등은 현재 전하지 않는다. 정식의 가야산 유람록이 1725년에 지어졌으니 이때는 해인사에 33

층의 금탑이 존재했음을 알 수 있는 기록이다. 1790년에
가야산을 유람한 하진태(河鎭兌)의 「유가야록(遊伽倻錄)」에도
"법당의 아래에 금탑이 두 개 있는데 서쪽의 금탑은 33층이
고, 동쪽의 금탑은 28층이다. 금색이 흐릿하여 유년(1753)
에 본 것과는 아마도 다르다. 또 석대가 있는데 27층이다."
라 기록하고 있다.

| 해인사 대적광전 앞 삼층석탑

　서쪽은 33층이고 동쪽은 28층이라고 한 것으로 보아 이
전의 탑과는 외형이 조금 달라지긴 했어도 이때까지는 금탑
이 존재하고 있었음을 알 수 있다. 그러나 이후의 유람록에
는 금탑에 대한 기록이 전하지 않는다. 일설에는 1817년
해인사에 큰불이 나서 수천 칸이 모두 불에 탔는데, 금탑도
이때 사라진 것으로 추정하고 있다.

　우리 문화의 뛰어난 예술성을 드러낼 수 있는 또 하나의

유산인 금탑이 화재에 불타 소실된 것은 안타까운 일이다. 해인사에는 오늘날까지 7번의 큰 화재가 있었던 것으로 전한다. 이때마다 큰 전각 수백 칸이 불탔으나 장경판은 유일하게 화마를 피했다고 한다. 이는 단순히 운이 좋았던 것만은 아니고, 장경판전이 화재를 방지하는 과학적 설계와 배치가 되어있었던 덕분이기도 하다.

이렇게 지켜온 장경각이 한국전쟁 때 다시 전소될 위기에 처한 적이 있다. 빨치산들이 해인사에 숨어들자, 미군 군사고문단이 김영환 장군에게 빨치산 소탕을 위해 해인사 폭격을 명령했지만, 장군은 문화재 소실을 우려해 명령을 거부했다고 한다. 팔만대장경은 지켜냈지만, 김 대령은 군사재판에 회부되었는데, 다행히 그간 세운 전공 덕분에 즉결처분은 모면했다고 한다.

장경각은 1995년 유네스코에 의해 '세계문화유산'으로, 그 안에 소장된 고려대장경판 및 제경판은 2007년 '세계기록유산'으로 지정되었다. 천년의 역사를 건너 지금 우리 곁에 존재하는 장경각의 대장경판... 어쩌면 민간의 속설처럼 불심(佛心)의 힘으로 소실될뻔한 위기들을 넘겨왔는지도 모를 일이다. 그러나 그것을 지켜내기 위하여 목숨을 건 '천년의 노력'이 있었음을 우리가 잊어서는 안 될 것이다.

유람록 중에서 장판각에 대해 비교적 자세하게 기록한 신필청(申必清)의 「유가야산록(遊伽倻山錄)」에서는 다음과 같이 기록하고 있다.

"장판각은 고려 인종 때 창건한 것인데, 당(堂)은 모두 120시렁이고, 경판은 모두 옻으로 칠하고 주석으로 장식하여 높은 각에 모아두었다. 권질(卷帙)의 수는 8만으로 다 기록하기 어렵다. 중이 이 지붕 위에는 까마귀와 참새가 내려앉지 않고 이 경판 위에는 먼지가 끼지 않는다고 말하였다. 이 말은 바로 과장된 말로 믿을 수는 없다. 그러나 그 경판을 보니 먼지가 심하게 덮지는 않았으므로 기이하다 하겠다."

장판각이 120시렁이며, 8만의 장판을 보유하고 있다는 사실에 대해 정확한 기록을 남기고 있다. 그 영험함을 과시하기 위해 지붕 위에 까마귀와 참새가 내려앉지 않고, 경판 위에는 먼지가 끼지 않는다고 하며 실제로 경판을 보니 먼지가 심하게 덮이지는 않아서 기이하다고 했다. 먼지도 오래 쌓이면 경판에 해가 된다고 한다. 그리하여 예전에는 승려들이나 불자들이 하나하나 붓으로 천천히 먼지를 털었지만, 지금은 바람을 최대한 적게 하고 나무에 해가 안 가게 특별히 만든 청소기를 쓰기도 하고, 사람 손으로 손수 털기도 한단다.

세계문화유산과 세계기록유산을 품은 법보종찰 해인사, 그 해인사를 품고 있는 가야산, 가야산 골짜기마다 전하는 신라의 문사 고운 최치원의 자취, 50여 명의 유학자들이 남긴 가야산 유람록에 전하는 가야산과 최치원의 이야기들, 그리고 지금까지 뛰어난 형승으로 그 자리를 지키고 있는 가야산...

물소리, 바람 소리, 새소리를 들으며 홍류동을 지나 가야산으로 들어서는 사람들은 물소리로 세상의 시비를 끊고 번뇌를 씻어내며, 선경에 취하여 한 줄기 바람처럼, 가벼운 구름처럼 살고 싶었던 최치원의 마음을 이해할 수 있으리라. 그리고 천년고찰의 웅혼한 아름다움과 장경각 팔만대장경에 서린 천년의 숨결을 느낄 수 있으리라. 그리하여 가야산 우두봉 정상에 오르면 거기에서 바라보는 하늘과 바람과 대지의 푸른빛은 분명 지금까지 보았던 뭇산의 그것과는 다른 결과 빛깔로 다가오리라.

| 해인사 사천왕문을 오르는 길

〈참고문헌〉

김창협(金昌協), 『농암집(農巖集)』, 한국고전번역원 DB

이행(李荇), 『용재집(容齋集)』, 한국고전번역원 DB

이유원(李裕元), 『임하필기(林下筆記)』, 한국고전번역원 DB

성주문화원, 『가야산유산록』, 2019

김광철·홍성우·남재우·안순형·전갑생·한양하, 『경남, 섬의 역사』, 도서출판 산인, 2021

이구의, 「한시에 나타난 가야산의 형상」, 『한국사상과 문화』 제70집, 2013

노성미, 「가야산 유람록에 형상된 최치원문화경관 특성」, 『배달말』 제63집, 배달말학회, 2018

노성미, 「최치원 서사와 해인사 문화경관의 상호텍스트성 연구(1)」, 『한국문학논총』 제84집, 2020

노성미, 「가야산 홍류동과 최치원의 관광스토리텔링 방안 연구」, 『문화와 융합』 제43권, 2021

2. 바다와 섬 이야기

1) 한국 최초의 어류도감, 『우해이어보(牛海異魚譜)』_ 최헌섭

『우해이어보』는 조선 후기의 유학자 담정(潭庭) 김려(金鑢, 1766~1821)가 저술한 한국 최초의 어보(魚譜)이다. 그는 신유박해에 연루되어 1801년 4월에 경상도 진해현(鎭海縣, 현 창원시 마산합포구 삼진 일대) 율현촌(栗峴村, 현 진전면 율티리)으로 유배를 왔다. 2년여 유배 생활이 지난 뒤인 1803년 9월 그믐날 유배지인 우소헌(雨篠軒)에서 『우해이어보』를 탈고하였다. 이 책이 알려지기 전까지는 손암(巽庵) 정약전(丁若銓)의 『현산어보(玆山魚譜)』가 한국 최초의 어보라는 지위를 차지하고 있었으나, 이제는 『우해이어보』가 그 자리를 대신하게 되었다.

당시 신유박해에 연루되어 유배를 떠난 사람들 중에는 김려와 그 아우 김선(金鐥), 정약전과 정약용 형제도 끼어 있었다. 잘 알려진 바와 같이 손암과 다산 형제는 전라도 흑산도와 강진으로 유배되었다. 손암은 1814년, 그곳 유배지에서 서남해 일원의 어족(魚族)들을 관찰한 『현산어보(자산어보)』를 저술하였고, 담정은 그보다 11년 앞서 이곳 경상우도의 진해현에서 우해 일원의 어족들을 바탕으로 『우해이어보』를 탈고하였다. 신유박해에 연루되어 각각 남해와 서남해로 유배를 갔던 두 사람이 약간의 시차를 두고 『우해이어보』와 『현산어보』를 지은 것은 우연이기도 하지만, 당시의 실학적 분위기 속에서 구현된 당위적 산물이라고 여겨진다.

(1) 담정 김려는?

이 책을 지은 김려(1766~1822)는 1766년 노론 시파 계열의 명문가인 연안 김씨의 김재칠(金載七)의 맏아들로 태어났다. 그의 자는 사정(士精)이고, 담정은 그의 호(號)이다. 15세이던 1780년(정조 4)에 성균관에 들어가 이옥(李鈺, 1760~1815), 김조순(金祖淳, 1765~1832), 강이천(姜彝天, 1768~1801) 등과 어울렸다. 이들과 함께 당시 유행하던 패사소품체(稗史小品體, 즉 시정의 세태를 백성들의 상말을 써서 표현하는 문체)를 익혔다. 이를 바탕으로 27세이던 1792년에는 동문수학하던 김조순과 『우초속지(虞初續志)』를 만들기도 했는데, 이것이 그가 지속적으로 야사와 야담을 정리해 나가는 계기가 되었다.

32세이던 1797년에는 강이천의 비어사건(飛語事件)[1]에 연루되어 함경도 부령(富寧)으로 유배되었다가, 정조 임금이 승하한 이듬해인 1801년에 이상겸의 상소로 강이천의 비어사건이 재조사되면서 천주교도와 사건 혐의로 진해로 다시 유배되었다. 진해로 유배 오고 이태만인 1803년 9월 그믐에 우해 일원의 어개류에 대한 계보를 정리한 우리나라 최초의 어보『우해이어보』를 완성하였다.

불혹이던 1806년 8월에 아들 김유악(金維岳)의 상소로 부

---

1 바다 섬으로부터 진인(眞人)이 와서 조선을 멸망시키고 새로운 나라를 건국할 것[해도거병설(海島擧兵說)]이라며 전국적으로 비밀 결사체를 조직하려다가 1797년 11월 1일에 김신국의 고변으로 발각된 역모사건을 말한다.

령에서부터 이어진 10년간의 유배살이를 마치고 진해를 떠났다. 1812년 의금부를 시작으로 벼슬길에 올라 정릉참봉과 경기전령을 거쳤다. 1817년에 연산(連山)현감이 되어 2년간 부임하고 연산을 떠난 뒤부터 몸이 급격하게 쇠약해져, 함양군수로 재직 중이던 1822년에 임지에서 57세로 생을 마감하였다.

저서로『담정유고(潭庭遺稿)』12권이 있으며, 자신과 주위 문인들의 글을 교열하여『담정총서』17권을 편집하였다. 말년에『한고관외사(寒皐觀外史)』·『창가루외사(倉可樓外史)』등의 야사를 편집했다. 이 책『우해이어보』는『담정유고』제8권에 수록되어 있어『담정집외서(潭庭集外書)』라고도 한다.

(2) 담정 유배객이 되다

담정은 1780년 성균관 유생 시절에 맺은 강이천, 김조순, 이옥 같은 벗들과의 관계로 인생의 부침을 겪게 된다. 그는 1797년 11월, 김신국의 고변으로 발각된 강이천의 비어사건에 연루되어 함경도 경원을 거쳐 부령에 유배되었다. 그러던 중 정조 임금이 승하하자 1801년 2월, 강이천의 비어사건이 재론되면서 의금부에서 재조사를 받고, 그해 4월에 진해현 율현촌으로 이배되었다.

담정이 진해현에서 처음 유배살이를 한 곳은 율현촌에 소금을 굽던 사람[전염가(田鹽家)] 이일대(李日大)의 집이었다. 그의 유배 장소를 알 수 있는 자료는『사유악부(思牖樂府)』(1801) 주석과 벗 김계량(金季良)의 편지에 답한 글이 있다.

『사유악부』의 주석에는 "진해의 셋집 주인 이일대는 소금 굽는 사람이었다. 그 집 앞에 작은 연못이 있는데, 해마다 여름이면 연꽃이 만발하였다."고 했다. 이때가 유배 온 첫해였다. 이곳에 오기 전까지 부령에서 사귀었던 배수첩 연희를 그리며, 생각하는 창[사유(思牖)] 아래서 『사유악부』에 실린 290수의 사랑 노래를 읊었던 시절이 이즈음이었다. 마침 적소 앞 작은 연못에 만발한 연꽃을 보며 부령에 두고 온 연인 연희를 그리고 그리면서, 급기야 이 그리움으로 불면의 나날을 보내게 되었다.

율현촌 전염가에 배소를 정한 뒤, 반년이 지날 즈음 진해현성 안의 저자거리 근처로 배소를 옮겼다는 것을 그가 김계량의 편지에 답한 것에서 살필 수 있다. 「답김계량서(答金季良書)」에는 "내가 처음 이곳 영남의 변방에 왔을 때에 밤고개 마을[율현촌] 여염집을 빌려 가지고 있었습니다. 그런데 소금 굽는 집[전염가]이라 바닷가에 가까이 있다 보니, 지대가 낮아서 샘물이 흐려 반년도 채 되기 전에 …중략… 이대로는 몇 날 더 살 것 같지 않아 성안으로 자리를 옮겼습니다. 성안은 비록 바닷바람에서 오는 독기는 좀 적었지만, 저자거리가 가까워서 분주스럽고 비좁았습니다."라고 하고 있다. 그해 가을에 유배지를 진해현성 안으로 옮겼고, 그해 12월에 옮긴 배소에서 『사유악부』를 완성하였다.

(3)『우해이어보』를 짓다

책의 이름은 '우해에서 나는 이상한 물고기의 족보'라는 의미다. 스스로 지은 서문에서 밝혔듯이, 제목에 쓰인 '우해'는 옛 진해의 다른 이름이자 그 앞의 바다를 이른다. 넓게는 옛 진해현 앞의 바다를 이르고, 좁게는 진동면 고현리 우산(牛山) 앞의 바다를 이른다. 진동 서남쪽의 고현리[古縣里, 진해현의 전신인 고려 때 우산현(牛山縣)이 있던 곳] 뒷산이 우산이니, 그 앞바다를 그리 부른 것이다. '이어보'라 했음은 서울 출신 유학자의 작가적 시점이 반영된 것이며, 그가 이곳 우해에서 본 모든 고기는 다 신기해 보였을 것이기 때문에 그런 이름을 붙였을 것이다. 그래서 '이어'라 했고, 또한 '보'라 했으니, 그 고기들에 관한 족보를 정리한 책 정도로 이해하면 될 성싶다.

담정은 한가한 날이면 붓 가는 대로 생각나는 것들을 기록하는데, 그 모양과 색깔 습성 맛 등을 서술해 가며 그때그때 채록한 것을 더하였다. 뿐만 아니라 서술하는 곳곳에 어패류나 어촌 생활과 관련해서 읊었던 39편의 시(詩)를 「우산잡곡(牛山雜曲)」으로 수록하여 더욱 생동감을 더하였다. 그가 『우해이어보』를 저술했던 이유에 대해서는 이곳 먼 지방의 풍물을 한갓 늙은이의 이야깃거리로 삼으려는 것뿐이지 감히 박물학적 지식에 만분의 일이라도 덧보태려는 것은 아니라고 자서에서 말하고 있다. 하지만 뒤에서 보듯이 사시사철 한결같이 배를 타고 가깝고 먼 바다에 나갔는데, 그것은 고기를 잡자고 그런 것이 아니라 다만 날마다 못 들었던 견문을 익히고, 못 본 것을 보게 되는 것을 즐길 뿐이라고 한 것에서 '한갓 늙은이의 이야깃거리'라고 했던 그의 말에는 겸사의 의미가 있다는 것을 알 수 있다.

| 율티리 원경

『우해이어보』에 실린 어개류 72종의 글감을 본격적으로 얻기 위해 그가 보수주인(保守主人: 유배 죄인의 거처를 제공하고 죄인을 감시하는 사람) 이일대의 열두어 살 난 사내아이와 고깃배를 타고 우해를 드나들었던 때는, 진해현성으로 옮겨간 배소에서 율티리로 다시 돌아온 1802년 봄부터였던 것으로 보인다. 이때부터 그 이듬해 9월까지 한 해 넘게 우해 일원에서 관찰한 이상한 어족들의 족보를 만들게 되었다.

그가 유배살이를 하던 집에는 작은 고기잡이배가 있고, 겨우 글 몇 자를 깨친 열두어 살 난 아이가 있었다. 매일 아침마다 작은 고기다래끼를 메고 낚싯대 하나를 들고 배를 저어 나가서 거친 물결과 세찬 파도를 헤치며 가까운 거리는 3, 5, 7리를 갔다 오고, 먼 거리는 수십 리나 수백 리를 바다로 가서 이틀 밤을 자고 올 때도 있었다. 이때 본 물고기들 중에는 기괴하고 놀라운 것들이 그 수를 헤아릴 수도 없이 많아서 비로소 바다에 서식하는 것들이 육지에 분포하는 것들보다 훨씬 광범위하고, 바다의 생물들이 육지의 생물보다 훨씬 다양하다는 것을 알게 되었다.

당시 담정이 우해 앞바다에서 고기잡이에 나선 범위는 가까운 근해 위주였던 것으로 보인다. 이 책에 묘사된 어로 현장이 조간대(潮間帶: 간조와 만조 때의 해안선 사이)의 갯벌이 많고, 언급된 지명이 율티리 안밤치 경계의 고저암(高竚巖) 해안 바위, 가까운 양섬이나 그 동쪽 송도 끄트머리의 연미정(燕尾亭), 진동 다구리와의 경계에 자리한 주도(酒島) 이내로 제한되기 때문이다.

고저암은 '감성돔'편에 실린 「우산잡곡」에서 "고저암 어귀 물은 정녕 봄빛이네[고저암두수정용(高竚巖頭水正春)]"라고 묘사되고 있다. 이곳은 감성돔이 나오는 낚시터로 율티리 안밤치와 선두리 사이로 돌출한 해식 해안의 바위다. 『담정유고』 권3 「의당별고」에 "고저암 푸른 벽에 양옥란이 물에 빠진 곳이라 새겨져 있다.[고저암창벽(高竚巖蒼壁) 각양옥란침수처(刻梁玉蘭沈水處)]"고 하는 제목의 시에도 나온다. 이 시에서 "각자의 크기는 손바닥만 한데, 조류에 쓸려 필획이 모호하다.[각자대여수(刻字大如手) 조설화모호(潮齧畵模糊)]"라고 한 것으로 보아 각자는 암석 해안의 바닥에 새긴 듯하다. 당시에 이미 필획이 모호하다고 했으니 조수에 쓸려 닳아 없어졌는지 지금은 찾을 수 없다.

양섬[羊島]은 '정어리'편에 실린 「우산잡곡」에 "양도의 튼실한 아낙 호랑이보다 날래어서[양도건아호불여(羊島健娥虎不如)]"라고 나오는 곳으로 율티리의 남동쪽으로 4㎞ 정도 떨어진 섬이다. 양도는 양섬 또는 염섬이라고도 하는데, 율티리 염밭마을의 배소에서 남동쪽으로 바라보이는 두 섬 가운데 서쪽에 있는 섬이다.

연미정은 '양타'편에 실린 「우산잡곡」에 "연미정 뒷머리에 작은 배 모여서[연미정두집소조(燕尾亭頭集小艚)]"라고 나오는 곳으로 송도의 남쪽 끝자락이 제비꼬리처럼 생긴데서 붙여진 이름이다. 이곳 연미정 근처에 난바다에서 서식하는 양타(부시리)를 잡던 어뢰가 있었다.

주도(酒島)는 '해삼고동'편에 그 산지를 우해 주도에서 난다고 했는데, 진동면 요장리 남쪽에 있는 섬이다.

(4)『우해이어보』의 구성과 내용

이 책에는 모두 72종의 어개(魚介, 물고기와 조개)류가 실렸는데, 서문에서 밝혔듯이 서울 샌님인 그가 보아도 알만한 것들은 싣지 않았다. 이를테면 이 책보다 앞서 나온『여지도서(輿地圖書)』진해현 토산(土産)에 실린 조기·대구·굴·낙지 등이 빠진 것이 그런 예다.『우해이어보』의 전체 내용은 서문과 어류 53종, 갑각류 8종, 패류 11종에 대한 정보로 구성되어 있다. 본문에는 갖가지 어개류의 명칭과 별명·현지에서 부르는 이름·생김새·크기·색·생태·잡는 방법·유통·요리법·맛과 효능 등에 대한 해설, 어류와 진해의 풍물을 노래한 「우산잡곡」 39수가 실려 있다. 이처럼 『우해이어보』에는 어족자원뿐만 아니라 당시의 어로민속이나 생활습속, 음식문화 등도 함께 싣고 있어 그때의 생활사 이해에도 중요한 자료적 가치를 지니고 있다.

먼저, 어로와 관련하여 당시의 어로법을 살핀 것 중에 대표적인 것은 부시리[양타]를 잡던 '어뢰(魚牢)'다. 어뢰는 조수간만의 차이를 이용한 전통시대의 함정 어로인데, 주로 바닷물이 휘돌아 여울지는 곳[올(兀)]에 높이 10여 장이나 되는 나무를 줄지어 만들었다. 담정은 '양타'편에서 "어부들이 대나무 발을 어조에 두르며 말하길, 금년에는 양타가 석뢰에 들면 좋을텐데[어인포박잠상어(漁人布箔潛相語) 낭타금년주석뢰(囊柁今年注石牢)]"라고 읊었다. 당시 우해 일원에는 어부들이 양타의 포획을 바라면서 설치했던 어뢰 수십 개가 바둑알처럼 빼곡히 깔려 있었다고 전한다. 지금 남해의 지족해협에 남아 있는 죽방렴과 같은 원시 함정어구가 당시 우리나라 남해안에서 성행했음을 일러주는 귀중한 자료일 뿐 아니라 그 설명이 상세해서 지금도 이를 토대로 재구성이 가능할 정도다.

문절망둑과 개불은 도구를 사용하지 않고 '맨손 어법'으로 잡았다. 정어리·뱅어·정자 등은 반두(요즘의 뜰채와 같은 도구)나 삼태기 등과 같은 들 어구[부망(敷網)]로 떠서 잡았다. 문어와 적조에 밀려온 한사어는 작살과 같은 '살상어구(殺傷漁具)'로 찔러 잡기도 했다. 이 책에 소개된 어로법 가운데 가장 많이 사용된 것은 낚시(줄낚시 포함)와 같은 '낚기 어구[조구(釣具)]'로 잡는 것인데, 감성돔·학꽁치·쥐치(줄낚시)·원앙어·백조어 등이 대상이었다.

이렇게 잡아들인 어물들은 주로 인근의 내륙지역으로 유통되었다. 당시 진해현을 중심으로 한 유통권은 가까운 거제·고성·반성·의령·함안·칠원 일대로 설정된다. 그 구체적인 사례는 '볼락젓갈'을 담근 거제의 사공이 이곳에 와서 내다 팔고, 이곳에서 생산되는 삼이나 모시의 재료인 생마(生麻)를 그 대가로 바꾸어 간다거나, 앞에서 언급했듯이 양섬의 호랑이 같은 아낙이 정어리를 반성장에 팔러 갔다 오고, 고성의 아낙 어부[漁婦]가 배젓기에 능숙하여 진해에 싯가 2,000전에 달하는 매가리 젓갈 30동이나 팔러 온 것 등의 묘사가 그것이다. 이것들은 정상적인 상행위였다.

이곳 사람들은 비정상적인 상행위도 서슴지 않았다. 간혹녹표(鱍鱘, 철갑상어)를 잡으면 부레를 말려서 몰래 동래의 왜인들 시장에 내다 팔았고, 서울 상인들이 물어오면 세금 거두는 것을 두려워해서 숨겨놓고 꺼려서 말하지 않았다고 한다. 또한 표어(豹魚, 물메기) 껍질을 깨끗하게 말려서 몰래 동래의 왜 상인들에게 판 것이 그러한 예이다.

다음으로, 이 책에는 바다 생물을 잡아서 먹는 다양한 방식을 소개하고 있다. 날것 그대로를 즐기는 회[문절망둑, 감성돔 등], 날것을 소금에 염장한 젓갈[볼락젓과 매가리젓 등], 밥과 소금을 이용해 삭힌 식해[감성돔 식해], 어죽[수문어죽], 연체동물을 바로 쪄서 먹는 숙회[오징어], 갑각류 중에서도 쪄서 먹는 찜[대게찜]과 탕[와각탕]으로 요리해 먹는 법이 소개되어 있다.

처음 소개한 문절망둑은 회로 먹거나 죽을 끓여서 먹으면, 불면증을 달랠 수 있고, 감성돔은 회로 먹거나 구워 먹어도 좋다고 했다. 달리 익혀 먹은 방식으로는 찜과 탕이 있다. 오징어를 비롯한 두족류와 대게 등의 게들과 갖가지 조개가 찜으로 먹는 대표적인 먹을거리였다. 모시조개로 끓인 와각탕(瓦殼湯)은 단오절에 먹는 대표적 절식(節食)이었는데, 지금은 서울 가까운 서해안에서 명맥을 이어가고 있을 뿐이다. 조리랄 것도 없이 해감한 조개를 껍질째 넣고 물을 붓고 끓이기만 하면 시원한 탕이 되니, 단옷날이면 재현해 봄직하다.

오늘날 되살리고 싶은 요리가 있다. 바로 이 책에서 두 번째로 소개한 감성돔으로 만든 식해가 그것이다. 『우해이어보』에서 담정이 그 조리법을 소개하길 "이곳 사람들은 가을이 지나갈 무렵에 감성돔을 잡으면, 비늘을 긁어내고 지느러미를 떼어낸다. 머리와 꼬리를 자르고 내장은 버리고서, 깨끗이 씻어 배를 양편으로 가른다. 보통 배를 가른 감성돔 200조각에다, 희게 찧은 멥쌀 한 되로 밥을 해서 식기를 기다린 뒤에 소금 두 국자를 넣고 누룩과 엿기름을 곱게 갈아 한 국자씩 고르게 섞어 놓는다. 그리고 작은 항아리를 이용하여 안에는 먼저 밥을 깔고, 다음에 감성돔 조각을 겹겹이

채워 넣고 대나무 잎으로 두껍게 덮고 단단히 봉해 둔다. 이것을 깨끗한 곳에 놓아두고 잘 익기를 기다렸다가 꺼내 먹는다. 달고 맛이 있어 생선 식해 중에서 으뜸이다."라고 지금도 충분히 재현할 수 있을 정도로 생생하게 묘사해 두었다. 담정의 설명대로 이 음식을 재현해 내는 것은 오랜 전통에 뿌리를 둔 우리 지역의 대표 음식을 발굴해 내는 의미 있는 일이 될 것이다.

그 다음으로, 민간요법과 관련하여 개불과 피조개에서 이류보류[以類補類, 비슷한 것으로 비슷한 것을 보한다는 의미]의 관점에서 둘이 각각 남성의 음위(陰痿, 발기부전)와 여성의 생리불순에 효과가 있다고 소개했다. 같은 관점에서 문절망둑은 불면증에 효험이 있다고 전한다. 녀석의 다른 이름이 수문어(睡鮫魚)라는 것에서 알 수 있듯이 잠 잘 자는 날치처럼 생긴 고기를 회로 먹거나 죽을 끓여 먹고 불면증을 다스렸다는 것이다.

(5) 그때와 지금의 바다

담정이 진해현에 유배 왔던 19세기 초엽의 바다는 갯가에서 문절망둑을 잡을 수 있을 만치 조간대 환경이 잘 보존되어 있었고, 간석지에는 염밭을 일구어 소금을 생산하는 소금 굽는 집들이 즐비하였다. 또한 가까운 연안에는 독살이 설치되어 있고, 양섬과 솔섬 사이의 해협과 우해 곳곳에는 어살들이 바둑알처럼 빼곡히 설치되어 있었다.

하지만 우해에 대규모 양식장이 들어서면서 삶의 터전인 바다의 환경은 급격히 나빠지고 있다. 바다가 부영양화 되고, 바닷물의 이동이 억제되면서 수질이 악화되는 것이 주요한 원인이다. 게다가 율티 주변의 내만(內灣) 곳곳에 공장이 들어서면서 바다 환경은 더욱 빠른 속도로 나빠지고 있다. 이런 상태가 지속되다 보면, 『우해이어보』의 산실인 율티리 일원의 환경도 보호될 수 없음이 불 보듯 뻔하다.

| 율티리 전경

지금이라도 『우해이어보』를 우리 지역의 미래 자원으로 활용하기 위해서는 담정이 진해현에서 유배를 살았던 율티리 염밭마을 일대에 대한 보존 대책을 수립하는 것이 시급하다. 양옥란의 전설을 품고 감성돔 낚시터로 알려진 고저암은 이미 해안도로 건설로 인해 망가졌고, 율티리와 이명

리 사이의 간석지는 간척사업을 거쳐 농경지로 바뀌었다. 이렇듯 하루가 다르게 변모해가는 우해 일원의 경관에 대한 보존 대책이 수립되지 않은 상태에서는 어떠한 활용 계획도 세우기가 어렵기 때문이다.

이 글에 소개된 다양한 어법(맨손 어법, 살상 어법, 들 어법, 낚기 어법, 함정 어법)의 정리는 우해 지역의 생활사를 복원하기 위한 일이기도 하지만, 앞으로 『우해이어보』를 문화 자원으로 활용할 때 중요한 체험 대상이 될 것이다. 또한 앞에서 소개한 문절망둑을 소재로 한 어죽과 감성돔 식해는 오늘에 되살려 앞으로 지역의 대표음식으로 자리 잡게 하고픈 훌륭한 음식이다. 이것은 단순히 오래 전에 잊어버린 음식 한두 가지를 현재에 끄집어내는데 그치는 것이 아니라, 지역 음식문화의 한 축을 되살려 당시의 생활사 복원 및 활용을 이끄는 길잡이가 될 것이다.

〈참고문헌〉

김려 지음, 박준원 옮김, 『우해이어보』, 도서출판 다운샘, 2004.
최헌섭·박태성 지음, 『최초의 물고기 이야기』, 지앤유, 2017.
국립해양박물관 국립해양수산개발원, 『바다를 맛보다』, KMI, 2018.

2) 바다가 있는 산, 남해 금산 _ 강정화

(1) 비단을 두른 산

| 남해 금산 전경

경상남도 남해군에 소재하는 금산(錦山)은 상주면·삼동
면·이동면에 걸쳐 있는 7백 미터 남짓의 그리 높지 않은 산
이다. 본래의 이름은 신라 시대 승려 원효가 세운 보광사(普
光寺)가 있어 보광산으로 불리었는데, 산과 바다가 만들어낸
빼어난 절경으로 인해 '작은 금강산[小金剛山]'으로 불리기도
하였다.

'비단 산' 또는 '비단을 두른 산'이라는 뜻의 '금산'은 조선
태조 이성계의 건국 설화와 관련되어 전한다. 왕이 되려 했
던 이성계는 백두산과 지리산에 들어가 정성껏 기도했으나,
두 산신은 자신의 소원을 들어주지 않았다. 마지막으로 남
해 보광산에 들어가 기도했는데, 산신이 그 정성에 감응하

여 소원을 들어주겠다고 하였다. 이성계는 왕이 되면 이 산을 모두 비단으로 덮어서 보은(報恩)하겠다고 약속하였다. 그러나 개국 이후 산 전체를 덮을 비단을 구할 수 없었던 이성계는 깊이 고심하였고, 그때 한 노승이 산 이름에 '비단 금(錦)' 자를 붙여주라는 묘안을 제기하여 금산으로 불리게 되었다고 한다.

이 이야기가 언제 만들어졌는지는 알 수 없지만, 현재 남해 금산에는 이성계가 기도했던 곳으로 전해오는 '이태조기단(李太祖祈壇)'이 있다. 조선 시대 금산을 올랐던 선현들의 산행기록에서는 '왕배석(王拜石)·성대처(聖臺處)·산제단(山祭壇)' 등의 이름으로 여러 장소가 포착되고 있다. 그리고 역사적 사실 여부와 별개로 영험한 기도 공간으로서의 남해 금산은 그 명성이 오늘날에도 여전하다. 정상 부근의 보리암은 강원도 양양의 낙산사, 경기도 강화의 보문사와 함께 3대 기도처로 이름나, 사철 내내 국내 불교도의 발길이 끊이지 않고 있다.

| 보리암에서 본 바다

그런 남해 금산에 조선조 선현들의 발길 또한 이어졌다. 명산과 관련한 국내의 기록은 산행기(山行記)가 거의 전부라 해도 과언이 아니다. 남해 금산은 언제 어떤 사람들이 찾아 왔고, 그곳에서 무엇을 보았을까. 정상에서 바라보는 탁 트인 남해의 수려한 전망, 선현의 발자취와 수많은 작품이 전해지는 남해 금산! 그들을 따라 금산을 유람해 본다.

(2) 금산을 찾은 사람들

국내 유산문학(遊山文學) 연구는 1990년대를 전후해 시작되었고, 이후 꾸준히 발전해 오다가 십수 년 전부터 급속도로 발전하였다. 가장 가시적으로 드러난 성과는, 국립산악원을 비롯한 산악 관련 기관이 주도하여 유산기를 번역하고 출간한 것이다. 유산기는 선현들이 산을 유람하고 기록한, 일종의 산행기이다. 유기(遊記)·유람록(遊覽錄)·산수유기(山水遊記)라고도 부른다. 초기에는 금강산·지리산·청량산 등 유산기가 많이 현전하는 산을 중심으로 진행되었으나, 지금은 지역의 명산이라 일컫는 산이라면 얼추 번역이 완료되었다고 할 수 있다. 이러한 성과는 유산문학의 학술 가치를 찾는 전문 연구를 촉진했을 뿐만 아니라, 국내 명산을 대중화하는 데에도 크게 이바지하였다.

그런데 남해 금산 유람은 지금껏 연구자에게도 대중에게도 관심을 받지 못하였다. 유산기 저자가 한문학사에서 주목을 받아 그의 문집이 번역 및 출간되면서 간혹 거론된 적이 있으나, 금산 유람록 전체가 조명을 받지는 못하였다.

근년에야 필자가 이끄는 두류고전연구회에서 관심을 두고 번역 작업을 진행하고 있다. 참고로 두류고전연구회는 경상국립대학교 한문학과에서 지리산 유기를 번역·출간하던 때 결성된 강독모임으로, 벌써 20여 년의 역사를 지니고 있다. 현재는 필자가 몇몇 대학원생과 함께 금산 유람록을 읽고 있다. 먼저 조선 시대 남해 금산을 오른 이들부터 살펴본다.

역사상 우리나라의 산행은 1500년대 초반부터 본격적으로 나타나고, 이때 국내 명산이라 일컬을 만한 산에서는 산행기록이 산출되었다고 봐도 과언이 아니다. 반면, 금산 유람록은 이보다 늦은 1600년대에야 비로소 첫 작품이 확인되는데, 1609년 금산을 오른 봉강(鳳岡) 조겸(趙瑊 1569~1652)의 「유금산록(遊錦山錄)」이다. 조겸은 조선조 10대 임금 연산군의 스승이었던 지족당(知足堂) 조지서(趙之瑞 1454~1504)의 증손이다. 현 경상남도 하동군 옥종(玉宗)에 세거한 그의 문중은 진주를 중심으로 한 대표적 남명연원가(南冥淵源家)였고, 조겸 또한 덕천서원 중건에 앞장섰던 남명학파의 핵심 인물이다. 그는 1609년 8월 26일 출발해 9월 5일까지 열흘 동안 금산을 유람하였다.

| 조겸의 유금산록

조겸의 유산기를 포함한 금산의 산행기록은 모두 25편

이 확인된다. 편의상 산행한 시기를 중심으로 세기별로 구분해 보자면 17세기 3편, 18세기 6편, 19세기 12편, 20세기 4편이다. 유람자를 지역별로 분류하면 서울 및 경기권 4명, 충청권 1명, 경북권 3명이고, 나머지 7할 정도는 진주·산청·함안 등 경남지역의 문인들이다. 타 지역 인물 중에서 몇몇을 소개한다.

금산을 찾아온 외지인

연천 사람 미수(眉叟) 허목(許穆 1595~1682)은 경북 성주로 한강(寒岡) 정구(鄭逑 1543~1620)를 찾아가 수학하였고, 병자호란(1636)이 일어나자 강릉과 원주 등지를 떠돌며 생활하다가 1638년 의령 모의촌(慕義村)에 정착하여 한동안 살았다. 이때 남해 금산으로 뱃길을 이용해 유람하고 「범해록(泛海錄)」을 남겼다. 허목은 2년 후 지리산을 유람하고 「지리산기(智異山記)」와 「지리산청학동기(智異山靑鶴洞記)」를 남기기도 하였다.

그로부터 40년 뒤인 1679년 회은(晦隱) 남학명(南鶴鳴 1654~1722)이 금산을 올랐다. 그는 그해 8월 남해에 유배된 부친 남구만(南九萬)을 만나러 왔다가, 9월 23일부터 사흘 동안 부친과 함께 금산을 유람하였다. 경북 칠곡 사람 묵헌(黙軒) 이만운(李萬運 1736~1820)도 1803년 봄에 금산을 유람하였고, 그해 겨울 11월 남명(南冥) 조식(曹植 1501~1572)의 유적지가 있는 산청 덕산과 진주 촉석루 등을 유람하고 짧은 유기를 남겼다. 그 외에도 조선후기 문인화가 능호(凌壺) 이인상(李麟祥 1710~1760)이 39세 되던 1748년 금산을 찾았고, 시기는 자세치 않으나 연재(淵齋) 송병선(宋秉璿 1836~1905)도 「금산기(錦山記)」를 남기고 있다.

그중에서도 남계(南溪) 신명구(申命耉 1666~1742)는 독특한 행보를 보인다. 그는 본디 경상북도 인동(仁同) 약목리(若木里) 출신으로, 지리산 아래에 들어와 살다가 덕산을 왕래하면서 남명의 유풍을 접하게 되었다. 이에 경도된 그는 10년 정도를 지리산 자락에서 살았는데, 1723년 금산을 유람하고 「유금산일록(遊錦山日錄)」을 남겼다. 이 외에도 지리산 유기 2편, 덕산과 단성 등 인근 지역을 두루 유람하고 많은 한시를 지었다. 누구보다 우리 지역의 산수를 사랑했던 인물이라 할 수 있다. 타지에서 금산을 찾은 유람자는 조선의 정치·문화·예술 분야에서 나름의 입지와 위상을 지닌 인물들이다. 그들은 저마다의 사연을 지닌 채 금산의 명성을 듣고 찾아왔다.

| 금산 보리암과 남해

산과 바다를 한꺼번에 만나다

그러나 지금까지 확인된 금산 유람자 25명 중 17명은 경남지역에 세거한 문인들이다. 물론 유람시를 남긴 이들까지 포함하면 훨씬 더 많은 수치의 경남지역 문인을 확인할 수 있다. 시기적으로는 18~19세기에 집중되어 있다. 이는 남해 금산이 전국적 명성을 얻는 명산이라기보다 경남지역 문인의 산이었다는 다른 표현이기도 하다. 그중 몇몇 인물을 살펴보면 다음과 같다.

편명	저자	호	거주	저자 생몰	유람시기
금산록(錦山錄)	정식(鄭栻)	명암(明庵)	덕산	1683-1746	1725
금악연승록 (錦嶽聯勝錄)	하익범(河益範)	사농와(士農窩)	진주	1767-1813	1803
남유기행(南遊記行)	박치복(朴致馥)	만성(晩醒)	함안	1824-1894	1877
유금산록(遊錦山錄)	김인섭(金麟燮)	단계(端磎)	단성	1827-1903	1892
유금산록(遊錦山錄)	배성호(裴聖鎬)	금석(錦石)	산청	1851-1929	1918

굳이 이들을 선택한 이유는, 각 시대에 이들이 지역에서 지닌 개인적 명성과 금산 유람록의 작품성 때문이다. 지역적으로는 주로 서부경남 일대에 세거하였다.

정식은 진주에서 출생했으나 만년에 지리산 자락 덕산의 무이산(武夷山)에 들어가 생을 마감하였다. 19세 때 합천에서 치르는 과거시험에 응시하러 갔다가, 우연히 중국 송나라 호전(胡銓)의 「척화소(斥和疏)」를 읽고 비분강개하여 눈물을 흘렸다. 그리고는 돌아와 명암거사(明庵居士)라 자호(自號)하였고, 이후 평생 벼슬하지 않고 학업과 수신에 몰두하였다. 특히 산수를 좋아하여 금산 외에도 가야산·태백산·소백산·오대산·개골산·묘향산·월출산·천관산(天冠山) 등을 유람하였고, 다수의 유산기와 한시가 그의 문집에 전한다. 43세 되던 1725년 8월 16~24일까지 금산을 유람하였다. 지금도 금산 유람의 베이스캠프인 보리암 근처 바위에는 그의 이름이 선명히 새겨져 있고, 명암 사후 금산에 오른 경남 지역 문인들은 유산기에서 그를 자주 언급하였다.

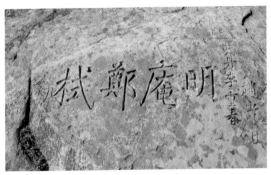

| 명암 정식의 각자

하익범은 진주 단목마을에 세거한 창주(滄洲) 하징(河憕 1563~1624)의 7대손이다. 하징은 남명의 재전문인(再傳門人)으로, 인조반정으로 남명학파가 몰락하면서 노론으로 전향한 진양하씨 가문의 대표 인물이다. 하익범은 그로부터 1백여 년도 더 지난 후의 인물로, 출사보다는 자연에 동화되어 인지지락(仁智之樂)을 추구하는 삶을 살았다. 그의 문집에는 유독 기행시가 많이 실려 있으며, 금산 유람록 외에도 「담행일기(潭行日記)」·「담락행일기(潭洛行日記)」·「유두류록」·

「의상대유록(義湘臺遊錄)」・「관사록(觀槎錄)」 등 6편의 유기가 확인된다. 「금악연승록」은 벗들과 함께 1803년 9월 9일부터 19일까지 11일간 금산을 유람한 기록이다.

박치복의 「남유기행」은 1877년 8월 25일부터 9월 20일까지 26일간의 기록이다. 유독 이렇게 유람 기간이 길었던 것은 지리산과 금산을 동시에 다녀왔기 때문이다. 전체 일정 중 9월 7일까지 절반은 지리산권역을 둘러보았고, 나머지 절반은 금산 기행에 쏟았다.

사실 그의 지리산행은 이미 19세기 지리산권역 유학지식인의 학문 활동과 연계한 선행연구가 이루어졌다. 당시 나라가 국내외적으로 위태로운 시기에 경남지역 지식인들은 지리산행을 매개로 하여 회합하였다. 이때 동행한 이들은 김인섭을 비롯해 이진상(李震相)・곽종석(郭鍾錫) 등 당대 경남지역의 전통학문을 좌우하던, 내로라하는 학자 수십여 명이었다. 그들은 유람 도중 향음주례(鄕飮酒禮)를 행하고 강학을 실시하면서 지역 내 지식인의 집결을 유도하였고, 실제로 매번 수십여 명이 모여 무너져가는 전통유학의 기강과 예를 세우고자 하였다.

반면, 그의 금산 유람은 아직 연구자의 시선을 끌지 못하였다. 또한, 지리산 유람이 대내외적으로 동행자의 관심과 참여를 끌어냈던 것과 달리, 금산 유람에는 동행자 중 이진상만 남고 모두 귀가하였다. 실제로 그의 금산 유람은 합천에서 뒤늦게 합류한 후산(后山) 허유(許愈 1833~1904)가 함께 하는 단출한 행렬이었다. 이미 많은 시일이 소요된 까닭도 있었지만, 지리산에 반해 남해 금산의 인지도가 높지 않았다는 것이 더 정확한 이유일 것이다.

그렇지만 박치복의 「남유기행」 금산 부분은 여전히 주목할 만하다. 그는 도착하는 각 명승에 대한 내력과 유적에 대해 어느 유람자보다 폭넓은 지식과 상세한 설명을 덧붙이고 있어, 해당 지역에 관한 많은 정보를 얻을 수 있기 때문이다. 그러다 보니 다른 기록에서는 볼 수 없는 남해의 유적도 확인된다. 예컨대 노량나루 입구에 설인귀(薛仁貴) 사당이 있었는데, 그곳 사람들은 설인귀가 이 고장에서 태어났으므로 제사를 지낸다고 하였다. 박치복은 『당서(唐書)』「설인귀열전(薛仁貴列傳)」의 기록을 끌어와서 황당무계한 말이라 강조하였다. 그 외에도 김인섭은 1892년 8월 27일부터 9월 17일까지 21일 동안 남해 금산을 유람하였고, 배성호는 1918년 8월 21일 출발했다가 돌아오니 9월 12일이었다.

금산을 찾은 이유

대개 금산이 여타 명산보다 유람 기간이 길었던 것은 남해와 금산을 동시에 둘러보았기 때문이다. 특히 남해의 노량진은 임진왜란 때 치열했던 전장 터였고, 무엇보다 충무공 이순신을 제사하는 사당인 충렬사가 있었다. 유람을 떠날 당시 남쪽 바다와 이순신 유적은 중요한 유람 목적 중 하나였고, 한산도의 제승당에 들러 추모의 감회를 드러내기도 하였다. 따라서 금산 유람은 궁극적으로는 남해에서 이순신을 만나고, 금산에 올라 남해의 절경을 감상할 수 있는, 산과 바다를 아우르는 독특한 유람 경험이었다.

| 노량 충렬사

　더하여 또 하나의 중요한 목적이 바로 남극성(南極星)을 보
는 것이었다. 『진서(晉書)』 「천문지」에 의하면, 남극성은 남쪽
에 있는 별로 평상시 병방(丙方)에서 나타났다가 정방(丁方)으
로 사라진다고 한다. 병방은 5시 방향이고, 정방은 7시 방
향이니, 실제 하늘에 떠 있는 시간은 2시간 정도에 불과하
다. 주로 춘분에는 저녁에, 추분에는 새벽에 보이는데, 특
히 추분날 가장 잘 보인다고 한다. 이 별이 나타나면 세상이
태평하게 다스려지고, 이 별을 보는 자는 장수(長壽)한다고
믿었다. 이 때문에 남극성은 수성(壽星)이라고도 하고, 노
인성(老人星)이라고도 불렀다. 5시 방향에서 떴다가 7시 방
향으로 잠깐 사이에 떨어지는데, 그나마도 남쪽 하늘에서
만 볼 수 있는 별이다. 제주도 한라산과 지리산 유람록에서

남극성 관련 기록이 여럿 보인다. 금산 유람에서는 빼놓을 수 없는 이유이기도 했다. 보리암에서 맞이하는 남극성은 1800년대 금산 유람자에게서 거의 일괄적으로 보이는 염원이었다. 그래서 밤을 지새우며 남극성을 볼 수 있기를 고대하지만, 늘 궂은 날씨 탓에 시원스레 보는 이가 거의 없었다.

(3) 유산기 속 금산의 명승

예나 지금이나 금산을 오르는 코스는 크게 다르지 않았다. 현 벽련마을이나 두모마을에서 출발해 부소암(扶蘇巖) 방면으로 가파르게 오르는가 하면, 원천마을에서 출발하는 코스도 있고, 금산의 뒤쪽에 해당하는 복곡에서 오르는 길도 있다. 앞으로 번역 작업을 좀 더 세밀히 진행해 보면 정확히 알 수 있겠지만, 현재 버스 운행으로 가장 많이 애용하는 코스 또한 선현들이 올랐던 길이다.

어느 코스로 오르더라도 보리암을 거쳐 정상의 봉수대를 보고 주변의 여타 명승을 둘러보는 일정은 크게 다르지 않았다. 정상에서는 대개 하루 코스인데, 보리암에서의 일출을 보기 위해 이틀을 머무는 정도로 나타난다. 따라서 선현들이 금산 정상에서 본 명승은 거의 대동소이한 편이다. 이 장(章)에서는 남해 금산에 현전하는 주요 명승 몇 곳을 소개하고자 한다. 다만, 서술의 편의를 위해 보리암을 중심으로 한 그 주변(A코스), 보리암에서 정상까지(B코스), 보리암에서 아래로 사선대와 구정봉까지(C코스)로 나누어서 살펴본다.

A코스 : 보리암-금수굴-왕배석-의상대-이태조기단

B코스 : 보리암-화엄봉-일월봉-대장봉-석각 바위-봉수대
(정상)

C코스 : 보리암-쌍홍문-용굴-음성굴-사선대-구정봉

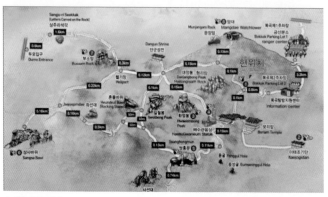

| 현 금산 안내도

A코스

보리암은 예나 지금이나 금산 유람의 베이스캠프에 해당
한다. 그 앞에서 바라보는 바다 전망이 일품이다. 앞서 언
급하였듯 승려 원효가 창건한 보광사의 전신(前身)이며, 조
선 현종이 왕실의 원당(願堂)으로 삼고 보리암으로 개명했다
고 한다. 이 사찰 또한 굴곡이 심해, 조겸이 올랐을 땐 그
터만 남아 있었다. 금산에서는 어느 방향으로 이동하더라도
결국 보리암으로 집결하게 되는데, 이상하리만치 선현들의
유산기에서는 보리암에 관한 언급이 인색하다. 이유가 궁금
해진다.

| 금수굴

| 왕배석 터

　보리암에서 뒤쪽으로 돌아들면 금수굴(金水窟)이 있다. 금
수굴(錦水窟)이라고도 하였다. 현재 보리암에 있는 석불전을

가리킨다. 바위 가운데가 뻥 뚫려서 굴이 된 경우이다. 굴 속에 샘이 있는데, 그 물이 금빛으로 빛나다가 사라지곤 하여 붙여진 이름이다. 조겸은 물의 양이 두세 동이나 된다고 하였고, 남학명은 도대체 그 이치를 알 수 없다고 하였다. 지금은 굴속에 물이 없고, 대신 불상을 두어 더욱 신비감을 더하고 있다.

보리암의 서쪽 아래로 조금 내려가면 왕배석(王拜石)이 있다. 지금의 해수관음상이 있는 곳이다. 그 곁에 있는 4층 석탑은 조겸의 유산기에서부터 기록이 전한다. 조겸은 태조 이성계가 제사를 지낸 곳이라 하였고, 이후의 유산기에서도 이성계와 연관한 곳이 몇 차례 등장한다. 그러나 장소는 전혀 다르다. 금산에서 이성계의 기도처로 현전하는 곳은 앞서 언급한 보리암 동쪽의 '이태조기단'이다. 배성호는 '대개 금산에 태조대왕의 기도처가 있으므로 우리 왕조가 5백 년 동안 바닷속 산을 봉해 준 것인데, 지금은 뱃사람들이 기도 암(祈禱巖)이라 손가락질하는 곳이 되었다'고 하였다. 그러나 배성호가 말한 기도처가 어디인지는 정확하지 않다.

B코스

보리암에서 정상까지를 아우르는 코스이다. 보리암을 등지고 서쪽으로 화엄봉·일월봉·대장봉이 나란히 벌여서, 마치 보리암을 향해 품어주는 듯하다. 이 코스의 가장 핵심은 정상 부근에 있는 바위 각자이다. 원문을 그대로 옮겨보면 다음과 같다.

| 바위 각자

이 글씨는 조겸에서부터 모든 유람록에 등장하며, 지금도
금산 정상에 오롯이 남아 올라오는 유람자를 맞이하고 있
다. 원문 가운데 '성지·한지'는 김구성과 오계응의 자(字)이
다. 마지막 한 글자는 저 때도 판독이 어려웠고, 지금도 마
찬가지이다. 바위의 글씨는 오른쪽에 있는 큰 글씨 6자와
작은 글씨 49자를 합해, 모두 55자이다. 큰 글씨 여섯 자
는 주세붕의 글씨로 알려져 있다.

신재(愼齋) 주세붕(1495~1554)은 풍기군수로 재직 시 우리
나라 최초로 백운동서원을 세워 유학의 대중화에 크게 기여
한 인물이다. 그는 43세 되던 1537년 모친 봉양을 위해 곤

양군수가 되었다가, 그 이듬해 6월 파직되었다. 아마도 파직되기 전에 올랐을 것으로 추정된다.

그런데 이 각자를 두고 조선시대 금산 유람자의 반응이 재미있다. 허목은 무술년이 아니라 '임진'으로 잘못 읽었고, 정식은 고운 최치원의 글씨라 했으며, 이만운도 최치원 설이 있다고 전하였다. 백후(柏後) 김기수(金基洙 1818~1878)는 이성계가 왕이 되기 전 미륵첨사(彌勒僉使)가 되었는데, 도중에 홍문을 지나 이 산에 올랐다고 하였다. 허목은 하산하여 유산기를 기록할 때 착각한 듯하다. 그러나 현재의 글씨 상태로 보아도 그 당시 완전히 닳아 없어진 것도 아닐 듯한데, 그렇다면 정식과 이만운이 최치원을 언급한 것은 납득하기 어려운 측면이 있다. 김기수의 경우는 도무지 설명이 불가하다고 생각된다.

사실 산행에서의 각자는 관행적으로 행해지는 행위였고, 일종의 의식 같은 것이었다. 추앙하는 선현을 닮고자 하는 염원이기도 했고, 가깝게는 스승이나 조상의 이름 곁에 자신의 이름도 나란히 새겨서 남기려는 소박한 바람이기도 했다. 또한, 산속의 돌에라도 이름을 남기려는 인간의 헛된 욕망의 표출이기도 하였다.

C코스

이 코스는 어느 한 곳도 흥미롭지 않음이 없다. 선현들도 가장 흥미로워한 장소이다. 먼저 쌍홍문은 두 개의 무지개가 문처럼 걸려 있는 듯하다고 하여 붙은 이름이다. 조겸은 석공이 망치를 두드려 정교하게 다듬어도 이보다 나을 순 없을 거라고 칭송하였다. 홍문 안으로 들어서면 세월의 흐름에 깎이고 다듬어진 섬세함에 더욱 놀라게 된다. 남학명은 굴속이 마치 벌집이나 물 소용돌이와 같다고 하였다.

| 쌍홍문

쌍홍문에서 바라보면 앞 바닷속 작은 섬 하나가 유독 눈길을 끈다. 크지 않은 섬 가운데에 마치 구멍이 뚫린 듯 가느다란 빛이 새어 나오는 듯하다. 유산기에 의하면, 석가세존

이 바다를 건너가다가 배를 댄 곳이라고 한다. 이름하여 세존도(世尊島)이다. 지금도 날씨가 화창한 날에는 쌍홍문에서 그 가느다란 빛을 가장 잘 볼 수 있다고 한다. 모양새로나 주변 경관으로나 사람의 시선을 끌기에 충분하였다.

 쌍홍문을 벗어나면 그 옆에 세 개의 굴이 있는데, 바로 용굴과 음성굴과 구룡굴이다. 금산은 바닷가에 우뚝 솟아 있어, 어느 명산보다도 해안지역의 속성을 지닌 무속신앙이 성행하였다. 산의 여기저기에 기도할 만한 작은 구멍만 있어도 얼추 무속인이 차지하였다고 전할 만큼 무속의 성지(聖地)로 알려졌다. 굴 안이 용처럼 깊숙이 들어간다고 하여 용굴이라 하였다. 굴

| 쌍홍문에서 본 세존도

에 들어가 소리를 내면 그 소리가 맑고 고운 데다 10여 리 밖에까지 울려 퍼진다고 하여 음성굴이라 하였다. 크기는 구룡굴이 가장 크고, 음성굴과 용굴 순이다. 무속 행위를 하다가 인명피해가 발생하여, 현재는 접근이 불가한 상태이다. 다행히 한려해상국립공원의 허가를 받아 현장을 탐방한 결과, 구룡굴은 입구가 바위의 중턱에 있을 뿐만 아니라 실제 안의 길이가 수십 미터나 될 만큼 깊숙하게 나 있었다.

| 음성굴

　'아홉 개 우물'이란 뜻의 구정봉은 바위에 큰 웅덩이만 한 우물이 패여 있었다. 물론 물이 고여 있는 곳도 많았다. 아홉 개가 아니라 십수 개는 되었다. 남해 금산은 화강암 돌산으로 이루어져 있으므로 풍화작용에 의해 이러한 현상이 나타나는 것이지만, 선현들의 눈엔 신비롭기만 한 현상이었다. 지금은 상사바위라고도 부른다. 바위 우물도 신기할 뿐만 아니라, 아래로 벽련마을과 바다가 어우러진 절경은 감탄을 자아낸다.

| 구정봉

| 구정봉의 바위 우물

〈참고문헌〉

남학명, 『회은집(晦隱集)』 권2, 「유금산기(遊錦山記)」

박치복, 『만성집(晚醒集)』 권10, 「남유기행(南遊記行)」

정식, 『명암집(明庵集)』 권5, 「금산록(錦山錄)」

조겸, 『봉강집(鳳岡集)』 「유금산록」

허목, 『기언별집(記言別集)』 권15, 「범해록(泛海錄)」

김해영, 「남해군 금산의 '전이태조기단(傳李太祖祈壇)'에 대하여」, 『남명학연구』 19집, 경상국립대 남명학연구소, 2005.

이종묵, 「미수 허목의 남해 금산 기행」, 『선비문화』 30호, (사)남명학연구원, 2016.

정용수, 「조선조 산수유람문학에 나타난 '록'체의 전통과 남해 금산」, 『석당논총』 25집, 동아대 석당전통문화연구원, 1997.

사람과 땅을 말하다

Ⅱ. 사람과 땅을 말하다.

1.「읍지(邑誌)」가 말하는 경남의 땅과 사람들 _ 김광철

읍지는 지방 행정조직인 부(府)·목(牧)·군(郡)·현(縣)을 단
위로 하여 지역에서 편찬한 지리서이다. 지역 정보를 체계
적으로 수록한 지리서는 전국 지리서인 여지(輿志)와 지방 지
리서인 읍지로 나뉜다. 여지는 전국의 모든 지역을 수록하
고 있어 주요 내용만 기록되어 있는 반면, 읍지는 지방을 단
위로 하여 편찬되므로 상세한 내용을 수록하고 있다.

조선 전기의 관찬(官撰) 지리서 편찬과는 달리 16세기 이
후에는 지방의 관리, 학자들이 중심이 되어 읍지를 편찬하
기 시작하였다. 중앙 정부가 지방 사정을 파악하는 자료로
이용하였던 조선 전기 관찬의 통지(通志)와는 달리, 지방 통
치를 위한 자료의 획득이라는 목적과 함께 유교적인 향촌
교화의 측면이 강조되었다.

읍지에는 고을의 다양한 정보가 담겨 있다. 태고적부터
고을에 자리잡아 온 여러 종류의 산과 내, 바다와 섬들이 있
고, 객사(客舍)와 같은 관청시설을 비롯하여 성곽과 봉수 등
행정·국방시설, 향교·정자와 같은 교육문화시설, 제언(堤
堰) 등 수리시설, 역원(驛院)과 같은 교통·여행시설들이 빼곡
히 들어서 있다. 고을 내 여러 마을들이 만들어진 내력이 소
개되고, 그 곳에 사는 사람들이 얼마나 되는지, 그들이 갈

아먹는 논과 밭은 얼마나 되는지, 호구(戶口) 수와 전답(田畓) 면적도 빠짐없이 올려 놓았다.

기억할만한 사람들을 소개하는 일도 빼놓지 않았다. 부임했던 수령들의 명단이 '임관(任官)' 또는 '환적(宦蹟)'이라는 이름으로 작성되었고, 그 가운데 실적을 많이 낸 수령은 따로 '명환(名宦)' 항목에 넣어 기억하게 했다. 고을 출신으로 벼슬살이를 했거나 학문 연구에 두각을 나타냈던 사람들을 기억하기 위해 '인물' 항목은 반드시 들어갔고, 부모에게 효성이 지극했던 사람들, 위기 때마다 지조와 정절을 지켰던 여성들, 국난에 목숨 바친 사람들을 기억하기 위해 각각 '효자', '열녀', '충의' 항목도 빠뜨리지 않았다. 지역에 따라서는 '우거(寓居)'하러 온 사람들, '유배'온 사람들도 기억했고, '문과'와 '무과', 과거 예비시험인 '사마(司馬)' 합격자 명단도 올려 고을의 자랑으로 여겼다.

이처럼 읍지에는 고을마다 땅과 사람들의 이야기가 넘쳐난다. 고을의 산과 내와 바다가 높고, 길고, 넓고, 깊을수록 그곳 사람들의 살아온 내력과 이야기는 더욱 풍성해진다. 읍지에는 예부터 전해오는 과거의 이야기도 들어 있고, 오늘을 사는 사람들의 삶의 모습도 그려져 있다. 그러니 읍지는 그야말로 소중한 정보지요, 소

| 『함주지』권2(국립중앙박물관)

식지요, 기록문화 유산이다.

경남에는 이른 시기에 편찬된 읍지로, 현재 전하고 있는 것 가운데 가장 오래된 읍지인 『함주지(咸州誌)』(1587)가 있고, 이어서 1625년 경에 만들어진 진주의 읍지 『진양지(晉陽誌)』가 있다. 1652년(효종 3) 밀양부사 신익전(申翊全)이 찬술한 『밀양지(密陽誌)』와 1656년(효종 7) 정수민(鄭秀民)이 편찬한 함양의 『천령지(天嶺誌)』도 경남의 오래된 읍지이다. 새로 발견된 김해의 『분성여지승람신증초(盆城輿地勝覽新增抄)』는 이들 읍지보다 7,80년 뒤에 편찬되었지만, 김해 읍지 가운데는 가장 오래된 것이다. 이제 이들 5개 읍지가 전해주는 땅과 사람들의 이야기를 들어보기로 하자.

1) 가장 오래된 읍지, 『함주지』의 땅과 사람들

(1) 『함주지』를 만든 사람들

『함주지』는 현존하는 여러 읍지 가운데 가장 오래된 것으로, 함안 지역의 정보뿐 아니라 이후 조선 시대 읍지 체제의 기본이 된다. 『함주지』의 편제와 구성은 이후에 편찬된 읍지에 큰 영향을 주었다. 『진양지』 등 주요 사찬 읍지는 거의 『함주지』를 모델로 편찬되었다. 『함주지』는 체제나 내용에 있어서 조선 전기의 『신증동국여지승람』과 조선 후기의 『여지도서』로 이어지는 가교 역할을 하였고, 후대에 편찬되는 함안 지리지들의 모범이되었다.

『함주지』를 만든 사람은 한강(寒岡) 정구(鄭逑, 1543~1620)

114

로 잘 알려져 있다. 1587년(선조 20) 당시 함안 군수로 재직하고 있던 정구는 이보다 앞서 1580년에 창녕의『창산지(昌山誌)』를 편찬하였고, 1584년 동복 현감(同福縣監)으로 재직하면서『동복지(同福志)』를 편찬한 바 있다. 정구는 지방관으로 부임하는 지역마다 통치와 교화를 위한 방안의 하나로 읍지를 편찬하였다.

정구는 퇴계 이황(1501~1570)과 남명 조식(1501~1572)을 스승으로 삼았다. 1563년 향시(鄕試)에 합격했으나 이후 과거를 포기하고 학문 연구에 전념하였다. 장현광(張顯光, 1554~1637)이 쓴 정구의 행장에 따르면, 정구는 1587년 함안 군수로 부임하기 이전까지 정부로부터 중앙과 지방 관직에 여러 차례 임명받았으나 대부분 사양하거나 조기 퇴임하였다. 함안 군수로 부임하기 이전까지 정구가 역임했던 관직은 창녕 현감(昌寧縣監), 사헌부 지평(持平), 동복 현감, 교정청 낭청(校正廳郎廳) 정도였다. 이 외의 기간은 학문을 연구하고 문도들과 함께 강학(講學)하며 지냈다.

『함주지』편찬은 정구가 주도하였지만, 함안 재지 사족과의 협력을 통해서 완성할 수 있었다.『함주지』서문에서 정구는 편찬에 참여한 오운(吳澐), 이칭(李偁), 박제인(朴齊仁), 이정(李瀞) 등에 대해 다음과 같이 소개하고 있다.

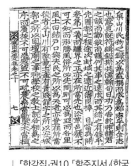

| 『한강집』권10「함주지서」(한국고전종합DB)

115

여선(汝宣) 이칭은 관대하고 온후한 군자이고, 중사(仲思) 박
제인은 덕을 지닌 데다 지조가 있고, 여함(汝涵) 이정은 재주와
행실이 다 높아 이들 모두 내가 경외하여 항상 만나고 서로 즐겁
게 지내는 자들이다. 태원(太源) 오운도 본 고을의 선배로서 지
금 향교의 제독(提督)으로 있다. 공사 간에 서로 모여 자주 자연
스럽게 어울리던 중에 내가 수집한 산천과 백성들의 풍속에 관한
기록을 보고 말하기를, "그대가 이것들을 편찬하여 군지(郡志)로
만들어 보지 않겠는가?"하였는데, 이는 곧 내가 원하던 뜻이었
다.(『한강집』권10, 서, 함주지(咸州志) 서)

『함주지』 편찬에 참여한 오운, 이칭, 박제인, 이정 등은
모두 함안의 사족으로 조식의 문인들로서, 정구 자신이 남
명과 교류했다는 점에서 부임하기 이전부터 아는 사이였을
것으로 보인다. 오운(1540~1617)은 『함주지』의 발문을 쓸
정도로 편찬에 적극 참여한 인물이다. 본관은 고창(高敞)이
며, 자는 태원(太源), 호는 죽유(竹牖)·죽계(竹溪)이다. 함안
모곡리에서 출생했는데, 그의 집안이 함안에서 살기 시작한
것은 증조 오석복(吳碩福)이 의령 현감에서 퇴직한 후 이곳에
정착하면서부터이다. 오운의 증조모가 함안 사람이었기 때
문에 함안을 선택하여 퇴거한 것으로 보인다.
『죽유선생문집』에 실려 있는 오운의 연보에 따르면,
1558년(명종 13) 19세에 김해 산해정(山海亭)으로 조식을 찾
아가 제자가 되었으며, 25세 때 도산서당(陶山書堂)으로 이
황을 찾아가 제자가 되었는데, 인재로 인정받았다. 1583년

(선조 16) 충주목사 겸 춘추관 편수관으로 있다가 이듬해 파직당해 한 해 남짓 의령 가례리(佳禮里) 별서(別墅)에 머물다가 1586년에 함안 고향으로 돌아와, 그해 겨울 함안 군수로 부임한 정구와 함께 사직단 문제를 논의하여 중수 사업을 추진하였다. 오운이『함주지』편찬에 참여하게 되는 것은 바로 이때 낙향하여 있었기 때문에 가능한 것이었다.

| 산해정(김해시청)

『함주지』편찬에 참여한 인사는 더 있었을 것이다. 1600년 12월에 오운이 쓴 발문에서는『함주지』편찬 시절을 회상하면서 "당일『함주지』를 편찬했던 선비들은 10여 년이 지나는 사이에 영락하여 거의 다 사라지고 지금 살아서 볼 수 있는 사람은 박제인, 이칭, 이정 등 몇 명뿐이다."라고[1] 한 데서 오운을 비롯한 4명 외에도 여러 유사(儒士)들이『함주지』편찬에 참여했음을 알 수 있다.『함주지』편찬은 군수 정구가 주도한 것이지만 함안 재지 사족의 요구와 참여로

---

1 『죽유선생문집』권3, 발, 제함주지후(題咸州志後).

짧은 기간 안에 완성될 수 있었다.

(2)『함주지』를 편찬하다

1586년(선조 19) 10월에 함안 군수로 부임한 정구는 일상의 행정 업무를 수행하면서 사직단을 수리하고 박한주 사당의 건립과 다물의 묘소를 정비하는 등 고을의 풍속 교화와 관련한 사업들을 펼치고 있었다. 이 과정에서 함안의 산천과 풍속에 관한 기록들을 수집하여 군지를 편찬할 기반을 조성하였다.

『함주지』 편찬 작업이 시작된 것은 1587년 봄부터였을 것으로 추정된다. 정구가『함주지』서문을 1587년 8월에 썼다는 점과 오운의 발문에서 '몇 개월이 걸려 탈고하였다'는 점을 감안하면, 서문에서는 열흘 만에 완성했다고 했지만,[2] 연초부터 편찬 작업에 들어간 것으로 보아야 할 것이다.

『함주지』 편찬 작업은 수령의 관아에서 이루어진 것 같다. 오운의 발문에 따르면, '유사를 불러모아 읍지를 편찬하기로 의논하고, 관아 안에 국(局)을 설치하였다.'고 하였는데, 이때 설치된 '국'은 읍지 편찬국이었을 것이다. 이곳에서 군수 정구를 비롯하여 오운, 이칭, 박제인, 이정 등과 함안 지역 유사들이 함께 함안 관련 자료를 수집, 정리하고 서술 작업을 공동으로 수행하였다. 서술 항목을 분담하여 서술했을 가능성도 있다.

2 『한강집』권10, 서(序), 함주지 서문.

1587년 8월『함주지』편찬이 완료된 이후에도 정구에 의해 부분적으로 수정 보완이 이루어졌던 것 같다. 그것은 단묘(壇廟) 조에 실려 있는 여단(厲壇)의 중수 시기를 만력 무자년(1588) 봄으로 전하고 있는 데서 확인할 수 있다.『함주지』는 이보다 1년 전에 완성된 것인데, 이 기사가 들어 있다는 것은『함주지』완성 후 보완이 이루어졌음을 말해 준다.

정구가 쓴『함주지』서문은 만력 정해년(1587) 8월 15일자와 기축년(1589) 1월 14일자 2종이 전해지고 있는데, 후자는『함주지』의 내용을 부분적으로 수정 보완한 뒤에 쓴 것이다. 이런 과정을 거쳐 함안의 읍지가 완성되었지만 정구가 관직을 사직하게 되면서 간행되지는 못하였다. 정구는 군수직을 이임하면서『함주지』원고도 함께 가져갔던 것으로 보인다. 임진왜란이 발생하자 정구가 소장했던 서적들은 해인사에 보관될 수 있었고, 그래서『함주지』도 함께 겨우 보전될 수 있었다.

| 『함주지』원고를 보관했던 해인사 전경

『함주지』가 빛을 보게 되는 것은 편찬에 참여했던 오운을

한양에서 재회하면서부터이다. 1599년(선조 32) 5월 장예원 판결사(掌隸院判決事)로 임명된 오운은 이듬해 7월부터는 충좌위 부사과 겸 오위장(忠佐衛副司果兼五衛將)으로 재직하였으며, 정구는 이해 1월 충좌위 부호군(忠佐衛副護軍)에 이어 9월 충무위 사직(忠武衛司直)을 거쳐 10월에 오위도총부 부총관(五衛都摠府副總管)으로 재직하였다. 오운과 정구의 상봉은 바로 이해 12월 근무지 숙위소(宿衛所)에서 이루어졌다. 이 자리에서 둘은『함주지』편찬하던 때의 일들을 이야기하다가 정구가 그 원고를 보여주자, 오운은 종이를 구하여 이를 등사(謄寫)하여 가지게 되었다. 이 때부터『함주지』는 정구가 소장한 원본과 오운이 소장한 복사본, 두 본이 유통되었다. 정구가 소장하고 있던『함주지』원본은 충주의『충원지(忠原志)』를 편찬할 때 참고 자료가 되었다.[3]

현재『함주지』판본은 규장각 한국학 연구원 소장의 필사본과 국립 중앙 도서관 소장의 석판본(石板本), 경상 대학교 문천각 소장의 수집본(蒐輯本)이 유통되고 있다. 규장각 한국학 연구원 소장의 필사본은 오운이 필사한 것으로 추정하고 있으며, 이 외의 것은 필사본을 저본으로 하여 판각되거나 필사된 것들이다.

---

[3]『한강집』권10, 서, 충원지서문.

(3)『함주지』의 짜임새

『함주지』는 서문, 목록, 본문, 발문 순서로 구성되었다. 판본에 따라서 규장각 한국학 연구원 소장의 필사본의 경우 서문과 발문을 모두 본문 뒤에 붙인 것도 있고, 국립 중앙 도서관 소장의 석판본의 경우, 발문 뒤에 조경식(趙景植,

1678~1722)이 고려 때 함 안의 인물 14명을 보충하여 붙인 판본도 있다. 경상대학교 문천각 소장의 수집본은 서문과 목록 사이에 「함주군 지도」가 끼워져 있다. 서문은 1587년 8월에 정구가 쓴 것이며, 발문은 1600년에 오운이 쓴 것과 1603년에 임흘 (任屹)이 쓴 것이 함께 묶여 있다.

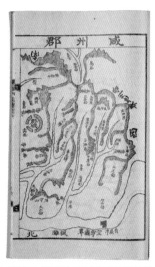

| 『함주지』「함주군 지도」(국립중앙박물관)

『함주지』 본문은 경사상거(京師相距), 사린강계(四隣疆界), 건치연혁(建置沿革), 군명, 형승, 풍속, 각리(各里), 호구 전결(戶口田結), 산천, 토산, 관우(館宇), 성곽, 단묘(壇廟), 학교 서원, 역원, 군기(軍器), 봉수, 제언(堤堰), 관개, 정사(亭榭), 교량, 불우(佛宇), 고적(古蹟), 임관(任官), 명환(明宦), 성씨, 인물, 우거(寓居), 유배, 선행, 규행(閨行), 견행(見行), 문과, 무과, 사마(司馬), 총묘(塚墓), 정표(旌表), 책판, 제영(題詠),

121

총담(叢談) 등 모두 40개 항목으로 구성되었다. 서술 항목이
『신증동국여지승람』함안군의 서술 항목 22개에 비해 거의
배에 가까운 것으로, 그만큼 함안에 대한 정보가 풍부하게
담겨 있음을 보여주고 있다.

『함주지』서술 항목과 내용 가운데에는 기존 지리서인『경
상도지리지』,『경상도속찬지리지』,『신증동국여지승람』의
서술 항목을 그대로 옮긴 것, 기존 서술 항목을 보완한 것,
항목을 새로 설정하여 쓴 것 등으로 나누어 볼 수 있다. 서
술 항목 가운데 경사상거·사린강계·건치연혁·군명·풍속·
역원·봉수·제언 등 8개 항목은 기존 지리서에서 서술된 내
용을 거의 그대로 옮긴 것이고, 산천·토산·성곽·정사·학
교·불우·단묘·고적·명환·인물·우거·제영 등 12개 항목
은 기존 지리서의 서술 내용을 수정 보완하거나 추가하여
서술한 것이다. 이 중에 산천이나 정사, 단묘, 인물, 제영
등은 새로 쓴 것이나 다름없을 정도로 기존 지리서의 내용
을 대폭 보완하였다. '각리', '임관' 등 20개 항목은 이전 지
리서에 없는 내용을 새로 쓴 것이다. 분량만 비교해도 새로
수록된 항목의 서술 내용이 80% 정도 차지하고 있어,『함
주지』는 거의 새로 쓴 것이나 다름없는 것이었다.

(4) 산과 내를 많이 조사하다

『함주지』는 구성 항목 수만 늘어난 것이 아니라,『신증동
국여지승람』에서 이미 수록된 항목의 내용도 조사가 추가되
는 등 풍부하게 서술하였다.『신증동국여지승람』함안군 산

천조에는 여항산(餘航山), 파산(巴山), 생동산(生童山), 방어산(防禦山), 대현(大峴), 용화산(龍華山) 등 산 6곳과 정암진(鼎巖津), 풍탄(楓灘), 대천(大川), 파수(巴水), 도장연(道場淵) 등 5곳이 소개되었는데, 『함주지』에는 봉우리와 고개를 포함하여 모두 18곳의 산과 시내와 못, 샘 등을 포함하여 20곳의 내[川] 등 산천 38곳이 조사 정리되었다. 그 내용은 다음 표와 같다.

〈『함주지』 산천표〉

산	산(山)	여항산(남15리), 파산(남15리), 생동산(남33리), 광려산(匡廬山, 동20여리), 객산(客山, 동17리), 포덕산(鮑德山, 동15리), 자구산(紫丘山, 동북15리), 안곡산(安谷山, 동북30리), 용화산(서40리), 성산(城山), 동지산(冬只山, 동5리), 미산(眉山, 서10리), 쌍안산(雙岸山, 서20리), 방어산(서30리), 봉산(蓬山, 북13리), 법수산(法守山, 북30리)
	현(峴)	대현(남25리), 이현(伊峴, 객산 동), 어령현(於嶺峴, 동북25리), 어속현(於束峴, 서30리)
	봉(峯)	장원봉(壯元峯)
천	천(川)	풍탄(북25리), 대천(동1리), 파수(서5리)
	진(津)	도흥진(道興津, 동40리), 정암진(북38리)
	계(溪)	보통계(普通溪, 서15리), 장안계(長安溪, 서20리), 원북계(院北溪, 서30리), 입곡계(入谷溪, 동10리), 율계(栗溪, 동15리), 보전계(甫田溪, 서남30리)
천	포(浦)	대포(大浦, 북15리), 상목포(桑木浦, 대포 북), 답곡포(畓谷浦, 대포 동), 석포(石浦, 서북15리), 송천포(松川浦, 북30리), 무한포(無限浦, 동북30리), 도토곡포(都吐谷浦, 무한포 동)
	연(淵)	아견연(阿見淵, 북20리)
	천(泉)	냉천(冷泉)

(5) 넉넉해진 관청과 문화, 교통, 경제시설

함안 읍치(邑治)에 자리 잡았던 관청 시설과 역대 군수의 부임, 이임 시기를 상세히 기재한 것도 이전에 없었던 새로운 정보이다. 관청 시설은 '관우(館宇)' 항목에서 소개하는데, 동헌, 대청, 서헌, 낭청방(郎廳房), 중대청(中大廳), 서하

123

방(西下房), 서중방(西中房), 남별실(南別室), 대문, 청범루(淸範樓), 군기방(軍器房), 관청(官廳), 아사(衙舍), 경창(稼倉), 의원(醫院), 서역소(書役所), 노비소(奴婢所), 형옥, 동문루, 북문루, 남문루, 향사당(鄕射堂) 등 22곳 시설물의 위치와 창건 내력을 밝힘으로써 함안의 읍치 경관을 엿볼 수 있다.

| 조선전기 조삼이 지은 무진정(함안군청)

누정의 경우 『신증동국여지승람』에서는 함안의 누정으로 청범루 하나만 소개되었는데, 『함주지』에서 청범루는 관우조로 옮겨지고, 삼수정(三樹亭) 등 13개의 정자가 소개되었다. 사묘의 수도 증가하였다. 『신증동국여지승람』 소재 함안의 사묘는 사직단, 문묘, 성황사, 여단 등 4곳인데, 『함주지』는 여기에다 함안 각 리마다 설치되었던 상리사단(上里社壇) 등 17개의 사단과 아견연단(阿見淵壇), 여항산단(餘航山壇)이 추가로 소개되었다. 수리 관개시설 등 경제관련 시설

이 늘어나고 교량이 건설되어 사람들의 왕래가 편리해졌다. 그 내용은 다음 표와 같다.

〈『함주지』 수리시설과 교량표〉

제언	지동제언(池洞堤堰), 가천택(可泉澤), 요도지(蓼島池), 성현제언(筬峴堤堰), 백사제언(白沙堤堰) 5곳
관개	용연방축(龍淵坊築), 굴목방축(屈木防築), 후방축(後防築), 금천방축(琴川防築), 이목방축(梨木防築), 신방축(新防築), 대평방축(大坪防築), 비리곡관개(比吏谷灌漑), 평광관개(平廣灌漑), 산족관개(山足灌漑), 석담방축(石潭防築), 미산방축(眉山防築), 과모방축(寡母防築), 부련방축(桴連防築), 광실방축(廣實防築) 15곳
교량	장명교(長命橋), 주리천교(主吏川橋), 과모교(寡母橋), 안도교(安道橋), 토교(土橋), 목교(木橋), 삼기천교(三岐川橋), 덕구천교(德求川橋), 광교(廣橋), 송천교(松川橋), 세곡교(細谷橋), 당지교(堂池橋), 재인교(才人橋), 목지교(木池橋), 취모교(吹毛橋), 거구교(巨口橋), 율천교(栗川橋) 17곳

(6) 다양한 인물 관련 항목, 그리고 풍부해진 서술

인물 관련 항목도『신증동국여지승람』은 명환·인물·우거·효자 등 4개 항목으로 구분했는데, 『함주지』는 임관·명환·인물·우거·유배·선행·규행(閨行)·견행(見行)·문과·무과·사마 등 11개 항목으로 늘어났다. 항목이 증가했을 뿐아니라 수록된 인원도 큰 차이를 보인다.

『신증동국여지승람』의 경우 함안의 인물로 명환조에 4명, 인물조에 2명, 우거조에 3명, 효자조에 2명 등 11명 정도 소개하였는데, 『함주지』는 임관조를 제외하여도, 명환조에 11명, 인물조에 11명, 우거조에 20명, 유배조에 1명, 선행조에 7명, 규행조에 6명, 견행조에 38명, 문과조에 22명, 무과조에 25명, 사마조에 25명 등 연인원 166명을 소개하고 있다.

함안군의 역대 군수 명단은 '임관' 항목에서 서술했는데, 고려 공민왕 때 지군사(知郡事)로 부임했던 백현진(白玄進)

부터 1586년(선조 19) 당시 군수로 부임한 정구까지 99명의 지방관 명단과 그들의 관계(官階) 임퇴 연도를 기재하였다. 군수 명단의 앞에는 1494년(성종 25) 당시 함안 군수였던 강백진(姜伯珍)이 쓴 「임관 제명기서(任官題名記序)」가 수록되어 있고, 군수 명단 끝에는 정구가 쓴 「임관 제명기발(任官題名記跋)」이 첨부되었다. 그 내용으로 보아 『함주지』 임관 항목의 서술은 강백진이 함안 군수 선생안(先生案)을 만든 이후 역대 군수들이 이어서 작성해 놓았던 자료를 활용하여 수록한 것으로 보인다.

(7) 『함주지』 속 함안의 마을과 인구, 그리고 논밭

『함주지』에 새로 수록된 항목 가운데 '각리(各里)' 항목이 주목된다. 이 항목은 『신증동국여지승람』 단계까지 이전에는 수록된 적이 없는 항목으로, 조선 시대 군현 하부의 행정 단위를 면리(面里)로 편제했던 당시 지방 사회의 모습을 잘 반영하는 것이다.

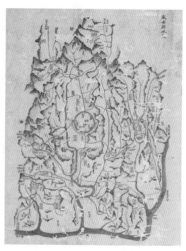

| 『조선후기 지방 지도』 「함안군」(서울대학교 규장각)

『함주지』의 각리조에는 상리(上里), 하리(下里), 병곡리(竝谷里), 비리곡리

(比吏谷里), 대곡리(大谷里), 평광리(平廣里), 산족리(山足里), 죽산리(竹山里), 안도리(安道里), 남산리(南山里), 우곡리(牛谷里), 백사리(白沙里), 마륜리(馬輪里), 대산리(大山里), 대산리(代山里), 안인리(安仁里), 산익리(山翼里) 등 17개 리가 실려 있다. 여기에서 리는 면에 해당하는 것으로, 그 하부 행정 단위는 '방(坊)'으로 설정되어 17개 리에 소속된 방은 모두 148개였다. 『함주지』에 수록된 리별 인구수와 전답 면적은 다음과 같다.

〈『함주지』 리별 호구 · 전결표〉

리(里)	방(坊)수	인 구(명)			전결액수(결)	
		남	여	계	전	답
상리	남문내(南門內) 등 8곳	764	674	1,438	265.773	79.209
하리	북촌동(北村洞) 등 13곳	1,328	1,200	2,528	297.765	257.322
병곡리	두곡(杜谷) 등 7곳	386	366	752	131.923	37.468
비리곡리	미산저촌(眉山底村) 등 9곳	163	130	293	94.087	37.468
대곡리	와요동(瓦窰洞) 등 14곳	253	198	451	136.277	82.836
평광리	장안동(長安洞) 등 5곳	127	149	276	70.42	43.784
산족리	원북동(院北洞) 등 9곳	569	630	1,199	290.327	123.214
죽산리	모로곡(毛老谷) 등 4곳	176	178	354	350.427	54.368
안도리	지두촌(池頭村) 등 10곳	522	522	1,044	87.504	173.371
남산리	장존동(長存洞) 등 8곳	536	538	1,074	175.805	138.434
우곡리	설곡(舌谷) 등 7곳	641	673	1,314	210.291	190.241
백사리	대소동(大所洞) 등 7곳	369	273	662	124.19	75.81
마륜리	천사동(泉寺洞) 등 8곳	207	174	381	342.556	42.444
대산리	송천(松川) 등 7곳	442	343	785	517.899	57.175
대산리	사기소(沙器所) 등 16곳	965	1,025	1,990	141.884	131.826
안인리	내동(內洞) 등 7곳	310	281	591	236.397	106.166

리(里)	방(坊)수	인 구(명)			전결액수(결)	
		남	여	계	전	답
산익리	신촌(新村) 등 9곳	419	436	855	178,189	58,523
17곳	148곳	8,177	7,792	15,969	4,551,713	1,731,681

함안의 리 소속의 방은 면리제에서 리에 해당하는 것으로, 그 명칭은 촌, 동, 리 등 다양하였다. 다음 평광리의 서술 내용에서 보듯이, 각 리에 대한 서술은 리마다 명칭의 변화, 사방의 강계, 동서와 남북의 거리, 크기, 소속 방(坊)의 수와 명칭, 토지의 비척(肥瘠), 장마와 가뭄의 정도, 거주민의 신분, 풍속까지 기재되어 있다. 이는 이후의 읍지들에서 찾아볼 수 없는 상세한 기록이며, 이를 통해 각 리마다 당대의 현실적 상황이 선명하게 드러난다.

평광리는 본래 평관(平館)이라 하였는데, 만력(萬曆) 병술년(1586) 겨울에 고쳤다. 읍성에서 서쪽으로 20리에 위치하였고 동쪽으로 대곡리, 남쪽으로 진주 경계와 접해 있고, 서쪽으로 산족리, 북쪽으로 안도리와 이웃하고 있다. 남북은 7리, 동서는 겨우 1리쯤이다. 소속 방은 다섯으로, 장안동 · 지견동(知見洞) · 모영동(毛榮洞) · 명지동(明知洞) · 사리동(沙里洞)이다. 이 리(里)는 땅이 협소하고 척박하여 주민이 적었다. 예부터 이곳에서 의관(衣冠)이 많이 나왔으며, 풍속은 검소하고 질박한 것을 숭상하고 제사에 힘쓴다.

호구와 경지 면적의 액수도 각 리 별로 기록하고 있어서,

당시 함안군 리마다 사회 경제 형편을 엿볼 수 있다. 지리서에서 호구와 전결의 기재는『경상도지리지』와『세종실록지리지』에서 군현 별로 총액만 기재했던 것을『신증동국여지승람』에서는 수록하지 않았던 것인데,『함주지』에서는 호구와 전결을 각 리마다 구분하여 일목요연하게 정리하여 기록하고 있다.

호수는 기재하지 않고 인구를 남과 여로 구분하여 기재하고 있는데,『함주지』에 수록된 당시 인구는 총 15,960명 중 남자 8,177명, 여자 7,792명이었다. 전답 면적은 원장(元帳)에는 밭 4,551결 71부 3속, 논 1,731결 68부 1속으로, 총 6,283결 39부 4속이었다.

함안의 17개 리 가운데 하리는 인구가 2,000명 이상이고 전답 면적도 550결 이상되는 넉넉한 마을이었다. 그 밖에 인구 1,000명 이상의 규모가 큰 리는 대산(代山)리, 상리, 우곡리, 산족리, 남산리, 안도리 순으로 7개 리였다. 이들 규모가 큰 리들은 경지로서 논을 많이 확보하고 있는 마을이었다. 상대적으로 인구가 밀집되지 않은 마을들은 논 확보율이 낮은 곳들이었다. 죽산리는 500결 이상의 전답을 확보하고 있지만, 그 중 논은 50여 결에 지나지 않아 인구가 354명에 그치고 있고, 마륜리도 380결 이상의 전답을 확보했지만, 논은 42결로 인구가 381명 정도이다. 밭을 많이 확보하고 있어도 산전인 경우가 많아서 인구 밀집도가 떨어지는 추세를 보여주고 있는 것이다.

2) 『진양지(晉陽誌)』, 진주 지역사회를 말하다

(1) 『진양지』를 만든 사람들

『진양지』는 성여신(成汝信, 1546~1632)을 중심으로 진주 지역 유교 지식인들이 참여하여 편찬한 읍지이다. 성여신의 연보(年譜)에 따르면, 그가 77세 때인 천계(天啓) 2년 임술년 (광해군 14, 1622)에 『진양지』를 편찬하였는데, "창주(滄洲) 하징(河憕), 능허(凌虛) 박민(朴敏), 봉강(鳳岡) 조겸(趙𤧽), 진사 정승훈(鄭承勳), 진사 하협(河恆, 1583~1625) 등과 함께 의논하여 일을 마쳤다."고 하였다.[4]

박민(1566~1630)의 연보에서도 그가 57세 때인 임술년 겨울에 향노(鄕老)들과 함께 『진양지』를 논의하여 편찬했는데, "주지(州誌)가 임진왜란으로 불타 없어져서, 이 때 선생과 부사(浮査) 성여신, 창주 하징, 봉강 조겸, 상사(上舍) 정승훈, 상사(上舍) 하협 등이 청곡사(靑谷寺)에 모여 『진양지』를 편찬함으로써 세상에 전하게 되었다."하여[5] 편찬에 참여한 사람들을 언급하고 있다. 성여신, 하징, 박민, 조겸, 정승훈, 하협 등이 『진양지』 편찬에 주도적 역할을 담당했던 것이다.

(2) 진양지의 편찬과 간행

『진양지』의 편찬 작업은 1622년부터 시작되었다. 편찬

---

4 『부사집』 권7, 부록, 부사선생연보.
5 『능허집(凌虛集)』 권3, 부록, 연보.

장소는 월아산 서쪽에 있는 청곡사였다. 청곡사는 고려초에
창건된 사찰이었는데, 임진왜란 때 불타서 1602년(선조 35)
에 중창하였다. 이 곳에서는 진주 지역 유교 지식인들이 모
여 독서와 강론, 서적의 편찬작업을 수행하고 있었다.

| 『진양지』 편찬지 월아산 청곡사

　『진양지』 편찬이 완료되기까지는 시간이 꽤 걸린 것 같다.
편찬에 참여했던 하징이 1624년에 사망하자 성여신이 제문
을 썼는데, 그 내용 가운데 "월아산의 남쪽에 있는 벽동(碧
洞)의 고찰에서 함께 주지(州誌)를 찬술하면서 산천과 인물을
기술하였는데 그대가 세상을 떠나고 말았으니 이제 누구와
의논을 마친단 말입니까?"라고 하여[6] 아직 『진양지』의 편찬
이 완료되지 않았음을 알려주고 있다.

6 『부사집』 권4, 제고축문(祭告祝文), 창주 하징에 대한 제문(祭河滄洲憕
文)

1967년 봄 성재기(成在祺)가 쓴 '진양지동이참고(晉陽誌同異參考)'에서는 "『진양지』 4권은 천계 2년 임술년에 시작하여 숭정(崇禎) 6년 임신년(인조 10, 1632)에 마쳤다."라고 하여 『진양지』 편찬이 10년 넘게 걸린 것으로 이해하기도 한다. 편찬을 마쳤다고 하는 1632년은 성여신이 사망하는 해이기도 하다.

『진양지』에 수록된 내용들을 검토해 보면, 그 편찬 작업은 최소 3년 이상 걸렸을 것으로 짐작된다. 『진양지』 인물조에 수록된 마지막 인물은 『진양지』 편찬에도 참여한 바 있는 하협인데, 사망 후 수록된 것으로 보아야 할 것인 바, 『진양지』 편찬은 하협이 사망하는 1625년 당시까지 계속되었다고 보아야 할 것이다.

『진양지』 '임관(任官)'조에서 목사를 지낸 인물로는 구사직(具思稷)이 마지막으로 수록되었고, 병사(兵使)로는 신경유(申景裕)에 이어 조기(趙琦)가 마지막 인물로 올라 있다.[7] 신경유는 계해년(인조 1, 1623)에 부임하여 을축년(1625)에 퇴임하고, 조기는 을축년에 부임하며, 『진양지』에는 올라 있지 않지만, 조기 다음 병사에 임명된 인물은 허완(許完, 1569~1637)으로, 그가 경상 우병사에 발령되는 것은 1627년 5월이었다. 따라서 『진양지』 편찬이 완료되는 것은 빠르면 조기 부임 직후인 1625년일 것이고, 늦으면 조기가 퇴

---

[7] 규장각 소장의 필사본 『진양지』 임관 병사(兵使)조에는 조기가 마지막 인물로 수록되어 있고, 그 밖의 다른 판본들에서는 신경유가 마지막 인물로 올라 있다.

임하는 1627년이 될 것이다.

편찬이 완료된 후『진양지』는 필사본의 형태로 남아 전해오다가 1920년대 이후 목판본과 목활자본의 형태로 간행되었다. 필사본으로 전해지는 과정에서 필사가 여러 종으로 이루어졌을 것이며, 그 가운데는 중앙 정부의 전국 읍지 편찬사업에 맞춰 필사하여 올린 것들도 있었다. 1871년의『영남읍지』와 1895년의『영남읍지』에 포함된『진양지』등이 그것이다.

성여신의『진양지』는 현재 필사본과 목판본, 그리고 목활자본 등 세 종류가 유통되고 있다. 필사본은 4권 2책으로, 서울대 규장각이 소장하고 있다. 목판본은 1924년에 진주의 사마소(司馬所)인 연계재(蓮桂齋)의 논의에 따라 간행된 것으로 전한다. 목활자본은 1932년에 연계재에서『진양지』4권과 1930년대에 편찬된『진양속지(晉陽續誌)』4권을 5책으로 묶어『진양지』라는 이름으로 펴낸 책에 포함되어 있다.

『진양지』의 필사본과 목판본, 목활자본의 내용은 조금씩 차이를 보이고 있다. 사린강계(四隣疆界) 항목의 서술에서 그 끝에 붙인 "서쪽으로 전라도 구례현 경계까지 175리이고 지리산 천왕봉까지 140리이다."라는 내용은 목활자본에만 들어 있고, 필사본과 목판본에는 없다. 또한 필사본의 속현조에는 반성현(班城縣)·영선현(永善縣)·악양현(岳陽縣) 등 3개 현만 실었는데, 목판본과 목활자본에는 이들과 함께 살천부곡(薩川部曲)과 화개부곡(花開部曲)을 추가하고 속현의 위치를 표시하고 있다. 목판본과 목활자본으로 간행할 때에『신증동국여지승람』의 내용을 추가하여 인용한 것으로 보인다.

각리(各里)조와 호구·전결(田結)조의 서술 방식도 판본마다 차이를 보이고 있다. 호구와 전결의 표기가 필사본에서는 인구수를 먼저 쓰고 호수를 뒤에 표시한 반면, 목판본과 목활자본은 호수를 먼저 쓰고 인구수를 뒤에 쓰고 있다. 필사본에는 호의 총계를 기록하지 않았으며, 전결의 총계도 목판본과 목활자본의 액수보다 적다. 목판본에는 병합한 리의 호구와 전답 면적의 처리 방식을 협주로 설명했는데, 필사본과 목활자본에는 그 내용이 실려 있지 않다.

(3) 수록 항목과 내용 서술이 풍부하다

『진양지』는 4권 3책으로 구성되었다. 1, 2권을 각각 1책씩 묶고, 3, 4권을 1책으로 하였다. 서울대 규장각 소장 필사본의 경우는 2권 2책인데 권차와 분책이 잘 맞지 않는다. 건(乾)과 곤(坤), 2책으로 분책하였는데, 건책에는 권1과 권2의 표시가 있으나, 곤책에는 권차의 표시 없이 나머지 부분이 수록되었다. 분량에 있어서는 제1책이 93장, 제2책이 98장으로 균형을 유지하고 있다.

『진양지』권1 (한국민족
문화대백과사전)

목판본과 목활자본을 중심으로 권 별 서술 항목을 보면, 1권에는 경사상거(京師相距), 사린강계, 건치연혁, 속현, 진관(鎭管), 관원, 주명(州名), 형승, 풍속, 각리(各里), 호구 전결(戶口田結), 산천, 임수(林藪), 토산, 관우(館宇), 단묘(壇廟), 성곽으로 구성되었고, 2권은 향교, 서원, 서재(書齋), 정대(亭臺), 역원(驛院), 군기(軍器), 관방(關防), 봉수, 제언, 관개, 교량, 불우(佛宇) 항목이 수록되었으며, 3권에는 임관(任官), 성씨, 인물, 효행, 열녀 항목이, 4권에는 문과, 무과, 사마, 남행(南行), 유배, 총묘(塚墓), 고적(古跡), 총담(叢談) 등의 항목 순으로 서술되어 있다.

모두 42개 항목으로『신증동국여지승람』의 27개 항목에 비해 15개 항목이나 늘어났다. 진주 지역사회의 구조를 엿볼 수 있는 '면리'와 '호구·전결' 항목이 들어간 것이 주목되며, 교육 문화시설인 '서원'과 '서재' 항목도 중요하다. '제언', '관개' 항목이 추가됨으로써 지역의 경제 형편을 엿볼 수 있게 되었다.

서술 항목이 증가했을 뿐만 아니라, 항목 별 서술 내용도 더욱 풍부해졌다. 먼저 진주의 자연환경이라 할 수 있는 산과 내(川)를 보면,『신증동국여지승람』에는 산이 12곳, 내가 4곳 소개되었는데,『진양지』에는 산이 23곳, 내가 26곳 등 산천 항목의 내용이 풍부해졌다. 산으로 분류된 '동(洞)'의 경우,『신증동국여지승람』에는 청학동 하나만 실려 있는데,『진양지』에는 이 밖에 덕산동(德山洞), 사륜동(絲綸洞), 장항동(獐項洞), 탑동(塔洞), 덕천동(德川洞), 용유동(龍遊洞), 삼신동(三神洞) 등 7개 동이 추가 조사되었다.

관청 시설을 서술하고 있는 항목인 '관우'조에는 객관, 상대청, 중대청 등 39개의 관청시설을 소개하고 있는데, 『신증동국여지승람』 '궁실'조에서 객관 한 곳만 소개한 것과는 큰 차이가 있다. 누정의 숫자도 늘어났다. 『신증동국여지승람』 누정조에는 봉명루(鳳鳴樓) 등 7곳이 소개되어 있다. 『진양지』 정대(亭臺)조에서는 강각(江閣)에서부터 거원정(車院亭)에 이르기까지 60곳의 누정이 수록되어 있다. 누정의 명칭은 '각(閣)', '누(樓)', '대(臺)', '정(亭)', '당(堂)', '정사(精舍)' 등 다양하다.

진주 소재 사찰의 경우, 『신증동국여지승람』 불우조에서는 단속사(斷俗寺) 등 19개를 소개하고 있는데, 『진양지』에서는 안양사(安養寺)를 비롯해 무려 146개나 소개하고 있다. 임진왜란으로 사찰이 소실된 곳과 난 후에 중건한 사실도 함께 기록함으로써 사찰의 내력을 엿볼 수 있게 하였다.

| 단속사지 쌍탑 전경

(4) 면리마다 호구와 논밭 면적을 기록하다

『진양지』 각리(各里)조에는 조선전기 진주의 부내, 동, 서, 남, 북, 5개 면과 각 면 관할의 리, 그리고 리 소속의 방(坊)을 자세히 기록하고 있다. 이어서 호구·전결조에서는 리별 호구수와 전답 면적을 기록하고, 끝에는 진주의 총 호구수와 총 경지 면적을 붙이고 있다. 각리조에 실린 각 면의 리들은 임진왜란 이전부터 자리 잡았던 곳으로, 임난 후 리의 이동과 통폐합 내용도 함께 서술하고 있다. 『진양지』에 실린 면별 리와 방의 숫자가 많기 때문에, 여기에서는 이를 모두 열거하지 않고 5개 면 소속 리의 수와 리가 관할하고 있던 방의 수를 면 별로 통계하면 다음 표와 같다.

『진양지』의 면별 리와 방의 액수

면(面)	리(里)수	방(坊)수	면(面)	리(里)수	방(坊)수
부내면	14	0	서면	32	167
동면	24	107	북면	13	85
남면	27	121	총계	110	480

임진왜란 이전 진주목에는 5개의 면과 110개 리, 480개 방이 자리잡고 있었다. 서면이 32개 리에 167개 방으로 규모면에서 가장 크고, 북면이 13개 리에 85개 방으로 작은 규모였다. 부내면 소속 리에는 방이 없었다.

『진양지』는 리 단위를 중시하여 리마다 그 토지의 상태, 주민의 신분 구성, 풍속 등을 간략히 기록하고 있다. 예컨대 부내면 14개 리에 대해서는 한데 묶어서, "토지가 비옥하고 인물이 풍부하여 한 도(道)의 읍치 가운데는 최고였고, 예부터 사족이 많아 관료 배출이 끊이지 않았는데, 지금은 그렇지 못하다. 풍속은 화려한 것을 숭상하고 농사짓는 데 힘쓴다"라고 하였다.

동면 조동리에 대해서 "토지가 척박하고 가뭄과 홍수의 재해를 모두 당하며, 예부터 사족이 많이 살아 풍속이 순박하다."라고 하였으며, 남면 반용포리의 경우, "토지가 협소하고 옹기장이 살며, 풍속이 비루하다."라고 했다. 서면 백곡리의 경우, "토지가 비옥하며 사족이 살고 있는데, 풍속은 굳세고 사나워서 투쟁을 좋아한다."고 하였고, 북면 독천리에 대해서는 "토지가 비옥하고 주민이 많으나 수재(水災)를 반이나 당한다. 양인과 천민이 많이 사는데, 오직 반지촌(盤地村)에만 예부터 사족이 살았다. 풍속은 순박하고 검소하다."고 하였다.

임진왜란을 겪으면서 진주 지역사회도 많은 피해를 입어 리의 통폐합 등 면리구조에 변화를 가져왔다. 부내면은 모두 14개 리였는데, 임진왜란 후 적지리, 장조리, 민고리와 풍고리, 옥봉리, 고경리, 동산리, 궁남리 등 8개 리는 대안리에, 공북리와 현경리는 중안리에 병합되었고, 몽화리와 갈남리를 통합하여 성내리(城內里)로 하였다. 대신에 동면의 저동리, 남면의 섭천리, 서면의 평거리, 북면의 동물곡리(冬勿谷里)가 부내면으로 이동해 와서 모두 7개 리가 되었다.

동면은 24개 리를 가진 큰 면이었는데, 저동리는 부내면으로 이동했고, 법륜리와 굴곡리는 조동리에, 화곡리는 남면 송곡리(松谷里)에, 이천리는 진성리에, 비라동리는 반성리에, 청원리와 승어산리는 용봉리에, 반동산리는 가좌리에, 오곡리는 대곡리에, 대가촌리와 월아미리는 금산리에 병합되는 등 변화가 심했다. 남면은 27개 리가 있었는데, 임란 후 섭천리는 부내면으로, 두모곡리와 진수개리는 정촌리에, 말동리와 내평리는 유곡리에, 각산리와 창선도리는 말문리에, 인담리와 금동어리는 송곡리에, 명진리는 개천리에, 양산리는 영이곡리에, 오읍곡리는 영선현리에, 영신대리는 성을산리에 통합되어 14개 리로 줄어들었다.

서면은 32개 리를 가진 규모가 큰 면이었는데, 임란 후 평거리는 부내면으로 이동했고, 어배곡리는 평거리에, 오산리는 대평리에, 자매곡리는 이하리에, 모방곡리는 가서리에, 오대리와 전두리는 운곡리에, 적량리는 진답리에, 화개현리는 악양리에 통합되어 23개 리로 줄어들었다. 북면은 모두 13개 리였는데, 동물곡리는 부내면으로 이동했고, 신당리는 사죽리에, 월배곡리와 잉옥곡리, 미곡리는 설매곡리에, 정곡리는 모태곡리에, 명석리는 성태

「영남지도」 '진주목'(서울대학교 규장각)

139

동리에 통합되어 6개 리만 남았다.

이렇게 통합된 곳들은 임란 때 피해가 컸던 지역이었을 것이다. 동면 대가촌리의 경우, 사족들이 많이 살아 대대로 관료를 배출했으므로 남명 조식도 이 곳을 관개리(冠蓋里)라고 칭송했던 곳인데 금산리로 통합된 것이다. 남면 명진리의 경우 토지가 비옥하고 사족이 살았던 곳인데, 지금은 없다고 하여 개천리에 통합되었으며, 영이곡리에 통합된 양산리도 사족이 있었으나 '지금은 없다'고 하여 타격받았음을 보여주고 있다.

호구·전결조의 리별 호구수와 전결수의 기록은 임란 후 통폐합된 리를 대상으로 하였는데, 부내면에서는 대안리(大安里) 등 6개 리, 동면은 금산리(琴山里) 등 9개 리, 남면은 말문리(末文里) 등 13개 리, 서면은 악양리(岳陽里) 등 23개 리, 북면은 사죽리(沙竹里) 등 5개 리에 호구수와 전결수를 기록하고 있다. 구(口)수는 남녀를 구분하여 기록했고, 전결수는 결부법에 따라 전(田)과 수전(水田) 또는 답(畓)으로 나누어 기록하였다.

1,000명 이상의 인구를 가진 리는 3곳 정도인데, 북면 사죽리가 가장 많아서 177호 1,244명, 전답 면적은 262결 71부 8속이었다. 다음은 동면 금산리로 109호에 1,174명, 전답은 182결 70부였으며, 남면 말문리는 401호에 1,154명, 전답은 120결 59부였다. 100명 미만의 소규모 리도 몇몇 보인다. 부내면의 동물곡리는 22호에 93명, 전답은 43결 85부였고, 남면 반룡포리(班龍浦里)는 26호에

88명, 전답은 70결 80부 1속이었다. 서면의 평사역리(平沙驛里)는 20호에 87명, 전답은 18결 2부 4속이었고, 같은 면 정수역리(正水驛里)는 25호에 76명, 전답은 74결 66부 7속이었으며, 같은 면 소남역(召南驛)은 5호에 15명 밖에 안된다.

『진양지』호구·전결조 끝에는 진주 전체의 호구수와 전결수를 기록하고 있는데, 이에 따르면, 총 호구수는 3,620호에 남자 10,757명, 여자 11,000명, 모두 21,757명이고, 전답 면적은 4,371결 69부 1속이라 하였다. 이『진양지』의 인구와 전답 면적 통계는 의문이다. 임진왜란을 겪은 직후의 통계라는 것을 감안하더라도 그 증가율이 매우 낮다. 이 보다 200여년 전의 통계로『경상도지리지』(1425) 단계의 진주의 인구는 2,220호에 15,254명, 전답 면적은 12,730결이었다. 인구는 200년 동안 6,500여 명 밖에 증가하지 않았고, 전답 면적은 오히려 65% 이상 감소하고 있다. 『진양지』의 통계보다 100여년 뒤의 통계이기는 하지만, 『여지도서』에 반영된 1759년 진주의 인구는 13,966호에 65,098명(남28,548명, 여36,550명), 전답 면적은 15,761결 22부 3속(전 7,554결 61부 5속, 답 8,206결 60부 8속)이었다. 1789년『호구총수』의 진주 인구통계는 15,028호에 69,495명이었다.

(5) 인물이 많았던 고장 진주

『진양지』서술 내용의 특징 가운데 하나는 지역 인물에 대한 정보가 풍부하다는 점이다. 인물과 관련한 서술 항목으로는 제3권의 임관, 성씨, 인물, 효행, 열녀 항목과 제4권의 문과, 무과, 사마, 남행, 유배, 총묘 등이다. 임관과 유배 항목에 수록된 인물을 제외하고는 모두 진주 출신 인물들을 소개하고 있다. 임관조에는 목사 41명과 병사 13명, 명환조에 36명, 인물조에 110명, 효행조 46명, 열녀조 48명, 문과조 79명, 무과조 153명, 사마조 233명, 남행조 79명, 유배조 8명, 총묘조 81명이 실려 있다. 여기에서는 인물조에 실려 있는 인물들을 본관별로 살펴보기로 한다.

| 진주성 비군 내의 병사 이수일의 애민비

『진양지』 인물조 수록 인물의 본관별 분포표

본관	인물
진주하씨(27명)	하공진(河拱辰), 하을지(河乙沚), 하즙(河楫), 하윤린(河允潾), 하윤원(河允源), 하륜(河崙), 하연(河演), 하경복(河敬復), 하경리(河敬履), 하한(河漢), 하종(河淙), 하숙산(河叔山), 하숙부(河叔溥), 하윤(河潤), 하우치(河禹治), 하위보(河魏寶), 하진보(河晉寶), 하국보(河國寶), 하공필(河公弼), 하락(河洛), 하항(河沆), 하면(河沔), 하응도(河應圖), 하천주(河天澍), 하수일(河受一), 하증(河憕), 하협(河悏)
진주강씨(18명)	강민첨(姜民瞻), 강창서(姜彰瑞), 강인문(姜仁文), 강시(姜蓍), 강희백(姜淮伯), 강석덕(姜碩德), 강희안(姜希顔), 강희맹(姜希孟), 강맹경(姜孟卿), 강자평(姜子平), 강구손(姜龜孫), 강혼(姜渾), 강형(姜詗), 강응규(姜應奎), 강원(姜源), 강언평(姜彦平), 강심(姜深), 강의문(姜義文)
진주정씨(16명)	정을보(鄭乙輔), 정이오(鄭以吾), 정척(鄭陟), 정성근(鄭誠謹), 정숙기(鄭叔沂), 정온(鄭溫), 정분(鄭苯), 정은부(鄭殷富), 정두(鄭斗), 정익(鄭翊), 정관(鄭寬), 정밀(鄭密), 정안(鄭安), 정승개(鄭承凱), 정승윤(鄭承尹), 정홍조(鄭弘祚)
진주유씨(3명)	유순정(柳順汀), 유응두(柳應斗), 유종지(柳宗智)
재령이씨(3명)	이혜(李惠), 이간(李衍), 이정(李瀞)

본관	인물
하동정씨(1명)	정여창(鄭汝昌)
함안이씨(2명)	이인형(李仁亨), 이령(李翎)
임천조씨(1명)	조지서(趙之瑞)
창녕조씨(3명)	조숙기(曺叔沂), 조윤손(曺潤孫), 조식(曺植)
밀양손씨(2명)	손창(孫昌), 손천우(孫天佑)
함종어씨(1명)	어득강(魚得江)
창녕성씨(3명)	성안중(成安重), 성일휴(成日休), 성일장(成日章)
동래정씨(1명)	정사룡(鄭士龍)
파평윤씨(1명)	윤녕(尹寧)
영산유씨(1명)	유백온(俞伯溫)
전의이씨(4명)	이공량(李公亮), 이공보(李公輔), 이준민(李俊民), 이인민(李仁民)
화순최씨(2명)	최영경(崔永慶), 최여경(崔餘慶)
고성이씨(3명)	이제신(李濟臣), 이염(李琰), 이호(李壕)
사천이씨(3명)	이정(李楨), 이호변(李虎變), 이곤변(李鯤變)
청주한씨(3명)	한여철(韓汝哲), 한계(韓誡), 한응(韓鷹)
학성김씨(2명)	김추(金樞), 김대명(金大鳴)
고령신씨(2명)	신점(申霑), 신가(申櫃)
장기정씨(1명)	정몽슬(鄭夢虱)
의령남씨(1명)	남태형(南泰亨)
거창신씨(1명)	신공필(愼公弼)
남원양씨(1명)	양응룡(梁應龍)
함창김씨(1명)	김여(金勵)
함안조씨(1명)	조종도(趙宗道)
여양진씨(1명)	진극경(陳克敬)
여흥이씨(1명)	이욱(李郁)

『신증동국여지승람』 진주목 인물조에는 고려 인물 10명과 조선초 인물 18명 등 28명이 수록되었는데, 『진양지』에는 고려 인물이 2명 추가되어 12명, 조선전기 인물이 98명 정

도 실려 있다. 1세기 정도 경과하는 동안에 수록 인물이 급

격히 증가한 셈이다. 『진양지』에 수
록된 인물들의 활동 시기는 하공진
과 강민첨이 활동했던 고려 목종대
부터 『진양지』 편찬에도 참여한 바
있는 하증과 하협 형제의 활동 시
기인 1620년대 초까지 걸쳐 있다.
『진양지』 인물조에 이름을 올린

| 강민첨 초상화(문화재청)

인물들은 30개 성관(姓貫)에서 배출
되었다. 가장 많이 이름을 올린 성관은 27명을 배출한 진주
하씨이고, 진주강씨(18), 진주정씨(16) 순이다. 이들 3개 성
관에서 배출한 인물이 모두 61명으로 절반 이상을 차지하
고 있다. 이들 3개 성관은 진주유씨와 함께 진주의 토성(土
姓)으로서 일찍부터 관료를 배출해온 가문들이다. 진주유씨
는 3명 정도 이름을 올렸는데, 이 가문이 고려 말 문벌로서
지위를 유지하고 있었다는 점을 고려하면 인물 배출이 적은
셈이다. 서울에서 대대로 벼슬하여 재경 사족화한 결과일
수도 있겠다.

3) 밀양에서 가장 오래된 읍지, 신익전(申翊全)의 『밀양지
(密陽誌)』

(1) 『밀양지』의 저자 신익전

신익전(1605~1660)은 자가 여만(汝萬), 호는 동강(東江),

본관은 평산(平山)이다. 평산신씨는 조선건국 후 계속해서 문과 합격자를 배출하여 조선중기에는 문벌로 성장하였다. 조선초기 문과에 합격하여 고위직을 역임한 신효(申曉), 신개(申槩, 1374~1446)는 신익전의 선대이며, 증조 신영(申瑛, 1499~1559)은 과거 합격 후 우찬성을 역임했다. 할아버지 신승서(申承緒)는 구례현감을 역임했고, 아버지 상촌(象村) 신흠(申欽)은 과거 합격 후 요직을 거쳐 인조 초에 영의정을 역임했다. 어머니는 병마사를 지낸 전의 이씨(全義李氏) 이제신(李濟臣)의 딸이다. 형은 선조의 부마인 신익성(申翊聖)이다.

신익전은 1605년(선조 38) 8월 3일 한성부 서부의 양생방(養生坊)에서 태어났다. 김상헌(金尚憲, 1570~1652)의 문하에서 수학하여 1636년(인조 14) 겨울 과거에 합격한 후, 1638년부터 검열·정언·지평·수찬·헌납 등 언론직 벼슬을 역임했다. 1640년(인조 18) 12월 교리에 임명되고, 다음 해 1월에 사간원 헌납을 거쳐서 세자시강원 문학이 되었다.

1642년(인조 20) 겨울, 신익성·허계(許啟)·이명한(李明漢)·이경여(李敬輿) 등과 함께 '척화5신(斥和五臣)'으로 지목당해 심양으로 끌려가 구금당했는데, 신익전은 이전 심양으로 들어갈 때 기자묘에 들러 제사 지내면서 크게 강개하여 기휘(忌諱)하는 말을 한 적이 있다는 것이 사유였다. 다행히 소현세자의 구명운동이 받아들여져 풀려날 수 있었다.

1643년(인조 21) 봄에 조정으로 돌아와 가을에 홍문관 부수찬에 임명된 후, 1648년 3월까지 의정부 사인, 홍문관 부응교, 성균관 직강, 홍문관 부교리, 광주 목사(光州牧使),

승정원 동부승지, 우부승지, 좌부승지 등의 벼슬을 역임하였다. 효종대에는 1649년(효종 즉위년) 10월 승지를 시작으로 하여, 호조 참판, 개성부 유수, 도승지, 한성부 우윤, 예조·병조 참판 등을 차례로 역임하였다.

1651년(효종 2) 봄 동지춘추관사를 겸하여『인조실록』을 찬수하는 일에 참여하고, 1652년 4월 마침내 밀양 부사로 부임하였다. 밀양 부사로 재직하는 동안 날마다 고을의 학생들을 불러서 직접 가르치면서, 행적이 탁월한 읍내의 충신, 효자, 열녀를 찾아서 모두 새로 정표하고 그 자손들에게 양식을 지급하여 장려하는 뜻을 보이니, 고을 사람들이 크게 기뻐하였다. 이 때 향촌 교화 목적으로『밀양지』를 찬술하였다. 가을에 자형 조계원(趙啓遠)이 관찰사로 부임하자 인척이라는 이유로 피혐하여 교체되어 돌아갔다.

밀양 부사에서 교체되어 그 해 겨울에 동지중추부사에 임명된 후, 1659년까지 개성부 유수, 도승지, 한성부 좌윤, 호조·예조·병조·형조 참판 등의 벼슬을 지내다가 1660년(현종 1) 2월 27일 병으로 사망하니 향년 56세였다. 신익전의 생애에 대한 평가는 다음과 같이 그의 졸기(卒記)에 잘 드러나 있다.

전 참판 신익전이 죽었다. 신익전은 문정공(文貞公) 신흠(申欽)의 아들이다. 집안 대대로 시문을 짓는 데 풍류가 있었는데, 신익전 역시 문사(文辭)에 뛰어났다. 사람됨이 순박하고 겸허하였으며, 명가(名家)의 자제로 화현직(華顯職)을 역임하였는데,

권세있는 요직에 당하게 되면 사양하며 피하고 차지하지 않았다. 형의 아들 신면(申冕)이 권력을 좋아하여 패거리를 끌어 모으자 마음속으로 매우 싫어하며 늘 이 점을 자제들에게 경계시켰다. 신면이 이미 치욕스러운 죽음을 당하고 딸이 숭선군(崇善君) 이징(李澂)에게 시집갔어도 화복(禍福)의 갈림길에서 전혀 더럽혀지지 않았으므로 사람들이 그렇게 하기가 어렵다고들 인정하였다. 만년에 더욱 편안하고 고요한 생활로 일관하며 세상 일에 참여하지 않고 끝까지 아름다운 이름을 간직하다가 죽었다.(『현종개수실록』 권2, 현종 1년 2월 30일 을묘)

│ '신익전의 졸기', 『현종개수실록』권 2(조선왕조실록)

(2) 『밀양지』의 편찬과 간행

『밀양지』는 1652년(효종 3) 6월에 밀양 부사 신익전이 찬술하였다. 그가 밀양 부사로 부임하는 것은 1652년 5월이며, 교체되는 것은 같은 해 8월로, 밀양 부사로 재임한 기간은 3개월에 지나지 않는다. 『밀양지』는 부임한지 한 달만에 찬술을 완료한 셈인데, 이렇게 빨리 찬술할 수 있었던 것은 부임하기 전에 이미 준비하고 자료도 갖추었기 때문에 가능한 것이었다. 신익전이 『밀양지』를 찬술한 배경에 대해서는 그 발문의 다음과 같은 내용에서 엿볼 수 있다.

백성이란 반드시 항산(恒産)이 넉넉한 뒤에 항심(恒心)을 지킬

147

수 있으니, 민물(民物)이 많아지기도 하고 줄어들기도 하며, 번성하기도 하고 쇠약해지기도 하며, 풍속이 후해지기도 하고 박해지기도 하는 것은 누구의 책임인가? 이곳은 평소 토지가 비옥하다고 알려져서 백성들이 생업을 즐거워하였다. 그런데 혹독한 전란을 겪은 뒤로 피폐함이 누적되어 지금까지 남아있는 호구가 겨우 열에 두셋 정도인데 수탈은 배나 된다. 밀양부는 동래관(東萊館)과 인접해 있어 조세를 덜어 왜인을 먹이고, 또 부녀자들에게 길쌈을 독촉하여 북인의 끝없는 요구에 응하며, 게다가 기근과 역병까지 겹치기도 한다. 그러니 백성으로 하여금 위로 부모를 봉양하고 아래로 처자식을 부양하게 하면서 이들을 착한 곳으로 나아가도록 하는 것이 어찌 수월하기를 바라겠는가? 한(漢)나라에서 선정을 베풀었던 황패(黃霸)와 탁무(卓茂)에게 맡기더라도 진실로 단기간 내에 백성을 소생시키고 윤택하게 하기 어려울 것인데, 하물며 내가 이런 말세에 수령으로 부임한 경우이겠는가? 그저 지방관을 맡기신 성상의 기대를 저버릴까 날마다 두려워하여 이「밀양지」를 지어서 스스로 반성한다.(『동강유집』권16, 별록,「밀양지」)

『동강유집』권16, 별록,「밀양지」발문(한국고전종합DB)

신익전은 자신을 지방관으로 임명한 국왕의 기대에 부응하기 위해『밀양지』를 짓는다고 하였다. '국왕의 기대'라는 것은 지역 실정의 파악과 향촌 교화일 것이다. 발문에서도

148

언급하고 있듯이, 밀양은 전란을 겪으면서 토지가 황폐하게 되었을 뿐만 아니라, 인명 살상과 인구 이동이 극심하였는데, 반세기가 지났지만 제대로 복구되지 않고 있었다. 밀양 부사 신익전에게 주어진 과제는 이같은 밀양의 실정을 파악하고, 교화라는 이름으로 민심을 회유하고 무마하는 것이었다. 신익전은 『밀양지』를 찬술함으로써 자신의 임무를 다하고자 했던 것이다.

신익전이 『밀양지』를 찬술할 때 참고한 자료는 『경상도지리지』, 『세종실록지리지』, 『경상도속찬지리지』, 『신증동국여지승람』 등일 것이다. 특히 『신증동국여지승람』은 광해군 3년경 목판으로 간행하여 보급되고 있었기 때문에 이를 많이 활용했을 것으로 보인다.

『밀양지』의 편찬 시기는 현존하는 조선중기 최고의 읍지 『함주지』(1587)보다 60여 년 뒤지지만, 『진양지』(1632), 『탐라지』(1653) 등의 편찬과 비슷한 시기로, 『밀양지』는 꽤 이른 시기의 읍지라고 볼 수 있다. 『밀양지』 편찬을 마친 뒤, 신익전은 이를 초고의 형태로 보관하고 있었으며, 이 초고가 빛을 보게 되는 것은 그의 문집 『동강선생유집(東江先生遺集)』이 간행되면서부터이다.

『동강선생유집』은 모두 19권으로 간행되었는데, 1672년 (현종 13) 7월 그의 아들 신정(申晸, 1628~1687)이 7권으로 편찬했던 것을 뒤에 보완하여 19권으로 간행한 것이다. 신정은 전라도관찰사로 재직 중 집안에 보관 중이던 신익전의 초고를 그의 조부 상촌 신흠의 문집의 예에 따라 7권으로

편차(編次)하였다. 여기에는 사부(辭賦) 3편, 오언고시와 칠
언고시 49편, 율시와 절구 808편, 서·기·묘지·행장·애뢰
(哀誄)·소차(疏箚)·계사(啓辭)·잡저 및 응제문(應製文) 100여
편, 그리고 별록 1권이 포함되었다. 『밀양지』는 바로 별록
1권에 들어 있다.

(3)『밀양지』의 체제와 수록 항목

『밀양지』는 동강 신익전의 문집인『동강선생유집』권16에
「별록」으로 수록되어 있다. 『밀양지』의 형태는 문집의 형태
를 따르고 있으며, 사주단변(四周單邊)에 반엽광곽 10행 20
자이다. 판심은 상하화문어미이고 판심제는 '동강집권십육
(東江集卷十六)'으로 되어 있다. 권수제는 '동강선생유집권십
육(東江先生遺集卷十六)'이며, 전체 분량은 본문만 4,570여 자
(字)에 달한다.

『밀양지』는 밀양의 연혁을 서술하는 것으로부터 시작하여
1652년(효종 3) 6월자 발문으로 끝을 맺고 있다.『밀양지』는
『신증동여지승람』이나 읍지들과 달리 수록 항목을 구분하여
찬술하지 않았으나, 내용상으로 이를 구분할 수 있도록 서
술하고 있어서 항목의 이름을 붙일 수 있다. 그 항목명을 차
례차례 찾아보면 다음과 같다.

건치연혁, 사방경계, 치소, 아거(衙居), 산천, 성곽, 관우(館
宇), 방리(坊里), 향교, 단묘, 역원, 불우(佛宇), 토전(土田), 성
씨, 토산, 고적(古蹟), 풍속, 인물, 효자, 열녀, 과거, 명환

『밀양지』의 수록 항목은 모두 22개 정도인데, 이는『신증
동국여지승람』26개 항목보다 적은 숫자이다.『신증동국여
지승람』의 속현, 관원, 형승, 봉수, 교량, 우거, 제영 등 7
개 항목이 반영되지 않았고, 대신에 치소, 아거, 토전 등 3
개 항목이 추가되었다.

　『밀양지』의 서술 내용에서 양적으로 큰 비중을 차지하는
것은 '방리'항목이고, 그 다음이 관아시설과 누정 항목이다.
『신증동국여지승람』에는 영남루와 객관, 소루(召樓), 덕민정
(德民亭) 등 4곳만 소개되어 있지만,『밀양지』에는 관아를 비
롯해, 객사, 영남루, 능파당(凌波堂), 침류당(枕流堂), 공신관
(拱辰館), 납청당(納淸堂), 연훈당(延薰堂), 전월당(餞月堂), 신
당(新堂), 연당(蓮堂), 사창(司倉), 관청, 대동청, 군기청, 장
군청, 의국(醫局), 향사당, 작청(作廳), 교방(敎坊), 부사(府
司), 공수(公需), 빙고, 부옥(府獄) 등 24곳을 소개하고 그 위
치와 기능을 간략히 설명하였다.

| 밀양 향교(밀양시청)

향교에 대해서도 『신증동국여지승람』은 그 위치만 소개한 반면, 『밀양지』에는 부속 건물로 대성전 3칸, 동계와 서계, 동무와 서무, 명륜당, 동재와 서재 등을 함께 서술하였다. 사찰의 수도 『신증동국여지승람』에는 6곳 정도 조사되었는데, 『밀양지』에는 재악사(載岳寺), 숭진사(崇眞寺), 석골사, 만어사, 구박사(仇朴寺), 영은사(靈隱寺), 안동사(安東寺), 대산사(臺山寺), 안마사(鞍馬寺), 정전사(征戰寺), 용천사(湧泉寺) 등 11개 곳이 실려 있다.

인물관련 항목 중에 효자와 열녀 항목에 들어 있는 인물이 증가하였다. 『신증동국여지승람』에는 효자조에 5명, 열녀조에 2명 밖에 실려 있지 않았는데, 『밀양지』에는 효자조에 전불산(全佛山), 금지(今之), 손기륜(孫起倫), 배상경(裵尙絅), 손인갑(孫仁甲), 손약해(孫若海), 노개방(盧蓋邦), 김불수(金不受), 박심사(朴尋仕) 등 9명, 열녀조에 안근(安近)의 처 손씨, 난비(蘭斐), 정씨, 노개방의 처 이씨, 민응녕(閔應寧)의 딸 처녀 민씨, 손기후(孫起後)의 처 장씨(張氏), 박희량(朴希良)의 처 민씨, 성한(成倜)의 셋째 딸, 남순길(南順吉)의 처 안씨, 손시일(孫諟一)의 처 조씨(趙氏), 향리 박경명(朴敬明)의 처 박씨, 박학수(朴鶴壽)의 처 이씨 등 12명이 실려 있다. 임진왜란 때 효성과 정절을 지킨 인물들에 대한 평가가 반영된 결과라 하겠다.

『밀양지』고적조에는 이궁대(離宮臺), 추화산성(推化山城), 장군정(將軍井), 장군석(將軍石), 경락암(經絡巖), 마전암(馬轉巖), 정전사 등 7곳만 실려 있는데, 이는 『신증동국여지승람』고적조에 실린 25곳보다 훨씬 줄어든 숫자이다. 특히 신포향(薪浦鄕) 등 향·소·부곡 16곳이 모두 빠져 있다. 이는 조사가 제대로 되지 않은 것일 수도 있지만, 시간이 경과하면서 이들에 대한 기억이 약화된 결과로 볼 수도 있을 것이다.

(4) 임진왜란 후 밀양 지역사회의 변화를 말하다

신익전은『밀양지』에서 임진왜란을 겪은 밀양 지역의 변화상을 찾아보고자 했다. 밀양은 전쟁 기간 왜군이 서울로 올라가는 길목에 위치해 있어서 그 피해가 컸던 곳 가운데 한 곳이다. 1593년(선조 26) 8월 17일 비변사의 보고에, "울산·경주·밀양·대구·김해·진주 등처는 모두 폐허가 되어 다만 무너진 성첩(城堞)과 쓰러진 집터 만이 있을 뿐이라고 합니다."라고[8] 했듯이, 밀양의 황폐화가 심각하여, 신익전이 밀양부사로 부임한 시기에도 제대로 복구되지 않고 있었다.『밀양지』곳곳에서 이러한 모습들이 거론되고 있다.

먼저『밀양지』발문에서는 "혹독한 전란을 겪은 뒤로 피폐함이 누적되어 지금까지 남아있는 호구가 겨우 열에 두셋 정도인데 수탈은 배나 된다."라고 하여, 밀양의 인구가 격감했는데, 회복되지 않는 사이에 수탈은 더욱 심해지고 있다고 비판하였다. 이같은 상황은 중국 한나라 때 황패와 탁무 같은 선행을 베풀었던 수령에게 맡기더라도 단기간 내에 백성을 소생시키고 윤택하게 하기 어려울 것이라고 한탄했다.

---

8 『선조실록』권41, 선조 26년 8월 17일 무술.

『밀양지』 관아조에서는 무봉산 아래에 있던 관아와 남문 안에 있던 객사가 소실된 사실을 전하면서 아직 중건되지 않아 영남루로 대체하여 전패(殿牌)를 봉안하고 있다고 하였다. 영남루도 소실되었다가 1643년(인조 21)에 중수한 것이라고 한다. 납청당, 연훈당, 전월당, 신당 모두 전란으로 소실되어 그 터를 자세히 알 수 없을 정도였다. 향교의 부속시설들도 전란으로 불타 없어졌다가 1602년(선조 35)에 중수하였다고 한다.

| 밀양 영남루

사족 사회에도 변화가 있었다. 임진왜란 전에는 선비의 수가 향교의 정원보다 많아서 수십에서 백 명 가까이 되었는데, 전란을 겪고 나서 죽지 않았으면 다른 인근 고을로 이주해 버려서 지금은 겨우 20여 명만 남아 있다고 하였다. 게다가 어(魚)자와 시(豕)자도 구별 못하는 진사 2인도 정원

에 포함되어 있고, 문장을 지을 줄 아는 사람은 반도 안 된
다고 혹평했다.

임진왜란 때 희생된 인물들을 평가하는 일도 빼놓지 않았
다. 의병장으로 활약했거나 참전했다가 희생된 인물로 손기
륜, 배상경, 손인갑, 손약해, 노개방 등을 거론하고, 왜군
앞에서 정절을 지킨 열녀로 노개방의 처 이씨, 민응녕의 딸
처녀 민씨, 손기후의 처 장씨, 박희량의 처 민씨, 성한의 셋
째 딸, 남순길의 처 안씨, 손시일의 처 조씨, 향리 박경명의
처 박씨, 박학수의 처 이씨 등을 소개하면서 높이 평가했다.

(5) 밀양의 면과 리를 처음으로 소개하다

『밀양지』의 가장 큰 특징 가운데 하나는 처음으로 밀양도
호부 산하 기초 행정단위인 리(里)를 망라하여 소개하고 있
다는 점이다. 분량만 보더라도 리에 대한 서술이 전체의
20%를 넘어설 정도로『밀양지』에서 차지하는 비중이 높다.
『밀양지』에서 리는 '대리(大里)'와 '소리(小里)'로 구분하여 소
개하고 있다. 면리제 하에서 대리는 면에 해당하고, 소리는
면의 하부 행정단위로서 리이다. '부내리'에서부터 소개가
시작되는『밀양지』11개 대리와 그 관할의 소리를 표로 작
성하면 다음과 같다.

대리(大里)	위치	소리(小里)
부내(府內)		용성리(龍城里, 동5리), 장선리(長善里, 동7리), 전천리(箭川里, 동10리), 수남리(水南里, 남10리), 감천리(甘川里, 서7리), 송정리(松亭里, 북문밖), 월산리(月山里, 북5리). 7곳

155

대리(大里)	위치	소리(小里)
부북(府北)	20리까지	삽포(鈒浦), 지동(池洞), 오례리(五禮里), 용현(用峴), 덕곡(德谷), 구을전리(仇乙田里), 적항리(赤項里), 대항리(大項里), 퇴로리리(退老里), 위량동(位良洞), 무정리(無丁里), 월매리(月每里), 저대리(楮代里). 13곳
상동(上東)	45리까지	구곡(仇谷), 가곡(嘉谷), 평릉리(平陵里), 금곡(金谷), 고답리(高沓里), 사지촌(沙旨村), 오곡(烏谷), 내장(內場). 8곳
중동(中東)	10리까지	오치리(烏峙里), 천화리(穿火里), 석골리(石骨里), 시례리(時禮里), 원당리(元堂里), 가좌리(加佐里), 미라촌(美羅村), 화랑동(花郎洞), 발례동(發禮洞), 소고례촌(所古禮村), 말례촌(末禮村), 희곡촌(希谷村), 보라리(甫羅里), 회동리(會洞里), 사연리(沙淵里), 구천리(仇川里), 삼거리(三擧里), 호도연촌(虎渡淵村), 고여리(古汝里), 노곡리(蘆谷里), 단장(丹場), 금곡리(金谷里), 법귀리(法貴里), 감물례리(甘勿禮里), 사촌(土村), 구미리(仇彌里), 다원리(茶院里), 구서원리(舊書院里), 와요촌(瓦窯村), 양덕촌(陽德村), 엄광리(嚴光里), 남가곡(南加谷), 석동(石洞). 33곳
하동(下東)	50리까지	금물리(金勿里), 안태리(安泰里), 병항점(甁項店), 우읍곡(于邑谷), 율동(栗洞), 작원(鵲院), 소야항리(所也項里), 삼랑리(三浪里). 8곳
부남(府南)	45리까지	운례리(運禮里), 고곡(古谷), 북곡(北谷), 이동음리(伊冬音里), 구금동(舊金洞), 백족리(白足里), 마산리(馬山里), 동산리(東山里), 소음촌(召音村), 무량원(無量院), 구박촌(仇朴村), 서전리(西田里), 파사막(破沙幕), 백산촌(栢山村), 멱례리(覓禮里), 휘영수(揮影藪), 수산현(守山縣), 귀명동(貴命洞), 곡량동(谷良洞), 우암(牛巖), 사당동(祀堂洞), 수량동(守良洞). 22곳
상서(上西)	50리까지	고강촌(高江村), 성만촌(星萬村), 구령리(龜齡里), 백산(白山), 대곡(大谷), 반월촌(半月村), 벽력암(霹靂巖), 벌음리(伐音里), 오방동(五方洞), 신동(新洞), 삼손리(三孫里), 당동(堂洞), 임곡(林谷), 고조곡(高槽谷), 인교리(茵橋里), 모로곡(毛老谷), 적동(赤洞), 둔지리(芚池里), 임곡(林谷). 19곳
하서(下西)	40리까지	근곡(根谷), 신법리(新法里), 하원점(河豪店), 당북리(堂北里), 신화리(神化里), 복을촌(伏乙村), 마을례리(麻乙禮里), 우령리(牛齡里), 신아치(新也峙), 판곡리(板谷里), 죽동(竹洞), 곡량동(谷良洞), 내진리(來晉里), 동산리(銅山里), 근기리(近奇里), 소고율리(所古栗里), 요제원촌(要濟院村). 17곳
각남(角南)	70리까지	사을외리(沙乙外里), 신당리(神堂里), 녹갈리(祿曷里), 우척동(牛隻洞), 죽암(竹巖), 송동(松洞), 양산(陽山), 차산리(車山里), 대산동(臺山洞), 묘봉리(妙峯里), 무태리(無台里), 금동리(金洞里), 흑석리(黑石里), 평리(坪里), 마곡(馬谷). 15곳
각북(角北)	90리까지	송지서리(松脂西里), 저대리(楮代里), 나립리(羅立里), 진읍촌(陳邑村), 방지촌(方旨村), 남산리(南山里), 지촌(枝村), 지곡(只谷), 금곡(金谷), 고산리(孤山里), 오리원(五里院), 부동(釜洞), 우곡(牛谷), 소월배리(所月背里). 14곳
고미(古彌)	120리까지	초고미리(初古彌里), 이사례리(伊士禮里), 북곡(北谷), 자물례리(自勿禮里), 지촌(知村), 동경리(東京里), 두평리(豆坪里). 7곳

『신증동국여지승람』(1530) 단계까지 밀양도호부의 권역

은 본부와 두 개의 속현인 수산현과 풍각현(豐角縣)으로 구성되어 있었다. 밀양지역에는 특수한 행정구역으로 내진향(來進鄕), 운막향(雲幕鄕), 신포향(薪浦鄕), 음곡소(陰谷所), 두야보(豆也保)·이동음(伊冬音)·금음물(金音勿)·저대(楮代)·오정(烏丁)·평릉(平陵)·고매(古買)·곡량촌(谷良村)·파서방(破西防)·근개(近皆)·양량(陽良)부곡 등 3개의 향과 1개의 소, 11개의 부곡이 자리잡고 있었다. 이들은 조선초에 이르기까지 차례로 혁파되어 밀양도호부 관할의 촌으로 편제되었다. 『밀양지』단계가 되면 속현인 수산현과 풍각현은 혁파되어 관할 면리로 편제되고, 향·소·부곡 지역도 리로 편제되었다.

수산현은 부남면으로 편제되었고, 풍각현은 각북면과 각남면이 되었다. 내진향은 『밀양지』에서 하서면의 내진리, 운막향은 부남면의 백족리, 신포향은 부북면의 삽포리로 편제되었다. 두야보부곡은 각남면의 신당리에 해당되고,[9] 이동음부곡은 부남면의 이동음리, 금음물부곡은 하동면 금물리이다. 음곡소는 부 서쪽 25리에 있었다고 하는데 『밀양지』에서는 확인되지 않는다. 저대부곡은 부북면의 저대리이고, 오정부곡은 부 서쪽 6리에 있었다고 하나 확인되지 않는다. 평릉부곡은 상동면의 평릉리이며, 고매부곡은 고미면이다. 곡량촌부곡은 하서면의 곡양동, 파서방부곡은 부남면의 파서막, 근개부곡은 하서면의 근곡일 가능성이 있으며, 양량부곡은 부의 북쪽 10리에 있다고 하였으나 확인되

9 이우성, 「이조시대 밀양 고매부곡에 대하여」, 『진단학보』56, 1983, 8쪽.

지 않는다.

『밀양지』에 수록된 밀
양도호부의 면리는 11
개 면에 163개 리이다.
11개 면 가운데 각북면
과 각남면은 풍각현 지
역인데, 『밀양지』(1652)
단계까지는 이처럼 밀
양도호부의 면리가 되
고 있으나, 『여지도서』
(1759) 단계부터는 대구
부로 이속된다. 소속 리
의 개수 측면에서 보면,
33개의 리를 관할하고

| 「여지도」'밀양부'(서울대학교 규장각)

있던 중동면의 규모가 가장 크고, 다음이 22개 리의 부남
면, 그 다음이 19개 리의 상서면이다. 규모가 컸던 이들 3
개의 면은 시간이 지나면서 분화하여 2, 3개 면으로 나누어
진다. 중동면의 경우, 『여지도서』 단계에서 중초동면, 중이
동면, 중삼동면으로 나누어졌다가 『밀주읍지』(1768) 단계에
서 중동면과 단장면으로 조정되고, 『호구총수』(1789) 단계
에서 중동면은 천화(川火)면으로 개칭된다.

수산현 지역이었던 부남면은 『여지도서』 단계에서 상남(上
南)면과 정남(正南)면으로 나누어진 후, 『밀주읍지』 단계부터
정남면은 하남(下南)면으로 개칭되고 있다. 19개의 리를 보

유하고 있던 상서면은 『여지도서』 단계에서 상서초동(上西初同)면과 상서이동(上西二同)면으로 나누어졌다가 『밀주읍지』 단계에서는 상서초동면으로 통합된 후, 『호구총수』 단계에서 다시 상서초동, 상서이동 2개 면으로 나누어졌다.

신익전은 밀양의 면과 그 소속 리를 이렇게 열거하고 난 후, 부북면 이하 10개 면의 특징을 각 면의 사회경제 형편을 중심으로 요약하여 소개하고 있다. 부북면은 사족(士族)들이 많이 거주하고 무인들이 간간이 섞여 살며, 흥방제(興方堤)라는 수리시설이 있어서 논에 충분히 물을 댈 수 있는 곳으로 평가하였다. 상동면은 산이 많아 화전에 의존하지만 그 관할의 내장(內場)리는 큰 내에 인접해 있어 어업으로 생계를 영위한다고 하였다. 중동면은 산전(山田)이 많으며, 논은 비옥한 논과 척박한 논이 섞여 있다고 소개하였다.

| 삼한시대 수산제 수문

하동면은 곧장 동래로 길이 나 있고 또 조운을 담당하기

때문에 이곳 백성들은 사신 접대에 고달파 삶이 상당히 피폐하다고 하였다. 부남면도 밀양의 큰 면에 해당하는데, 사족들이 거주하는 곳이고 묵은 갯가 밭이 많기 때문에 유민들이 많이 모여드는 곳으로 이해하였다.

상서면은 논농사와 화전이 모두 넉넉하고 간간이 갯밭이 섞여 있으며, 하서면은 낙동강 하류와 접해 있어 들이 많고 산은 적은 편이었다. 각북면과 각남면은 땅이 넓고 논이 많아 백성이 가뭄을 근심할 일은 없지만 죄를 짓고 도망친 자들이 모여드는 곳이고, 고미면은 외지고 먼 데 있어 백성들의 풍속이 더없이 순박하지만 땅이 좁아서 전적으로 화전에 의존한다고 소개하였다.

4)『천령지(天嶺誌)』, 함양의 땅과 사람을 말하다

(1)『천령지』를 편찬한 정수민(鄭秀民)

『천령지』는 1656년(효종 7) 정수민(1577~1658)이 편찬하였다. 그의 본관은 하동, 자는 자빈(子賓), 호는 춘수당(春睡堂), 동리거사(東里居士)로, 일두(一蠹) 정여창(鄭汝昌, 1450~1504)의 증손이다. 할아버지는 정희설(鄭希卨)이며 아버지는 정언남(鄭彦南)이고, 어머니는 송씨이다. 아버지 정언남은 정유재란 때 황석산성 전투에서 순절하였다.

정수민은 1577년(선조 10) 함양 덕곡면 개평(介坪)리 사제에서 태어났다. 자라나서 홍재(弘齋) 노사예(盧士預, 1538~1594)에게 수학하여 유교 경전과 사서(史書)에 두루

통달하고 효성과 우애가 남달랐다. 학덕과 품행이 증조부 정여창과 비슷하여 세상에서 소일두(小一蠹)라 불렸다. 인조 때 군자감참봉으로 임명되었으나 취임하지 않았다.

| 함양 일두 고택

　무오사화로 정여창의 유고가 유실되어 전하지 않아서 한강 정구와 함께 유편(遺篇)을 수집하여『문헌공실기』를 간행하였다.[10] 정여창의 만년 서식처인 악양현 화개동을 화원 이징(李澄)을 청하여 그리게 하고, 여기에 동양위(東陽尉) 신익성에게 정여창의 시귀를 쓰게 하였으며, 화폭 아래에는 유호인(俞好仁, 1445~1494)에게 악양정(岳陽亭) 시서(詩序)를 쓰게 했다.[11]

　말년에 함양이 문헌의 고장임에도 불구하고 지지(地誌)가

10『일두집』권2, 부록, 포증사전(襃贈祀典).
11『춘수당집』권3, 부록, 행록.

없는 것을 안타까워한 나머지, 전해오는 이야기를 수집하고 직접 견문한 바를 채록하여『천령지』를 편찬하였다. 간행자의 발문에 의하면, 편찬자인 정수민은 두 차례의 호란을 겪고 난 후에 유교사상에 입각하여 혼탁해진 사회질서를 바로잡고자 이 읍지를 간행하였다고 하였다.

(2)『천령지』의 편찬과 간행

현전하는『천령지』는 정수민이 1656년에 편찬하고, 1888년(고종 25)에 그 후손들이 간행한 것으로 이해되고 있다. 이 판본에는 서문과 2개의 발문이 포함되어 있다. 서문은 정유년(숙종 43, 1717) 8월에 정수민의 조카인 정홍서(鄭弘緒)의 아들 정광연(鄭光淵)이 쓴 것이고, 발문 하나는『천령지』의 편찬자인 정수민이 병신년(효종 7, 1656) 2월에 쓴 것이며, 다른 하나는 간행 시기인 무자년(고종 25, 1888) 3월에 후손 정환주(鄭煥周, 1833~1899)가 쓴 것이다.

본래 편찬 당시 서문은 정수민의 부탁으로 송파(松坡) 이해창(李海昌, 1599~1655)이 쓴 것으로 되어 있다.『천령지』의 편찬 시기를 정수민이 발문을 쓴 시기에 맞춰 1656년(효종 7)으로 보고 있으나, 서문을 쓴 이해창이 1655년에 사망했다는 사실을 고려하면『천령지』의 실제 편찬 시기는 이 보다 몇 년 앞당길 수 있을 것이다.『천령지』에서는 이해창이 쓴 서문을 찾아볼 수 없는데, 이는 정수민이 편찬한 후 간행에는 이르지 못했기 때문이 아닐까 한다.『천령지』가 처음으로 간행된 시기는 정광연이 서문을 쓴 1717년 경으로 볼 수 있다.

1888년 『천령지』 간행은 이 해에 정수민의 문집인 『춘수당집』을 출간하면서 별책으로 간행한 것이다. 그것은 『춘수당집』 목록에서 권3에 '만옹전(晩翁傳)' 다음으로 '천령지'를 설정해 놓고 그 협주(夾註)에 '별편을 보라[見別篇]'고 한 데서 엿볼 수 있다. 이 때 『천령지』를 별책으로 간행하면서 증보도 이루어지는데, 내용 가운데 '속(續)'으로 표시한 곳이 여기에 해당한다. '속'으로 표시한 곳은 주로 몇몇 인물들에 대해서인데, 그 연대는 순조 20년(1820)대까지 내려가고 있어 이들 내용은 정수민의 편찬 당시가 아니라 1888년 간행 시기에 증보한 것임이 분명하다.

(3) 『천령지』의 체제와 서술항목

현재 전하고 있는 『천령지』는 상하 2권 2책의 목활자본이다. 형태는 사주단변(四周單邊)에 반곽(半郭)의 크기는 22.5×16.3cm이며, 계선이 있고 10행 22자에 협주는 쌍행(雙行)으로 되어 있다. 판심은 상하내향2엽화문어미(上下內向二葉花紋魚尾)이며, 판심제는 '천령지'이다. 간행처는 회동(晦洞) 경앙재(景仰齋)로 되어 있다.

| 『천령지』 권상, 1장A(한국민족문화대백과사전)

『천령지』 상권에는 서문과 함께 간행범례, 함양지도, 목록

이 차례로 들어 있고, 이어서 서술항목을 사방경계, 건치연혁, 읍호(邑號), 성씨, 풍속, 형승, 산천, 인물, 열부, 토산, 사묘(祠廟), 향교, 서원, 정문(旌門), 사마재(司馬齋), 향사당, 서당, 성곽, 누정, 분묘, 역원, 교량, 사찰, 고적(古蹟), 명환 순으로 설정하여 서술하였다. 하권의 첫 항목은 습유(拾遺)로 여기에는 창고, 군기, 군액, 리명, 전세, 상공(上供), 공물, 약재, 사청(射廳), 빙고, 장시 등의 항목이 설정되고, 이어서 제영(題詠), 시십(詩什)·잡저 순으로 수록되어 있다.

『천령지』의 서술 항목은 모두 37개 항목이다. 『신증동국여지승람』(이하 『승람』)의 함양 서술 항목이 23개인 데 비하면 14개 항목이 증가했다. 『승람』에 들어 있던 관원, 효자, 우거 3개 항목이 『천령지』에는 없으므로 17개 항목이 새로 생긴 셈인데, 서원, 정문, 향사당, 사마재, 서당, 분묘, 창고, 군액, 리명, 전세, 상공, 공물, 약재, 사청, 빙고, 장시, 시십·잡저 등의 항목이 이들이다. 새로 생긴 항목을 통해 함양의 문화 시설을 보완하고 사회경제 형편을 이해할 수 있게 되었다.

서술 항목이 대폭 증가했을 뿐만 아니라, 항목마다 서술 내용도 좀 더 풍부해졌다. 몇몇 항목을 중심으로 검토해 보기로 하자. 먼저 성씨조의 경우 『승람』에는 함양의 성씨만 나열했는데, 『천령지』에서는 뇌계 유호인의 함양여씨·오씨·박씨족보 서문을 인용하여 그 내력을 자세히 설명하고 있다. 풍속과 형승 항목에서도 각각 노진(盧禛, 1518~1578)의 시와 강희맹(姜希孟, 1424~1483)의 서문을 인용하여 좀 더 사실적으로 묘사하였다.

『승람』의 누정조에는 학사루(學士樓), 제운루(齊雲樓), 백사정(白沙亭), 망악루(望岳樓), 청향당(淸香堂) 등 5곳만 소개했는데, 『천령지』에는 여기에 더하여 이은당(吏隱堂), 교수정(敎授亭), 척서정(滌署亭), 관어대(觀魚臺), 신의재(申義齋), 추담정사(秋潭精舍), 마경대(磨鏡臺), 운고정(雲皐亭), 취한정(翠寒亭), 함허정(涵虛亭), 뇌계정 등 11곳이 추가되었다. 『승람』이후 120여 년 지나는 사이에 누정 수가 늘어난 것이다. 교량도 『승람』에는 사근교(沙斤橋) 하나만 있던 것이 『천령지』에는 대교(大橋)·백석교(栢石橋)·구라교(仇羅橋)·원전교(院前橋)·대수교(大樹橋)·석복교(席卜橋) 등 6곳이 더 생겼다.

| 함양 학사루(함양군청)

사찰 수의 증가 추세는 더욱 가파르다. 『승람』의 함양 사찰 수는 견불사(見佛寺) 등 16곳이었다. 『천령지』에는 함양의

사찰로 소개된 곳이 모두 35곳으로 2배 이상 증가하였다. 다만 몇몇 사찰을 빼놓고는 전란 때문에 불타 없어져서 '지금은 없다[今無]'고 표시한 곳이 많다. 현재 사찰은 없어지고 사찰 터만 남아 있는 곳이 많았던 것이다. 『천령지』 사찰 항목 말미에 함양의 사찰들이 여행자들의 휴식 공간으로, 서생들의 공부하는 곳으로 이용되어 유교 지식인들에게도 도움이 되었다고 해설한 점이 흥미롭다.

『천령지』에 서당 항목이 설정된 것도 주목할만 하다. 주곡(酒谷)서당, 두곡(杜谷)서당, 영사당(永思堂), 고례(古禮)서당, 병곡(甁谷)서당, 손곡(蓀谷)서당, 회동서재(晦洞書齋), 형곡(荊谷)서당, 도북(道北)서당, 대야곡(大也谷)서당, 석복(席卜)서당 등 11개 서당이 그것이다. 서당 또는 서재 항목이 설정된 『읍지』로는 진주의 『진양지』와 안동의 『영가지』, 상주의 『상산지』 등이 있는데, 이들 지역은 유학 교육이 활성화된 곳들이었다. 서당은 사립 교육시설로 유학 교육을 장려하고 과거 시험에 대비함으로써 이곳에서 많은 인재가 배출되었다. 함양 지역에 건립되었던 이들 서당들은 정유재란으로 불타 없어졌거나 황폐화되어, 『천령지』 편찬 당시에는 그 터만 남아 있는 곳이 많았다.

『승람』에서는 '토산' 항목을 제외하면 함양의 경제 형편을 소개하는 항목이 없는데, 『천령지』에는 토산 항목을 비롯해 경제관련 항목이 많이 들어 있다. 창고, 전세, 상공, 공물, 약재, 빙고, 장시 항목 등이 이들이다. 전답 면적이나 호구 수를 소개하고 있지 않아서 한계를 보였지만, 이들 항목을 통해 함양의 수취 문제나 살림살이 형편을 엿볼 수 있다.

(4)『천령지』속 함양의 행정단위로서 면과 리, 촌

『천령지』의 특징 가운데 하나는 함양의 방리(坊里)를 어느 정도 상세하게 소개하고 있다는 점이다.『천령지』의 방리 서술은 면–리–촌체계로 되어 있는데, 이후 함양의『읍지』들은 면과 리만 소개하고 있는 데 비해, 리 관할의 촌까지 수록하고 있다.『천령지』의 면리는 하권 군액 항목 다음에 '리명은 18개이다'로 시작하고 있는데, 면·리·촌을 구분하지 않고, '동(東) 관변(官邊) 백천(白川)…'처럼 서술되고 있다. '동'은 방위면으로서 동면, '관변'은 관변리, '백천' 이하는 관변리 소속 촌으로 이해된다. '휴지리(休知里)'처럼 리를 붙여 표기한 경우도 있지만, 면, 리 표기를 생략하고 있다. 이제『천령지』의 면리 서술 내용을 구분하여 정리하면 다음과 같다.

『천령지』함양의 면리표

면	리	촌
읍내면	읍내리	원수리(元水里), 대소리大召里, 원촌院村. 3곳
동면	관변리	백천, 대수大樹, 공안公安, 척지尺旨, 거곡車谷, 관변, 마촌馬村, 굴평屈坪. 8곳
	사근리沙斤里	사근역, 변동邊洞, 웅평熊坪. 3곳
	모간리毛看里	구라九羅, 우명牛鳴, 형곡荊谷, 모간, 남계서원, 여평黍坪. 6곳
	도북리道北里	도북, 초림草林, 도현桃峴. 3곳
	백석리栢石里	상백석上栢石, 하백석下栢石, 남수곡南水谷, 이동곡二洞谷. 4곳

면	리	촌
서면	석복리席卜里	뇌산磊山, 거면渠面, 제한역蹄閑驛, 팔량원八良院, 관괘冠掛, 지조막紙造幕, 동구미冬仇未, 삼수대三樹臺. 8곳
	죽곡리竹谷里	웅곡熊谷, 조곡槽谷, 항성곡項城谷. 3곳
	병곡리瓶谷里	우항牛項, 소령小嶺, 가주지加走之, 건대件大, 원통元通, 병곡, 연세延世, 와덕臥德, 신리新里, 호음동好音洞, 재공齋公, 망월望月, 마평馬坪, 대광大廣. 14곳
	백전리栢田里	관곡鶴谷, 동산東山, 백아현白也峴, 평정平亭, 조령鳥嶺, 대방大方, 중령中嶺, 서산西山, 신령薪嶺, 사기소沙器所, 진목적眞木亭, 두지기豆之基, 마수馬首, 내동内洞, 정동井洞. 15곳
남면	휴지리休知里	목동木洞, 취암鷲岩, 마산馬山, 임청지林淸枝, 고도곡高刀谷, 진관眞官, 마상馬上, 사기소, 옹점甕店, 수철점水鐵店. 10곳
	유등개리柳等介里	회동晦洞, 판문板門, 위문位門, 보덕寶德, 손곡孫谷, 지곡池谷. 6곳
	열음계리列音界里	제계蹄溪, 장항獐項, 초평草坪, 사기소. 4곳
	엄천리嚴川里	당북堂北, 초정草亭, 소연所淵, 음법陰法, 탄촌炭村, 용당龍堂. 6곳
남면	마천리馬川里	원정산元正山, 초법初法, 추성楸城, 등구登龜, 당벌堂伐, 가차남加次南, 운학정雲鶴亭, 실덕實德, 백무白霧, 의탄義灘, 도촌島村, 강청江淸, 도마천道馬川, 정장亭庄, 뇌전磊田. 15곳
북면	북천리北川里	향교鄕校, 두산斗山, 후곡後谷. 3곳
	모산리茅山里	부야釜夜, 지내池内, 공배功倍, 정추井甃, 당주서원溏洲書院. 5곳
	덕곡리德谷里	개평, 오평梧坪, 두곡, 주곡, 죽암竹巖, 덕곡, 수여水餘, 마산馬山, 거평巨坪, 계도곡鷄刀谷, 중방中方, 시목촌柿木村. 12곳

『천령지』에 수록된 함양의 리수는 18개이고 그 관할의 촌은 모두 128개이다. 리 당 평균 촌 수는 7개 정도인데, 백전리와 마천리가 각각 15개 촌으로 가장 많고, 병곡리, 덕곡리, 휴지리, 관변리 순으로 평균 이상의 촌을 관할하고 있었다. 마천리는 관문에서 남쪽으로 70리 가량 떨어진 곳에 위치해 있었는데, 지금의 마천면으로 고려시대 마천소와 의탄소가 자리잡고 있었던 곳이다. 읍내리와 동면 사근리, 도북리, 백석리, 서면 죽곡리, 북면 북천리 등 6개 리는

3개 촌만 관할하고 있는데, 인구 표시가 없지만, 전답을 많이 확보하고 인구가 조밀했던 곳일 가능성이 높다. 사근리 소속 촌 가운데 사근역에 대해서 "초지가 비옥하고 수리 시설이 매우 넉넉하다"고 덧붙인 점이 참고된다.

『조선후기지방지도』「함양군」(서울대학교 규장각)

『천령지』의 18개 리는 『여지도서』(1757) 단계에서 18개 면으로 바뀌는데, 백석리는 '백토면(栢吐面)', 모산리는 '지내면(池內面)'으로 개칭하고, 유등개리는 없어진 대신, '사한면(沙閑面)'이 생겼다. 면 관할의 리는 소개하지 않았다. 호구수는 기묘식(1759)으로 4,763호에 21,640명(남8,740명, 여12,900명)이다.

『호구총수』(1789) 단계에서는 면리체계로 정리되었는데, 동·서·남·북면 등 4개 면 산하에 132개 리와 촌을 한데 묶어서 각각 소속시키고 있다. 각 면에 소속된 리명만 찾아보면, 동면에 백토리, 모간리, 사근리, 척지리, 옥동(玉洞)리, 서면에 상동(上洞)리, 중동(中洞)리, 하동(下洞)리, 상석복(上席卜)리, 중석복(中席卜)리, 하석복(下席卜)리, 내거(內渠)리, 죽곡리, 웅곡(熊谷), 백전리, 상병곡(上瓶谷)리, 원통(元通)리,

169

하병곡(下瓶谷)리, 남면에는 사을한(沙乙閑)리, 열음계리, 상유등포(上柳等浦)리, 하유등포(下柳等浦)리, 상휴지(上休知)리, 산두(山斗)리, 하휴지(下休知)리, 월배(月背)리, 마천리, 북면에 북천리, 상지내(上池內)리, 하지내(下池內)리, 하덕곡(下德谷)리, 중덕곡(中德谷), 상덕곡(上德谷)리 등 모두 33개 리나 된다. 『천령지』단계의 리가 상,중,하로 분리되고 새로운 리가 만들어져서 그 개수가 늘어난 것이다. 『호구총수』단계 함양의 호구수는 5,000호에 24,198명(남11,603명, 여12,595명)이다.

『경상도읍지』(1832)에 포함된 『함양군읍지』단계가 되면 함양의 면리제는 4면 19리체제가 되어 『여지도서』단계에서 없어진 유등개리가 유등포리로 개칭되어 복구됨으로써 19개 리가 되었다. 읍내리는 서면에 소속시켰다. 이때 호구수는 신묘식(1831)으로 4,696호에 24,698명(남11,163명, 여13,535명)이었다.

(5)『천령지』에 함양 인물이 모여들다

『천령지』인물 항목에는 77명의 인물이 수록되어 있다. 열녀 항목에도 10명이나 실려 있어, 명환 항목의 인물을 빼놓더라도 87명이나 된다. 『승람』의 함양 인물이 12명에 지나지 않은 것에 비하면 엄청나게 많은 인물을 발굴해낸 셈이다. 『천령지』에 실린 인물들의 활동 시기는 14세기 초에서부터 17세기 초에 이르기까지이다. 가장 이른 시기 활동한 인물은 함양박씨 박충좌(朴忠佐, 1287~1349)이고 늦은 시기는 함양오씨 오장(吳長, 1565~1617)이다. 『천령지』에 실린 인물들을 본관 별로 정리하면 다음 표와 같다.

본관	인물
함양박씨	박충좌, 박자안(朴子安), 박실(朴實), 박안행(朴安行), 박유효(朴由孝), 박흥택(朴興澤).
함양여씨	여칭(呂稱), 여자신(呂自新), 여윤철(呂允哲).
함양오씨	오응(吳凝), 오건(吳健), 오장.
기계유씨	유호인, 유호례(俞好禮).
함안조씨	조승숙(趙承肅), 조종례(趙從禮), 조효동(趙孝仝), 조광립(趙光立).
하동정씨	정복주, 정육을(鄭六乙), 정여창, 정희안(鄭希顔), 정희삼(鄭希參), 정홍서, 정대민(鄭大民).
초계정씨	정전(鄭悛)
보성선씨	선국충(宣國忠), 선일덕(宣一德).
풍천노씨	노숙동(盧叔仝), 노분(盧昐), 노우명(盧友明), 노우영(盧友英), 노희(盧禧), 노진, 노상(盧祥), 노관(盧祼), 노사예(盧士豫), 노사온(盧士溫), 노사훈(盧士訓), 노사개(盧士㑏), 노사언(盧士儼), 노사회(盧士誨), 노사상(盧士尚), 노승(盧勝), 노척(盧脊), 노형운(盧亨運), 노형필(盧亨弼), 노형박(盧亨朴).
진주강씨	강희맹, 강한(姜漢), 강현(姜顯), 강익(姜翼), 강린(姜繗).
나주박씨	박맹지(朴孟智), 박선(朴選), 박문영(朴文楧).
신창표씨	표연말(表沿沫)
여산송씨	송천희(宋千喜)
경주정씨	정영수(鄭永綏), 정수(鄭壽).
안음성씨	성순동(成順仝)
나주임씨	임대동(林大仝), 임희무(林希茂).
성주도씨	도영창(都永昌), 도희령(都希寧).
청주한씨	한인효(韓仁孝)
남원양씨	양관(梁灌), 양희(梁喜).
은진임씨	임훈(林薰)
연안이씨	이후백(李後白)

본관	인물
진주하씨	하맹보(河孟寶)
창녕조씨	조식(曺湜)
거창신씨	신효선(愼孝先)
삼척박씨	박여량(朴汝樑)
진주정씨	정희보(鄭希輔), 정경운(鄭慶雲),
하양허씨	허굉(許宏)

『천령지』에 실린 77명의 인물들은 함양박씨 등 27개 성
씨가 배출하였다. 이들의 성씨 별 분포를 보면, 풍천노씨가
20명으로 가장 많고, 하동정씨 7명, 함양박씨 6명, 진주강
씨 5명, 함안조씨 4명, 함양여씨와 함양오씨, 나주박씨가
각 3명 순이다. 이들 8개 성씨에서 배출한 인원이 모두 51
명으로 전체의 66%를 차지하고 있다. 나머지 19개 성씨에
서는 1, 2명씩만 이름을 올리고 있다.

『천령지』에 실린 인물들의 성씨들은 고려 초부터 함양에서
살아온 토착 성씨인 토성(土姓) 출신과 다른 지역에서 함양으
로 이주해 온 성씨들이다. 함양의 토성은 여(呂)·오(吳)·서
(徐)·박(朴)·조(曺)씨 5개 성씨인데, 이 가운데『천령지』에 실
린 인물의 성씨는 함양박씨, 함양여씨, 함양오씨이다. 이
외 24개 성씨는 고려후기에서 조선중기까지 함양으로 옮겨
살아온 성씨들이다.

고려시대에 다른 지역에서 함양으로 입향한 성씨는 보성
선씨, 하동정씨, 성주이씨, 초계정씨, 함안조씨, 경주김
씨, 광산김씨 등 7개 성씨이다. 보성선씨 선국충은 충숙왕

때 함양에 들어와 치소 북쪽 도점(道店)에 정착했고, 하동정씨 정지의(鄭之義)는 충목왕대에 지곡면 개평에 자리잡았다. 성주이씨 이억년(李億年)은 충혜왕 때에 성주에서 함양으로 들어와 그 자손들이 화촌(花村)과 휴천(休川)에 거주하였다. 함안조씨 조경(趙敬)과 초계정씨 정전(鄭悛)은 우왕 때에 덕곡에, 경주김씨 김점(金點)과 광산김씨 김광련(金光鍊)도 우왕 때에 각각 개평과 관변에 자리잡았다.

| 함양 옥계 노진의 묘역 및 신도비 전경(문화재청)

조선 건국 후 조선 중기까지 함양으로 입향해서 『천령지』에 이름을 올린 성씨는 나주임씨, 풍천노씨, 남원양씨, 신창표씨, 나주박씨, 은진송씨, 성주이씨, 하양허씨, 경주정씨, 창녕성씨, 삼척박씨, 여산송씨, 청주한씨, 성주도씨, 초계변씨, 진주하씨, 연안이씨, 창녕조씨, 진양정씨, 거창

신씨 등이다. 조선 중기까지 함양으로 이주해온 입향조들은 전란을 피해 찾아든 경우, 정치적으로 권력에서 밀려 유배 당하거나 은거하고자 옮겨온 경우, 관직에서 물러나 낙향한 경우 등이다. 혼인관계에 따라 이주하는 경우도 다수 발견된다.

하동정씨가 이름 올린 7명의 인물은 정지의의 후손으로 그가 함양에 먼저 정착한 보성선씨 선국충의 손녀와 혼인하여 함양에 들어와 살기 시작하면서 후손들을 많이 배출했다. 초계정씨 정전은 정지의의 사위가 되어 함양에 정착했고, 경주김씨 김점도 정지의의 손녀와 혼인하여 함양에 들어와 살았다.

20명이나 이름을 올린 풍천노씨 인물들은 모두 노숙동(1403~1463)과 그의 후손들인데, 노숙동은 경주김씨 김점의 사위가 되어 창원 화목리(花木里)에서 함양 개평리로 옮겨 살았다. 노숙동은 세종 9년 과거에 급제한 후 대사헌 등 중앙 요직을 두루 거치고, 사은사로 명나라에 다녀오는 등 활발한 활동을 벌이다가 사망 후 함양에 묻혔다. 『천령지』에 이름을 올린 풍천노씨 인물들은 노숙동의 6세손까지 걸치고 있다.

나주박씨 박안경(朴安敬)은 정랑 오을경(吳乙卿)의 사위로 세종 때에 함양의 대수(大樹)에 정착했으며, 함안윤씨 윤원동(尹元소)은 함양박씨 박흥택의 손서(孫壻)로 세조 때에 함양 백전(栢田)에 정착하였다. 여산송씨 송천희는 앞서 입향한 윤원동의 사위로 성종 때에 백전에 자리잡았다.

5) 김해 최고의 읍지, 『분성여지승람신증초(盆城輿地勝覽 新增抄)』

(1) '분성'은 김해의 별호

2018년 9월 20일자 경상남도 도내 신문들은 "김해에서 가장 오래된 읍지(邑誌)『분성여지승람신증초』가 발굴되었다."는 소식을 전했다. 김해시 시사편찬연구팀이 김해시사 편찬을 위해 관내 마을 기초자료를 조사하던 중에 이 자료를 발굴했다고 한다. 이제까지 읍지의 명칭들은 '군지(郡誌)', '현지(縣誌)',

「분성여지승람신증초」 1장A (김해시청)

'부지(府誌)' 등으로 그 읍격에 따라 불러왔는데, '여지승람'이라 한 것도 특이하고, '김해' 대신에 '분성'이라는 별호를 쓴 것도 달리 보인다.

분성은 김해의 옛 이름이다. 김해 출신의 성씨를 분성김씨, 분성허씨, 분성배씨, 분성송씨라 부를 정도로 분성이라는 호칭은 널리 사용되었다. 지리서 가운데 '분성'이 김해의 고을 이름이었다고 전한 것은『신증동국여지승람』김해도호부 군명(郡名)조가 처음이다. 그렇지만 분성이라는 용어가 김해의 군현명 등 행정구역 명칭으로 사용된 적은 없다. 가야시대에는 '가락', '가야', 신라 때에는 '금관군' 또는 '금관경', 나말여초에는 '임해(臨海)', 고려시대 이후에는 '김주(金

州)', '김녕(金寧)', '김해' 등으로 군현 명칭을 채택한 바 있다.

'분성'이라는 지명이 맨 처음 확인되는 것은『동문선』과『신증동국여지승람』김해도호부,『동사강목』등에 실려 있는 김득배(金得培, 1312~1362)의 시구에서이다. 고려 말 김해 수령을 역임한 바 있는 김득배는「제김해객사(題金海客舍)」라는 시의 첫 구절에서 '분성에 와서 관리한 지 20년에[來管盆城二十春]'이라 하여, 김해를 '분성'으로 부르고 있는 것을 확인할 수 있다.

그렇다고 하여 분성이라는 지명이 이들이 활동한 고려 말에야 비로소 사용했던 것은 아니다.『분성여지승람신증초』성곽 구토성(舊土城)조와 1786년 경 간행의『김해부읍지』고적조, 1777년 경 편찬된『견첩록(見睫錄)』수로왕조에서는 "세상에서 전해오기를 수로왕이 처음 벽돌로 성을 쌓아 '분성'이라 했는데, 지금은 거의 무너졌다."라고 하여, '분성'이라는 이름이 수로왕 때부터 생긴 것으로 전하고 있다. 벽돌로 쌓은 성이 그릇 '동이[盆]' 모양 닮아서 붙인 이름일 것이다. 벽돌로 성을 쌓은 사실, 즉 '증토축성(甑土築城)'의 사례는 백제 개로왕 21년(475)의 축성 사실에서 확인되고 있어, 가락국 시기에 성곽이 있었고, 이를 '분성'이라 불렀을 가능성이 높다.

(2) 김해의 읍지와『분성여지승람신증초』

1481년(성종 12)『동국여지승람』50권이 완성되고, 1530년『신증동국여지승람』55권으로 확대 개편하는 과정을 거치면서 군현 고을 단위 지방지로서 읍지의 편찬이 확산되기 시작했다. 『읍지』 편찬의 단초는 『동국여지승람』의 편찬을 시작하면서 마련되었다. 노사신(盧思愼)이 쓴 「동국여지승람을 바치는 전문」에는 "자(子)·집(集)의 기록을 채택하고, 아울러 전해지는 군승(郡乘)도 모았나이다."라고 하여 『동국여지승람』을 편찬하면서 '군승', 즉 『읍지』 성격의 군현 고을 기록물을 참고했던 것이다. 『동국여지승람』 편찬 후 이들 '군승'류의 고을 기록물을 확충하고 정리하는 작업이 고을 단위에서 이루어지면서 16세기 중엽 이후 『신증동국여지승람』(이하 『승람』)의 내용을 바탕으로 하는 『읍지』 형태로 발전하게 되었다.

한편, 17세기 말 숙종대부터 세 차례에 걸쳐 『승람』의 수정증보 사업이 추진되었다. 제1차 『승람』 증보사업은 1679년(숙종 5) 병조판서 김석주(金錫冑)가 추진하였고, 제2차는 20년 뒤인 1699년(숙종 25)에 좌의정 최석정(崔錫鼎)의 건의에 따라 추진하였으며, 제3차 증보사업은 1706년 최석정이 영의정으로 복귀하면서 다시 시작되었다. 3차에 걸친 증보사업 추진은 결실을 거두지는 못했지만, 뒷날 영조대에 『여지도서(輿地圖書)』를 편찬하는 계기가 되었다. 아울러 고을마다 읍지의 필요성을 인식시키면서 이후 읍지 편찬을 확산시켰다.

새로 발굴된 『분성여지승람신증초』는 『승람』 증보사업이 전개되는 과정에서 출현한 것으로 보인다. 이 읍지가 발굴되기 이전 김해의 읍지로 알려진 것은 『여지도서』에 포함

된『김해도호부지』(1759), 1786년 경 간행의『김해부읍지』,
1832년 간행의『경상도읍지』에 포함된『김해부읍지』, 그리
고 1899년 간행의『김해읍지』등이다. 모두 18세기 중엽
이후에 편찬된 읍지들이다.

그런데 이들 김해의 읍지들보다 시기적으로 그 이전에 김
해 읍지가 존재했을 가능성이 있다. 그것은 고려 말 인물인
전녹생(田祿生, 1318~1375)의 문집인『야은일고(埜隱逸稿)』를
편찬하는 과정에서 김해의 읍지를 참고한 흔적을 찾을 수
있기 때문이다. 전녹생의 후손인 전만영(田萬英)이 1714년
(숙종 40) 경에『야은일고』를 편찬하면서,『고려사』등 7종의
역사서와『목은집』등 12종의 문집,『동국여지승람』등 28
종의 잡저와 가장첩(家藏牒) 등 모두 47종의 서적에서 관련
기록을 발췌하였는데, 그 참고서적 목록에 안동의 읍지인
『영가지(永嘉志)』, 제주의 읍지인『탐라지(耽羅志)』와 함께『분
성지』라는 이름의 읍지가 포함되어 있음을 확인할 수 있다.

『분성지』는 김해 읍지임이 분명하다.『분성지』제영조에
전녹생의 시가 인용되어 있었기 때문에『야은일고』를 편찬
하면서『분성지』를 참고했던 것이다. 이를 근거로 한다면
『분성지』는『야은일고』편찬 전에 이미 세상에 알려져 있던
김해의 읍지일 수밖에 없다. 시기적으로 보아『분성지』는 새
로 발굴된『분성여지승람신증초』보다 이전의 읍지일 것이다.
『분성지』는『분성여지승람』이라 불렀을 가능성도 높다.『여지
승람』을『여지지(輿地志)』로 표현하는 사례에서 이를 엿볼 수
있다. 이『분성지』는『승람』을 편찬할 때 작성된 것이거나,

『승람』편찬 후 김해도호부 내용만 모아놓은 것일 수 있다.

(3)『분성여지승람신증초』의 편찬과 증보

『분성여지승람신증초』의 발문에서 이 읍지의 편찬에 참여한 인물로 김해 출신의 송수(宋洙), 노문필(盧文弼), 조구령(曺九齡) 등을 확인할 수 있지만, 편찬 시기에 대해서는 확정하기 어려운 점이 있다. 편찬과 수정 증보가 계속되었기 때문에 『분성여지승람신증초』가 처음 편찬된 시기와 증보가 이루어진 시기를 모두 추정해볼 필요가 있다.

『분성여지승람신증초』의 내용을 검토해 보면 네 차례에 걸쳐 편찬과 증보가 이루어진 것으로 보인다. 첫째 시기는 김해읍지가 처음 선보인 시기로, 전국 지리서인 『승람』을 편찬하는 과정에서 김해도호부가 제공했던 자료를 모아 남겨둔 것이다. 이 기록물의 내용은 『승람』에 포함된 김해도호부 기록의 범주를 벗어나지 않았을 것이며, 『분성지』 또는 『분성여지승람』으로 불렀을 것으로 추정된다.

두 번째 시기는 김해부사를 역임한 안몽윤(安夢尹, 1571~1650)이 1630년에 「임관선생안(任官先生案)」 서문을 쓴 시기이다. 이 때 김해도호부 수령 목록만 작성한 것이 아니라, 『분성여지승람』의 내용도 확충해서 증보하고 그 말미에 「임관선생안」을 붙인 것으로 볼 수 있다. 안몽윤의 「임관선생안」 서문은 1899년 편찬한 『김해읍지』에도 실려 있다.

세 번째 시기는 『승람』의 증보사업이 시작되는 1679년(숙종 5) 이후에『분성여지승람』의 증보도 이루어졌다.『승람』
증보사업은 각 군현에서 증보한 내용을 도별로 수집하여 올
리는 방식으로 추진되었다.

최석정이 또 아뢰기를, "『여지승람』이란 책은 상고할 만한 사
적(事迹)이 많습니다. 고 판서 박신규(朴
信圭)가 경상감사로 있었을 때 경상도는
벌써 수집하여 속편을 만들었습니다. 지
금 들으니 전라감사 유득일(兪得一)이 강
원감사로 있을 때 강원도도 속편을 증수한
일이 있다고 합니다. 각 도의 감사에게 명
령하여 수집해서 올려 보내도록 하여 속편
을 만들도록 하면 마땅할 듯합니다."하니,
임금이 그렇게 하라고 하였다.(『비변사등
록』숙종 25년 6월 15일)

『비변사등록』숙종 25년
6월 15일(국사편찬위원회)

『승람』증보 방침이 이렇게 정해져서 군현 고을로 하달되
자, 고을마다 증보 편찬팀을 꾸려서 증보사업을 진행하였
다. 김해의『분성여지승람』증보팀은 고을의 사인(士人)인 송
수, 노문필(1650~1714), 조구령(1657~1719)이 주축이었다.
송수 등이 주도한『분성여지승람』증보사업은 1699년부
터 1702년까지 약 3년에 걸쳐 수행된 것으로 보인다. 이
때 증보한 내용은『분성여지승람신증초』에서 '신증'으로 표
기된 내용을 제외한 거의 모든 기록이라고 볼 수 있다. 김해

도호부 소재 17개 면(面, 촌)이 새롭게 서술되었고 면별 호구와 전답도 함께 수록되었다. 특히 인물 분야의 서술이 확충되어 효자, 열녀에 해당하는 인물들이 많이 발굴되었으며,『승람』단계에서는 수록되지 않았던 '과거' 항목이 설정되어 문과와 무과, 사마(司馬), 음사(蔭仕) 등의 분야로 나누어 그 합격자를 수록하였다. 이렇게 하여 이 시기 증보사업을 거쳐『읍지』로서 면모를 제대로 갖추게 되었다.

네 번째 시기는 '신증'이 이루어지는 1733년 이후의 시기이다.『분성여지승람신증초』의 임관(任官)조는 1732년(영조 8) 6월부터 1733년 9월까지 재임한 이형원(李馨遠)을 소개하는 것으로 끝나고 있는데,『분성여지승람』의 신증 작업은 이 후 부임한 김해부사 주관 하에 이루어진 것으로 볼 수 있다. 이형원 다음 김해부사는 한형(韓珩)으로 그의 재임기간은 1733년 9월부터 1736년 7월까지 3년 간이다. 이 기간 동안에『분성여지승람』의 '신증'이 이루어졌고, 그 결과가 현재 발굴된『분성여지승람신증초』의 모습이다.

(4)『분성여지승람신증초』의 체제와 주요 수록항목들

『분성여지승람신증초』는 필사본 1책으로 책제(冊題)는 '김해여지승람'으로 되어 있고, 권두제(卷頭題)가 '분성여지승람신증초'이다.『분성지』또는『분성여지승람』으로 편찬되었다가 수정 증보가 이루어지면서『동국여지승람』의 예에 따라 책명에 '신증'이 붙게 되었고, 필사본에서도 증보된 부분에는 '신증'이라고 표기하여 구분하였다. 이 읍지의 명칭에 대해서는 앞으로 검토를 거쳐야 하겠지만, 『신증분성여지승람』으로 하는 것이 좋을 듯하다.

『분성여지승람신증초』는 『신증동국여지승람』 김해도호부의 내용을 바탕으로 몇 차례에 걸쳐 수정, 증보한 것이다. 그래서 수록 항목도 『승람』의 항목을 바탕으로 해서 추가하거나 조정하고 있다. 그 수록 항목은 다음과 같다.

사방경계, 건치연혁, 속현, 진관(鎭管), 관원, 군명, 형승, 풍속, 각촌(各村), 관곡(官穀) 대동(大同), 수창곡(稤倉穀), 사창곡(社倉穀), 산천, 토산, 관우(館宇), 성곽, 관방, 단묘, 학교, 역원, 군기, 봉수, 제언, 불우, 고적(古蹟), 임관명환, 성씨, 인물, 유배, 효행, 효녀, 규행 열녀, 과거 문과, 무과, 사마, 음사(蔭仕), 능묘, 정표(旌表), 제영(題詠)

| 수로왕릉(김해시청)

『승람』의 수록 항목은 '사방경계'를 비롯해 29개 항목인

데, 『분성여지승람신증초』의 수록 항목은 39개 항목으로 모두 10개 항목이 늘어났다. 각촌, 관곡 대동, 수창곡, 사창곡, 군기, 제언, 유배, 효녀, 과거 문과, 무과, 사마, 음사, 정표 등의 항목이 새로 설정되었으며, 『승람』의 사묘(祠廟)는 단묘(壇廟)로 개칭했고, 궁실과 누정은 합해서 관우(館宇)로 통합하였다. 『승람』에 있었던 '교량', '우거' 항목은 제외되었다. 『승람』에는 주촌지 등 김해의 수리시설들이 산천 항목에 포함되어 있었는데, 『분성여지승람신증초』에서는 제언 항목을 설정하여 독립시켰다.

수록 항목이 『승람』에 비해 대폭 늘어났을 뿐만 아니라, 서술 내용도 풍부해졌다. 그 중에서도 성씨, 관우, 인물 등의 항목이 눈에 띈다. 『승람』에서 김해의 성씨는 김(金), 허(許), 배(裵), 손(孫), 송(宋), 유(庾), 정(鄭, 해주), 맹(孟, 장양)씨와 대산부곡의 성씨 전(田), 태(太) 등 10개 성씨가 소개되어 있는데, 『분성여지승람신증초』에는 여기에다 문화유씨 등 19개 성씨가 추가되었다. 고려말 이래 김해로 인구가 유입되면서 세거 성씨가 증가한 결과이다.

관청과 누정 시설의 증가도 주목된다. 『승람』에서 김해의 관청과 누정은 객관을 비롯해 영추당(迎秋堂), 회로당(會老堂), 연자루(燕子樓), 청심루(淸心樓), 매균각(梅筠閣), 임금당(臨錦堂), 함허정(涵虛亭) 등 8곳이 소개되어 있다. 『분성여지승람신증초』에는 여기에 더하여 청뢰각(晴雷閣), 아사(衙舍), 연당(蓮堂), 대동청(大同廳), 관청(官廳), 수창(瓊倉), 부사(府司), 군기방(軍器房), 의국(醫局), 서역소(書役所), 해창(海倉),

대변청(待變廳), 금파당(錦波堂), 설창(雪倉), 형옥(刑獄), 동문
서문(東門西門), 남문루, 북문루, 위원대(威遠臺), 장대(將臺),
산산대(蒜山臺), 범방대(泛舫臺), 무진정(無盡亭) 등 23곳이 더
해져 있다.

| 서강 김계금 묘역

　『승람』인물조에는 신라의 인물로 김무력, 김서현, 김유
신, 김삼광, 김원술, 김윤중(金允中), 김암(金巖) 등 7명, 고
려 인물로 허유전(許有全), 김보(金普), 송천봉(宋天逢), 김유
(金庾) 등 4명, 조선초 인물로 김조(金銚), 김계희(金係熙), 김
극검(金克儉) 등 3명 실려 있다.『분성여지승람신증초』인물
조에 실린 인물도 고려시대까지는 동일하지만, 조선전기 인
물로 김돈(金墩), 양봉래(梁鳳來), 최연(崔淵), 권형(權衡), 장
중성(張仲誠), 김계금(金係錦), 허언룡(許彦龍), 어영준(魚泳濬),
김보중(金寶重), 유식(柳湜), 송빈(宋賓), 김득기(金得器), 이대

형(李大榮), 김일준(金逸駿), 안희(安憙) 등 13명을 추가 수록하고 있다.

인물의 수록과 관련하여 열녀조에도 『승람』에는 성이(性伊), 돈지(頓之), 현금(賢今) 3명만 올라 있었는데, 『분성여지승람신증초』에서는 이들과 함께 배씨, 손씨, 이씨, 김씨, 순금(順今), 문소사(文召史), 성소사(成召史) 등 7명이 추가되었다. 이 밖에 새로 설정된 문과조에 허유전 등 23명, 무과조에 김수생(金水生) 등 107명, 사마(司馬)조에 김순(金順) 등 35명, 음사(蔭仕)조에 김강의(金剛毅) 등 12명이 수록되어 있어 김해 지역 인적 관계망을 엿볼 수 있다.

(5) 김해의 면리와 인구, 논밭에 대한 최초 보고

조선전기 김해 지역의 인구와 경지 면적을 처음으로 전해주는 지리서로는 『경상도지리지』와 『세종실록지리지』가 있다. 그러나 이들 지리서의 내용은 김해지역 면리별 인구분포를 기록한 것이 아니라, 지역 전체의 인구와 경지 면적만 소개하고 있다. 이 시기 김해도호부의 인구는 1,290호에 13,872명(남자 6,642명, 여자 7,230명)이었으며, 전답 면적은 7,809결로 논이 조금 적은 편이었다.

면리 별 호구수와 전답 면적을 소개한 김해관련 지리서로는 『분성여지승람신증초』가 처음이다. 『분성여지승람신증초』에서는 풍속조에 이어서 '각촌(各村)'조를 설정하여 상동촌 등 17개 촌의 위치를 '부의 동쪽 40리'처럼 거리로 표시하고, 소속 호(戶)수와 전답 면적을 함께 기록하였다.

남녀 인구수는 면별로 조사되지 않은 탓인지 실려 있지 않고, 각촌조 말미에 기묘년 통계를 인용하여 김해 지역 총 호수와 남녀 인구를 기록하고 있다. 그래서 면별 남녀 인구는 김해 총 호수 10,601호와 남녀 인구 36,291명(남 16,296명, 여 19,995명)으로 호당 평균 인구를 산출하여 면별로 추산하였다.

『분성여지승람신증초』 각촌조의 면별 호구수와 전답면적표

| 촌(면)명 | 위치 | 호수 | 인구 | | | 전답 |
			남	여	계	
상동(上東)	동 40리	463	(712)	(873)	(1,585)	260결 26부 8속
하동(下東)	동 45리	1,195	(1,837)	(2,254)	(4,091)	788결 87부 9속
활천(活川)	동 50리	447	(687)	(843)	(1,530)	486결 48부 6속
좌부(左部)	남 10리	744	(1,144)	(1,403)	(2,547)	458결 95부 1속
우부(右部)	서 15리	961	(1,477)	(1,813)	(3,290)	204결 21부 8속
칠산(七山)	서 15리	333	(512)	(628)	(1,140)	391결 30부 9속
주촌(酒村)	서 25리	569	(875)	(1,073)	(1,948)	389결 96부
유등야(柳等也)	남 45리	878	(1,350)	(1,656)	(3,006)	741결 49부 6속
대야(台也)	남 60리	956	(1,470)	(1,803)	(3,273)	397결 61부 7속
율역(栗亦)	서 35리	573	(881)	(1,081)	(1,962)	454결 57부
잇촌(茘村)	서 45리	235	(361)	(443)	(804)	262결 5부 2속
진례(進禮)	서 45리	?	?	?	?	458결 41부 2속
하계(下界)	서 55리	261	(401)	(492)	(893)	433결 95부 ?속

| 촌(면)명 | 위치 | 호수 | 인구 | | | 전답 |
			남	여	계	
대산(大山)	서 65리	850	(1,307)	(1,603)	(2,910)	?결 ?부 ?속
중북(中北)	북 45리	630	(968)	(1,188)	(2,156)	663결 75부 4속
하북(下北)	북 30리	?	?	?	?	553결 63부 6속
생림(生林)	북 45리	700	(1,076)	(1,320)	(2,396)	549결 7부 8속
계		10,601	16,296	19,995	36,291	8,371결 27부 4속

　여기에서 촌은 면에 해당하는 것으로, 『분성여지승람신증초』단계 김해의 17개 면은 『여지도서』(1759) 단계에서는 명지도면(鳴旨島面)이 추가되어 18개 면이 되고, 『김해부읍지』(1786) 단계에서는 녹산면(菉山面)이 추가되어 19개 면 체제가 된다. 면 밑의 행정단위는 리인데, 1789년에 간행된 『호구총수』에는 김해의 리가 205개나 있었던 것으로 기록하고 있다.

　『분성여지승람신증초』에는 면만 표시하고 관할 하의 리는 수록하지 않았는데, 이는 이때까지 리가 존재하지 않아서 그런 것 같지는 않다. 1469년에 편찬된 『경상도속찬지리지』의 김해도호부 원우(院宇), 제언조에서는 청석리(靑石里), 활천리(活川里), 감물야촌(甘勿也村), 성중리(城中里), 부량곡리(釜良谷里), 고법야촌(古法也村), 삼산리(三山里), 북곡리(北谷里), 거인리(居仁里), 감천리(甘川里), 대기음리(大岐音里), 남산리(南山里), 진례촌(進禮村) 등 리와 촌의 존재를 확인할 수 있다.

김해 지역 17개 면 가운데 하동면이 인구와 경지 면적에서 가장 규모가 크다. 김해 전체의 10%에 가까운 규모이다. 이어서 우부면, 대야면, 유등야면, 대산면, 생림면 순으로 규모가 큰 것으로 나타나고 있다. 이렇게 규모가 큰 면들은 대체로 관할하는 리가 많은 곳들이다. 『호구총수』 김해 각면 소속의 리 통계를 보면, 김해 전체

| 「광여도」 「김해부」(서울대학교 규장각)

205개의 가운데 하동면에는 리가 17개, 우부면 18개, 대야면 12개, 유등야면 18개, 대산면 9개, 생림면 18개로, 이들 6개 면 소속의 리가 전체의 45%를 차지하고 있다.

『분성여지승람신증초』에 수록된 김해 전체 호구수에 대해서는 기묘년(1699?) 호적을 근거로 10,601호에 인구 36,291명(남 19,296명, 여 19,995명)으로 집계하였다. 이는 뒤에 편찬되는 지리서의 호구 통계보다 훨씬 많은 액수이다. 『여지도서』(1759~1765) 「김해부읍지」 호구조에서도 기묘년(1759) 호적을 근거로 하여 8,511호에 인구 33,015명(남 13,846명, 여 19,979명)으로 기록하였고, 1786년 간행 『김해부읍지』 방리조에서는 병오년(1786) 호구조사를 기

준으로 김해의 호구를 9,078호에 35,741명(남 15838명, 여 19,903명)으로 기록하였다. 『호구총수』(1789)에서는 김해의 기유년(1789) 호구수를 9,107호에 35,833명(남 15,750명, 여 20,083명)으로 전하고 있어, 병오년 호구에 비해 3년간 29호에 92명 증가한 것으로 나타났다.

인구의 증가 추세를 감안하면 『분성여지승람신증초』의 호구수는 『호구총수』 단계의 1789년 이후의 통계가 될 것이며, 이때 기묘년은 『여지도서』 '기묘식(己卯式)'의 기묘년(1759)보다 한 갑자가 지난 1819년(순조 19)이어야 한다. 적어도 이를 근거로 삼는다면 『분성여지승람신증초』의 편찬 시기는 1819년 이후 시기로 설정되어야 할 것이다. 다만 1699년 간행된 『함흥부읍지』나 1700년에 간행된 『황간현읍지』의 인구통계가 이 보다 뒤에 편찬된 『여지도서』 당해 고을의 인구 통계보다 훨씬 많았던 것으로 나타나고 있어, 향후 『분성여지승람신증초』 각촌초의 기묘년이 언제인지 면밀한 검토가 필요하다.

〈참고문헌〉

『삼국사기』, 『고려사』, 『고려사절요』, 『조선왕조실록』, 『동국통감』, 『동
　　사강목』

『함주지』, 『진양지』, 『천령지』, 『밀양지』, 『분성여지승람신증초』, 『국역
　　함주지』(함안 문화원, 2009), 『국역진양지』(진주문화원, 2004),
　　『국역 천령지』(함양문화원, 2012), 『밀주읍지』, 『김해부읍지』, 『함
　　양읍지』

『경상도지리지』, 『세종실록지리지』, 『신증동국여지승람』, 『여지도
　　서』, 『경상도읍지』(1832), 『영남읍지』(1871, 1895), 『호구총수』
　　(1789)

『한국향토문화전자대전』(http://www.grandculture.net/)

『야은일고』, 『일두집』, 『한강집』, 『죽유선생문집』, 『부사집』, 『능허집』,
　　『창주집』, 『동강선생유집』, 『송파집』, 『춘수당집』, 『동문선』, 『국조인
　　물고』

강문식, 「『진양지』의 내용적 특징과 그 의미」(『남명학연구총서』8, 남명
　　학연구원, 2015)

김광철, 「여말선초 사회변동과 밀양 지역사회」(『석당논총』39, 2007)

김덕현, 「역사도시 진주의 경관독해」(『문화역사지리』13-2, 2001)

김문식, 「16~17세기 한강 정구의 지리지 편찬」(『민족문화』29, 한국 고
　　전 번역원, 2006)

김순희, 「오운과『함주지』」(『서지학연구』29, 한국서지학회, 2004)

박용국, 「부사 성여신의 가계와 그의 삶」(『남명학연구총서』8, 남명학연
　　구원, 2015)

박주, 「조선 중기『밀양지』의 편찬과 효자, 열녀」(『조선사연구』17,
　　2008).

양보경, 「조선시대 읍지의 체재와 특징」(『인문과학논집』4, 강남대,

1997)

오이환, 「『진양지(晉陽誌)』의 출판」(『동방학지』155, 연세대국학연구원, 2011)

이성혜, 「춘수당 정수민의 삶과 학문」(『남명학연구』53, 남명학연구원, 2017)

이재두, 「숙종대의 『여지승람』 수정증보 사업과 그 의미」(『동방학지』 186, 2019)

정대영, 「1899년 전국 읍지 上送令과 읍지편찬 연구」(『서지학보』38, 한국서지학회, 2011)

최원석, 「함주지 편찬 및 구성의 역사 지리적 특징」(『문화역사지리』 27-3, 2015)

최윤주, 「16, 17세기에 편찬된 경상도의 사찬 읍지」(『전북사학』17, 전북사학회, 1994)

2. 믿음과 일상

1) 「봉림사지 진경대사탑비문(鳳林寺址 眞鏡大師塔碑文)」
─선불교의 땅, 창원을 말하다 _ 남재우

　비의 명칭은 '고진경대사비(故眞鏡大師碑)'이다. 신라말의 대표적 선종 승려인 진경대사(眞鏡大師) 심희(審希, 853~923)의 행적을 기록한 탑비이다. 심희는 선종 9산의 하나인 봉림산문(鳳林山門)의 실질적 개창자이다. 심희가 입적한 1년 뒤인 924년 4월에 봉림사에 건립되었다. 보물 제363호로 지정되어 있다. 지금 국립중앙박물관에 소장되어 있다.

　신라시대 국왕이 승려의 비문을 지은 유일한 사례이다. 경명왕(917~924)이 직접 지었고, 전액(篆額)은 당나라에 유학하여 과거에 급제했던 전(前) 집사시랑 최인연(崔仁渷, 崔彦撝)이 쓰고, 비문 본문은 진경대사의 문도인 행기(幸其)가 썼으며, 진경대사의 문도인 성휴(性休)가 글자를 새겼다.

　비는 높이 183㎝, 너비 101㎝의 비신에 33행×60자로 구성되어 있다. 비문 제1행에는 탑비의 제목과 서자(書者)·전액 서자(書者), 제2행에는 찬자(撰者)가 기록되어 있으며, 제3행부터 본문이 시작된다. 제33행의 아랫부분에 건립 시기와 비문을 새긴 사람의 이름이 적혀 있다.

| 진경대사보월능공탑비(좌)와 탑(국립가야문화재연구소)

　진경대사비는 조선시대에 폐사된 봉림사에 위치하다가, 일제강점기인 1919년, 진경대사 승탑인 「봉림사지 진경대사탑(鳳林寺址 眞鏡大師塔)」(보물 362호)과 함께 경복궁으로 옮겨졌다. 현재는 국립중앙박물관에 있다. 경복궁으로 옮길 당시 비신이 세 조각으로 나뉘어 있었는데, 옮기면서 비신을 붙였다. 이때 비신의 아랫부분이 잘 보이지 않으므로 비신 뒷면에 각 행의 하단 6~8자(字) 부분의 내용을 옛 탁본에 의거하여 새겨 넣었다.

　비문은 대사의 가계와 조상, 출가와 수련과정, 봉림사 개창과정, 경명왕의 요청에 의한 경주 방문과, 열반과정, 그의 행적과 사(詞)로 구성되어 있다. 비문은 봉림산문의 형성과 전개 과정을 보여주며, 신라 말 왕실 및 지방 세력가와 선승의 관계를 잘 이해할 수 있는 자료이다.

특히 진경대사의 가계에 대한 기록은 가락국(김해)과 그 후예인 신김(新金)씨의 역사를 이해하는데 중요한 기록이다. "그 선조는 임나의 왕족이요, 초발(草拔)의 신성한 후예였는데, 매번 이웃 나라의 군대에 괴로워하다가 우리나라에 귀의하였다[其先 任那王族 草拔聖枝 每苦隣兵 投於我國]"는 국내의 자료에 잘 나타나지 않는 임나(任那)에 관한 구체적 서술로서 임나의 성격을 이해하는 데 있어 큰 도움이 되는 자료이다. 비문 외에 임나를 기록하고 있는 것은 「광개토왕비문」 속의 '임나가라(任那加羅)', 『삼국사기』 강수전(强首傳)의 '임나가량(任那加良)'이 있을 뿐이다.

(1) 창원 복림(福林)에 봉림사가 들어서다

봉림사에는 봉림사 진경대사 보월능공탑(寶月凌空塔)과 봉림사 진경대사 보월능공탑비(寶月凌空塔碑)가 있었다. 삼층석탑(三層石塔)[경상남도 유형문화재 제26호]도 있었다. 하지만 탑과 탑비는 국립중앙박물관에, 석탑은 창원 상북초등학교에 안치되어 있다. 비와 탑은 1919년 조선총독부가 서울로 옮겼고, 봉림사지에는 '鳳林寺眞鏡大師寶月凌空塔碑址(봉림사 진경대사보월능공탑비지)'라는 글과 함께 '大正八年十二月朝鮮總督府(대정 8년 12월 조선총독부)'라 새겨진 글씨가 선명한 이건 표석이 있다.

| 봉림사진경대사보월능공탑비지(국립가야문화재연구소)

　봉림사의 모습은 1995∼1998년 사이 4차례에 걸친 국
립창원문화재연구소(현국립가야문화재연구소)의 발굴조사를 통
해 알게 되었다. 추정 금당(金堂) 터와 탑 자리, 건물지가 확
인되는 등 일부 가람의 구조를 알 수 있었다. 절터의 중심부
에는 타원형 못이 조성되고, 그 가운데 수미산(須彌山)으로
여겨지는 조산(造山)이 확인되었다. 건물지에서는 '鳳林寺(봉
림사)'라 새긴 기와편이 다량 조사되었다.

　얼마 안 되어 김해(金海) 서쪽에 복림(福林)이 있다는 말을 멀
리서 듣고 곧바로 이 산을 떠나 남쪽 경계로 갔다. 진례(進禮)에
이르러 잠시 머물렀는데, 이에 '진례성제군사(進禮城諸軍事) 김
율희(金律熙)'가 〈대사의〉 도를 사모하는 마음이 깊고 가르침을
들으려는 뜻이 간절하여, 경계 밖에서 마중하여 성안으로 맞이

하였다. 이로 인해 절을 수리하고 대사의 수레를 이곳에 머물기를 청하였다. 마치 고아가 자애로운 아버지를 만나고 병자가 훌륭한 의사를 만난 듯하였다.

〈김율희가 수리한〉 이 절은 비록 땅이 산맥과 이어지고 문은 담장 밑[墻根]에 기울어져 있었으나, 대사는 수석(水石)이 기이하고 〈골짜기의〉 아지랑이가 빼어나며 준마가 서쪽 봉우리에서 노닐고 올빼미가 옛터에서 우는 것 같아서, 바로 보살[大士]의 뜻에 마땅하고 신인(神人)의 ㅁㅁ에 깊이 부합한다고 생각하였다. 그래서 띠 집을 새로 수리하고 수레를 멈추어 머무르며 봉림(鳳林)으로 이름을 바꾸어 선문[禪宇]을 새로 열었다. (진경대사 탑비문)

| 봉림사지 기와(국립가야문화재연구소)

봉림사가 위치했던 창원은 일찍부터 해상교통이 활발했던 곳이다. 가야시기에는 바다와 접한 창원분지에 골포국, 탁순국이라는 해상왕국이 있었다. 남해를 통해 일본을 비롯한

196

백제 등과 교류했으며, 창원을 둘러싸고 있는 낙동강은 내륙과 소통할 수 있는 교통로였다. 동읍의 다호리에 조사된 유적과 유물은 기원을 전후로 한 시기의 것으로서 낙랑과의 교류를 보여주는 유적지다. 창원분지 내에서도 다양한 외래계 유물들이 확인되고 있다.

봉림사 또한 창원분지와 맞닿은 산지에 위치해 있고, 바닷물이 깊숙이 들어왔던 창원천에 위치한 지이포(지금의 지귀상가)와 가깝다. 해상교역로인 마산만으로 나갈 수 있다. 봉림사지에서 고개를 넘으면 창원 동읍지역이고 낙동강과 가깝다.

탑은 진경대사가 입적한 이듬해인 경명왕 8년(924)경에 건립된 것으로 추정된다. 진경대사가 입적하자 경명왕은 영회법사(榮會法師)를 보내어 조문하고, 삼칠일이 되자 다시 중사(中使)를 보내어 부의(賻儀)와 함께 시호를 진경대사, 탑호를 보월능공지탑(寶月凌空之塔)이라 내렸다. 1963년 1월 21일 보물 제362호로 지정되었다.

탑비는 경명왕 8년(924)에 건립되었다. 비가 있던 경상남도 창원의 봉림사는 폐사된 연대가 불확실한데, 비는 오래 전부터 훼손되었다. 이수와 귀부(龜趺)는 상태가 좋은 편이나, 비신은 아랫부분 6자부터 절단, 분실되었으므로 보완하였다. 조선시대에 이르러 옛 탁본에 의하여 결실된 부분의 문자를 비음(碑陰)에 새기고, 마지막에 '口巳閏七月日重竪此刊(口사윤칠월일중수차간)'이라는 중수 사실을 기록하였다. '口巳'는 1797년(정조 21) 정사(丁巳)에 해당할 것으로 추정된다.

탑과 탑비가 1919년 조선총독부에 의해 서울로 옮겨진 것은, 임나일본부설의 증거를 찾기 위한 것이었다. 진경대사 심희가 임나왕족(任那王族)으로 씌여져 있었기 때문이다. 우리나라의의 자료에는 임나에 관한 기록이 드문데, 본 비문과 강수(强首)가 임나가량(任那加良) 출신임을 전하는『삼국사기』열전, 광개토왕이 왜(倭)의 침략을 받은 신라를 구원하러 보낸 군대가 임나가라의 종발성(從拔城)을 함락하였다는 내용이 담긴「광개토왕릉비」등이 있다. 반면『일본서기』를 비롯한 일본의 자료에는 임나에 관한 기록이 많은데, 한반도 남부의 신라와 백제 이외의 지역 전체를 가리키는 의미로 사용되고 있다. 중국의『한원(翰苑)』에는 임나가 가야와 함께 신라에 병합된 나라로 언급되고 있다. 본 비문의 내용은 임나가 본래 김해에 있던 금관국을 가리키는 것으로 보는 견해의 유력한 근거로 활용되고 있다.

(2) 봉림사를 만든 사람들

봉림사를 만든 사람들은 비문에서 알 수 있다. 진경대사 심희, 김율희(소율희), 김인광(金仁匡) 등이다.

대사의 이름은 심희이고, 속성은 신(新) 김씨이다. 그 선조는 임나(任那)의 왕족이요,(진경대사탑비문)

진례에 이르러 잠시 머물렀는데, 이에 진례성제군사(進禮城諸

軍事) 김율희(金律熙)가 〈대사의〉 도를 사모하는 마음이 깊고 가르침을 들으려는 뜻이 간절하여, 경계 밖에서 마중하여 성안으로 맞이하였다. 이로 인해 절을 수리하고 대사의 수레를 이곳에 머물기를 청하였다. …… 그래서 띠 집을 새로 수리하고 수레를 멈추어 머무르며 봉림으로 이름을 바꾸어 선문을 새로 열었다. 이에 앞서 지김해부(知金海府) 진례성제군사(眞禮城諸軍事) 명의장군(明義將軍) 김인광은 집[鯉庭]에서는 아버지의 가르침을 받고 대궐에서는 〈임금께〉 정성을 다하였는데, 〈이때에 이르러〉 선문에 귀의하여 〈대사를〉 받들며 사찰[寶所]의 수리를 도왔다.(진경대사탑비문)

심희(855~923)는 9세에 출가하여 명산을 다니면서 수행을 하다가 봉림사를 창건한다. 김해와 가까운 창원에 봉림사를 개창한 것은 그의 선조가 임나왕족이었다는 것에서 알수 있다. 임나는 가락국을 의미한다. 심희는 김해 가락국의 후예로서 김씨였다. 따라서 김해와 접한 창원에 머무르게 된 것이다. 923년 봉림사에서 입적했다.

심희의 봉림사 창건은 지역사회의 후원 아래서 가능했다. 신라말의 지방세력을 호족이라 부른다. 신라말 왕권을 둘러싼 진골귀족간의 갈등이 심화되면서, 중앙집권체제가 해체되기 시작했다. 이에 호족이라 불리는 지방세력들이 군사적, 경제적 기반을 바탕으로 정치세력으로 성장했다. 지역에서의 정치적 지배의 정당성을 확보하고, 지역민들의 지지를 얻기 위해 이름난 승려들을 모셔와서 사찰을 건립하였다. 이것이 신라말의 구산선문이다.

구산선문의 하나인 봉림사 창건을 후원했던 호족은 김율희와 김인광이다. 김율희는 김해 지역의 호족으로 소율희(蘇律熙)와 동일 인물이다. 소율희는 '쇠유리'의 한자 표기이다. 진례성제군사로 재직 중이던 907년(효공왕 11) 심희가 명주(溟州, 강릉)를 거쳐 진례에 이르렀을 때, 진례성으로 맞아들이고 봉림사 창건을 도왔다. 또한 김율희는 911년(효공왕 15) 중국에서 귀국하여 김해에 도착한 대사 이엄(利嚴)도 후원했다. 해주(海州) 광조사(廣照寺) 진철대사보월승공탑(眞澈大師寶月乘空塔) 비문에, "마침 김해부지군부사(金海府知軍府事) 소율희의 귀의를 받게 되었는데, 그는 승광산(勝光山) 중의 연하(煙霞)의 절경에 터를 잡아 절을 짓고 정성스러운 큰 뜻을 기울여 (대사가) 이 절에 계시도록 청"했던 것이다.

김인광은 진경대사비문에 '知金海府進禮城諸軍事明義將軍(지김해부 진례성 제군사 명의장군)'이라 하였다. 그는 상당히 교양이 높은 가문에서 자라 신라 왕실에 충성을 다한 김해소경(金海小京)의 관원이었던 것으로 추정된다. '집[鯉庭]에서는 아버지의 가르침을 받고 대궐에서는 〈임금께〉 정성을 다하였는데'에서 알 수 있다. 그는 지방세력화되어 즉 신라 말기에 새로 일어난 구가야 왕족의 후예 신김씨(新金氏)로서 세력을 떨치던 호족으로 볼 수 있다.

(3) 창원 선불교의 땅이 되다

| 봉림사지전경(국립가야문화재연구소)

심희는 신라말에서 고려로의 전환되는 시기를 살았던 사람이다. 그는 9세 때 혜목산에 가서 현욱(玄昱)의 제자가 되었다. 출가 이후의 활동은 전국을 돌아다니며 수행한 운수기(雲水期 :탁발승)와 봉림사에 머물렀던 시기로 나눌 수 있다. 심희는 운수기에 광주(光州)·설악·명주 등 전국 각지를 돌며 수행하면서도, 신라 진성왕의 부름에도 응하지 않았다. 가는 곳마다 선승들이 모여들었다.

송계(松溪)에서 선(禪)을 행하니 배우는 사람들이 비가 오듯 모였고, 잠시 설악에 머무니 선객(禪客)들이 바람처럼 달려왔다. 어디를 가더라도 숨지 못하니 어찌 그 뿐이겠는가. …… 명주에

201

가서 발을 멈추고 산사에 가서 쉬니, 주변 천리가 또 편안하였고 한 지방이 변화하였다.(진경대사 비문)

심희가 창원에 이르게 되는 것은 20여 년 동안의 순례 행을 마친 이후이다. 봉림사를 개창한 이후 어느 시기보다 활발하게 활동했다. 신라 경명왕의 초빙에 응해 나라를 다스리고 백성을 편안히 하는 방법을 설파하였고, 많은 제자를 길렀다. 봉림사에서 입적할 때 모인 제자가 500여 명이나 되었다. 봉림사는 심희의 활동에 힘입어 구산선문의 하나로 꼽히게 되었다. 심희의 사상은 공유(空有)에 치우치지 않는 태도를 보이면서 현실의 상황도 중시했던 것으로 평가받고 있다.

선종의 산문은 영향력이 있는 고승과 그가 머무는 사찰을 중심으로 성립하였다. 가지산문은 장흥 보림사(寶林寺), 실상산문은 남원 실상사(實相寺), 동리산문은 곡성 태안사(泰安寺), 사자산문은 영월 흥녕사(興寧寺), 사굴산문은 강릉 굴산사(崛山寺), 성주산문은 보령 성주사(聖住寺), 희양산문은 문경 봉암사(鳳巖寺), 수미산문은 해주의 광조사(廣照寺)를 중심 사원으로 하였다. 봉림산문은 창원의 봉림사로서 가장 남쪽에 위치했다.

봉림선문 출신의 제자들은'봉림가자(鳳林家子)', '봉림대사(鳳林大師)' 등으로 불리었고, 그들은 진경대사를 흠모했다. 진경대사는 어디서나 교화를 펼쳤고 자애로움을 보여주었기 때문이다.

대사는 하늘로부터 지혜와 총명을 받고 큰 산의 정기를 받았으며, 자애로운 거울을 마음[靈臺]에 걸고 계율의 구슬을 정신[識宇]에 두었다. 이에 사방으로 교화를 펼치고 지역마다 자애를 보였으니, 알고서도 하지 않음이 없어 넉넉히 여유가 있었다. 세상을 마칠 때까지 마음이 굳건하여 잠시도 감정을 일으키지 않고, 비록 잠깐이라도 몸이 단정하여 세속의 번뇌에 물들지 않았다.(진경대사 비문)

진경대사는 923년 세속 나이 70, 승려 나이[僧臘] 50세에 입적했다. 제자들에게 슬퍼우지 말고 수행에 힘써라는 말을 남겼다. 경명왕은 영회법사를 보내 조문하게 하고, 필요한 물자도 보내었다. 그리고 '진경대사'란 시호를 내리고, 탑의 이름을 '보월능공지탑'이라 했다.

"모든 법은 다 공(空)하며 모든 인연은 다 고요하다. 세상에 살아감이 떠가는 구름과 다름없다. 너희는 힘써 수행하며 삼가고 슬피 울지 말라."하고는 오른쪽으로 누워 봉림사 선당(禪堂)에서 입적하였다. 세속의 나이는 70세이고, 승려 나이는 50세였다. 이때에 하늘빛은 흐려지고 태양은 빛을 잃었으며, 산과 내가 무너지고 마르며 풀과 나무가 시들고 말랐다. 산새들은 이에 괴롭게 지저귀고 들짐승은 슬피 울었다. 문인들이 울면서 시신을 받들어 절 북쪽의 언덕에 임시로 장사지냈다. 과인은 갑자기 〈대사가〉 입적을 듣고서 깊이 슬퍼하고, 소현승(昭玄僧) 영회법사를 보내 먼저 조문하게 하고, 3·7일에는 특별히 사자를 보내 부의 물자를 주고 또 시호를 '진경대사(眞鏡大師)', 탑의 이름을 '보월능공지탑'으로 추증하였다.(진경대사 비문)

〈참고문헌〉

남재우, 「통일신라시대의 창원」, 『청소년을 위한 창원의 역사』, 창원문화원, 2011.

배상현, 「9산선문의 하나였던 봉림사지」, 『창원600년사-창원의 어제』, 창원문화원, 2009.

최영호, 「9산선문의 남쪽 끝, 봉림사」, 『마산·창원역사읽기』, 불휘, 2003.

2) 조선후기 경남의 가족 구성, 『단성호적(丹城戶籍)』 _ 김준형

(1) 단성현은 어떤 고을이었나?

단성현(丹城縣)은 경남 서부지역의 중심지인 진주 북쪽에 이웃한 작은 고을로서, 조선 초기 세종대에 강성현(江城縣)과 단계현(丹溪縣)이 합쳐져 단성현이 되었다. 강성현은 원래 신라 때는 궐성군(闕城郡)이라 불렸는데, 단계현과 산음현(山陰縣)을 영현(領縣)으로 거느리고 있었다. 고려시대에 와서 강성현은 진주의 속현(屬縣)으로, 단계현과 산음현은 합천의 속현으로 이속되었다. 그러다가 고려말 공양왕 2년에 강성현이 독립되고 세종대에 단계현까지 합쳐서 단성현이 되었던 것이다.

이러한 연혁에서 알 수 있듯이 단성은 '잔읍(殘邑)'이라 칭해질 정도로 아주 작은 고을이었다. 게다가 조선 중기 임진왜란 중 2차에 걸쳐 진주성 전투가 전개될 때, 단성 주변에서도 격심한 전투가 벌어져서 단성은 피폐해졌다. 이 때문에 단성현은 1599년 인근 산음현의 임내(任內)로 소속되어 있다가 1613년 단성 주민의 상소로 다시 독립되기도 하였다.

그러나 이처럼 작은 고을임에도 불구하고 단성현은 재지사족의 위세가 인근의 어느 고을보다도 강했다. 조선 중기 이후 진주를 중심으로 형성되었던 남명학파(南冥學派)의 영향을 가장 많이 받은 고을 중 하나이기도 했다. 따라서 남명학파의 본거지인 덕천서원(德川書院)의 운영이나 남명 현창

(顯彰)운동에서도 어느 고을에 못지 않게 활발한 활동을 하고 있었다. 또 임진왜란 때는 의병활동에 참여한 자가 많았던 지역이기도 하다. 조선 후기 과거 합격이나 그 이외의 사림 활동에서도 인조반정 이후 침체되어 있던 인근 고을과는 달리 활발한 모습을 보이고 있었다.

| 덕천서원(산청군청)

구한말에 와서 갑오개혁 이후 진행된 대대적인 지방제도 개혁에 따라 고을의 명칭을 '군(郡)'으로 일원화하고 고을 간의 강역 조정도 이루어졌다. 이런 지방제도 개혁의 연장선 상에서 한일합방 직후인 1913년 10월에서 1914년 4월에 걸쳐 일제는 대대적인 지방제도 개편을 단행했는데, 군과 면의 대대적인 통합과 분리를 통해 군과 면의 수도 대폭 축소했다. 이 과정에서 단성군은 인근 산청군(山淸郡)에 흡수되면서, 독립된 고을로서의 모습이 사라져버린다. 산청은 원래 산음현이라 불렸는데, 영조 43년(1767) '7세 여아의 아기생산 사건'을 계기로 고을 이름이 '산청'으로 바뀐다.

(2) 조선시대의 호적이란 어떤 것이고 얼마나 남아 있나?

조선왕조의 호구 조사는 주로 징병(徵兵)과 부역 징발에 그 목적이 있었다. 그리고 이에 덧붙여 신분의 판별·확인, 유이(流移)·도망(逃亡)의 억제, 노비(奴婢)의 추쇄(推刷), 인물의 소고(溯考) 등에도 그 목적을 두었다. 그런데 조선왕조의 호적제도는 오늘날의 호적제도와는 달랐다. 당시의 호적은 오늘날의 주민등록과 유사한 개념을 지닌 것으로서, 독립 가호를 이루고 있는 자연호(自然戶)를 단위로 그 구성원의 직역(신분), 성(性), 연령, 세계(世系), 혼인관계 등을 조사·파악하는 운영체제를 추구하였다. 호적대장은 '식년'(式年, 간지(干支)로 ○자(子)·○묘(卯)·○오(午)·○유(酉)년에 해당되는 시기를 말함), 즉 3년마다 작성되었다.

호적대장이 작성되는 해에는 법제적으로 규정된 기재양식에 따라 각 가호가 호구단자(戶口單子) 2장을 작성하여 관에 제출하였다. 기재양식을 '호구식'(戶口式)이라 하는데, 호별로 ①호주의 직역(또는 신분)·성명·나이·생년(生年)·본관, 사조(四祖, 부·조·증조·외조)의 직역과 이름, ②호주 처의 성씨·나이·생년·본관, 처의 사조 직역과 이름, ③같이 사는 자식의 직역·이름·나이, 거느리고 사는 노비와 고공의 이름과 나이 등을 기록하는 것이다. 이런 내용의 호구단자를 관에 제출하면, 관에서는 이전 호적과 대조한 후 한 장은 해당인에게 넘겨주고 한 장은 관에 비치해 각 호를 마을 단위로 오가작통(五家作統) 형태로 정리하였다. 이를 토대로 고을 전체의 호적대장이 작성되는데, 이 호적대장은 고을마다 3부를

작성하여 본 고을과 본도(本道) 감영 및 호조[戶曹, 조선 후기에
는 한성부(漢城府)]에 각각 1부씩 보관하였다.

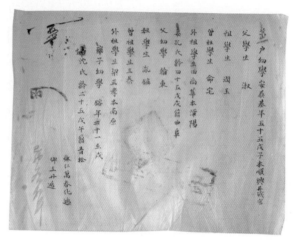

| 산청군 신등면 안상옥씨 소장 호구단자

　그런데 이렇게 만들어진 호적대장은 시기에 따라 다른 모
습을 보인다. 18세기까지는 호적대장이 두 사람이 맞들어
야 겨우 들 수 있는 정도로 크고 면수도 많았다. 지역과 시
기마다 크기가 약간 달라지긴 하지만, 대구호적대장을 예로
들면 가로·세로 각각 75×60cm 정도였다. 그런데 19세
기로 들어오면, 호적대장의 크기는 이전의 호적대장 크기의
1/2도 안 되고(25×40cm정도) 면수도 줄어든다.
　그래서 큰 고을인 대구의 경우, 한 시기의 호적대장이 여
러 책으로 구성되지만(대구: 18세기까지는 4-6책, 19세기에는
10책), 단성과 같은 작은 고을은 한 호적대장에 고을의 8개
면 모든 지역의 상황이 기록되었다. 그런데 규모가 작아진

19세기의 단성호적대장에는 2개 면 지역씩만 한 책에 담겨 있어 같은 시기에 호적대장이 4책으로 분리되어 작성되었다. 기재내용에서도 차이가 난다. 19세기 이전의 호적대장에서는 위에 언급된 내용이 자세하게 기록되는데, 19세기 이후의 것은 기재 내용이 소략해진다. 특히 가족이나 노비의 기재 사항에서 이런 현상이 두드러진다. 이는 사회변화에 따른 국가의 호구정책의 변화와 혼란에서 기인된 것으로 보인다.

| 18세기까지의 단성호적대장 일부가 걸려 있는 모습(왼쪽). 내부의 기록 내용을 보여준다.(오른쪽)

구한말 1890년대 후반 광무 연간에는 소위 '광무호적'이라 불리는 신식호적(新式戶籍)이 매년 작성되기 시작하는데, 기재 형식이 이전과는 완전히 다른 형태를 띤다. 신식호적에도 호주의 사조와 처 및 기타 가솔들이 기록되고 있지만, 갑오개혁의 일환으로 바뀐 것이어서 신분적인 엄격한 구분이나 노비의 기재 등도 사라지고 있다. 문서가 인쇄된 형태를 취하고 있고, 해당 칸에 호구와 관련된 여러 가지 사항을 기재하게 되어 있었다. 또 집의 양식[초가(草家), 와가(瓦家)의

여부]이나 간수(間數)도 기록하여야 했다.

| 1828년 단성호적대장 | 산청군 신등면 김동준씨 소장 신식호적(인쇄된 용지에 해당 사항을 기록하게 되어 있다)

그러나 현재 이런 호적대장이 남아 있는 곳은 전국적으로 보아 일부 고을에 불과하다. 국내에는 대구(187책) 울산(55책) 상주(7책)(이상 서울대 소장), 단성(13책), 언양(9책) 등 9개 고을의 호적대장이 현존한다. 남아있는 호적대장은 경상도 지역에 편중되어 있고, 다른 도의 것은 1-2개 장적이 단편적으로 남아 있을 뿐이다. 그리고 일본의 학습원대학에도 많은 호적대장이 소장되어 있는데, 단성의 호적대장 25책 이외에 창녕 14책, 사천 9책, 하동 9책, 산청 5책, 안의 11책, 김해 3책, 칠원 12책, 진해 18책, 합천 3책으로, 모두 경남지역 여러 고을의 것이고 19세기의 것이다.

(3) 단성호적대장의 사료적 가치는 어떠한가?

단성에 남아 있는 호적 자료의 분포

단성에는 19세기 이전의 호적대장 13책(13식년에 해당)이 단성향교에 보관되어 있어서 이것이 1980년 한국정신문화연구원에서 『경상도 단성현 호적대장(慶尙道 丹城縣 戶籍大帳)』이란 이름의 영인본으로 출판되었다(도중에 이중 2책이 도난되고 나머지 11책이 경상국립대학교 도서관에 보관되어 있다). 그리고 19세기 이후 광무개혁 이전의 호적대장 25책(19식년에 해당)이 일본 학습원대학에 소장되어 있는데, 이것도 2000년에 모두 한국정신문화연구원에서 영인본으로 출간되었다.

양적으로 볼 때, 대구와 울산의 경우 식년은 각각 61식년(187책)과 43식년(55책) 등 많은 시기에 걸친 방대한 책수의 호적대장이 남아 있다. 단성호적대장은 양적으로는 이에 미치지 못해서, 1678년 이후 1888년까지 32식년에 걸친 38책의 호적대장만 남아 있다. 그러나 한 시기에 고을 전체의 상황을 보여주는 호적이 남아 있는 것은, 대구에서는 1825년, 1858년의 것, 울산에서는 1765년의 것뿐인데 비해, 단성은 19세기 이전의 것 13책이 모두 고을 전체의 상황을 보여주고 있다. 이처럼 단성호적대장은 전 지역을 담고 있는 것이 다수여서 조선시대 향촌사회의 변화를 연구하는 데 단성은 어느 고을보다도 유리하다.

게다가 현존하는 조선시대 호적대장 중 가장 이른 시기의 『산음현호적대장(山陰縣戶籍大帳)』(1606)에 단성현 호적이 합록되어 있어서, 단성은 17세기 초 이후 19세기 말까지 오랜 시기 동안의 사회변화를 연구할 수 있는 이점이 있다. 이런 이점은 다른 고을의 호적대장에는 없다. 단성현 호적이 산음현에 실린 것은 위에서 언급했듯이 단성현이 임진왜란으로 피폐해지자 인근 산음현에 합쳐져 산음현의 임내로 존재하고 있었기 때문이다.

단성이 작은 고을임에도 불구하고 이처럼 호적대장이 많이 남아 있었던 것과 관련하여 전해지는 전설도 있다. 이철로(李喆魯, 1854~1917)의 『만회고(晩悔稿)』에 의하면, 을사늑약 직후인 1906년 국가에서 강제로 호적대장을 모두 거두어들이는 조치를 취하자, 이철로가 앞장서 여러 동지를 모아 이 조치에 저항하려 하였지만, 호응이 없어 실패하였다고 한다. 하지만 그는 당시 군수인 김병길(金秉吉)이 호적대장 일부를 몰래 웅천(熊川)으로 옮기려 하자, 이를 빼앗아 향교에 다시 보관했다고 한다. 이에 다른 유림들이 그의 행동을 칭송하는 시를 지어 화답했다고 하며, 실제 그들의 이런 시가 『만회고』에 실려 있다.

아마 다른 고을에서도 이처럼 일부 친일적인 인사의 협조로 여러 고을의 호적대장이 웅천을 통해 일본으로 넘어간 것으로 보인다. 그러나 19세기 이전의 단성호적대장은 가로·세로 각각 66×63cm 정도, 장수는 145장 정도가 되어 너무 무거운 데다가, 이런 저항으로 인해 단성에 남게 되었고 부피가 작은 19세기의 일부만 일본으로 넘어간 것 같다.

단성현의 현존 호적대장

시기	책수	해당 식년	소장처
임란 직후	1	1606(『산음현호적대장』)	서울대 규장각
17세기 말 -18세기 말	13	1678, 1715, 1720, 1729, 1732, 1735, 1750, 1759, 1762, 1780, 1783, 1786, 1789(13식년)	단성향교(경상대 도서관)
19세기, 갑오개혁 이전	25	1825(3책), 1828(2), 1831(1), 1834(1), 1837(1), 1840(1), 1843(1), 1846(2), 1849(2), 1858(1), 1861(1), 1864(2), 1867(1), 1870(1), 1873(1), 1879(1), 1882(1), 1885(1), 1888(1)(19식년)	일본 학습원대학

단성에는 이외에도 광무 연간의 신식호적 1책이 민가(이 종수씨 댁)에 남아 있다. 표지에 『경상남도 단성군 호적표(慶 尙南道丹城郡戶籍表)』라 되어 있지만, 단성현 원당면 배양촌의 호구만 기록된 신식호적이다. 광무 8년(1904) 2월과 광무 9 년(1905) 2월에 작성된 것이 같이 한 책으로 합쳐져 있다. 신식호적에는 예전처럼 신분, 직역이 기록되지는 않았다. 일부 합천이씨의 직업란에 '士'(선비)로 기재하는 경우도 있 으나, 많은 합천이씨와 타성들은 '農'(농업)으로 기재하고 있 다. '사'로 기재되는 경우 대부분 집의 간수가 6간으로 기재 되어, 3간 이하로 기재된 대부분의 촌민보다 경제적 기반이 넉넉함을 간접적으로 보여주고 있다.

단성호적대장을 통해 알 수 있는 것

이처럼 단성에는 이른 시기인 임란 직후부터 시작해 광무 연간까지 여러 호적 자료들이 방대하게 남아 있고, 또 관련 호적대장이 모두 영인되어 쉽게 접근할 수 있는 이점이 있 다. 그래서 조선시대 사회상과 그 변화를 연구한 업적 중 단성의 호적대장을 토대로 연구한 것이 약 100편에 달해, 어느 고을에 비교될 수 없을 만큼 연구가 많음을 알 수 있다.

단성지역이 조선시대 사회사 사례연구의 주요한 대상이 되기 시작한 것은 단성호적대장이 학계에 소개된 1970년대 후반부터, 특히 그것이 한국정신문화연구원에서 영인본으로 발간된 1980년부터다. 이 호적을 토대로 여러 연구자들이 17, 18세기 신분별 호구 구성비의 변화를 추적하여, 양반호구는 급격하게 증가하고 상민호도 늘어나지만 노비호는 급격하게 감소하였음을 지적하였다.

그런데 이런 연구 업적들은 모두 국내에 있는 단성호적을 토대로 분석을 진행한 것이었기 때문에, 그 연구범위도 18세기를 넘어가지 못했다. 국내의 단성지역 연구에 힘입어, 일본의 연구자들도 일본 학습원대학에 있는 19세기의 단성호적까지 포함해 연구를 시작했다. 예컨대 이노우에 카즈에〔井上和枝〕는 19세기 단성지역의 호구, 신분·직역, 노비소유 상황의 변동 등에 대해 추적하여, 호적대장 상의 호구의 대폭적 감소 및 양반, 특히 유학의 비대화, 상민 및 독립호 노비의 극감 현상을 지적하면서, 17, 18세기의 신분변동이 대구·울산 등에 비해 완만했던 단성현에서 19세기에 이르러서는 양적으로 다른 지역을 능가하는 변동현상이 나타난다고 결론지었다.

특히 노비수가 전반적으로 감소해 가면서 19세기에 가면 양반호의 평균 노비 소유구수는 1-2구로 감소한다. 물론 이것은 양반층이 노비 대신 토지소유에 관심을 쏟은 결과이

기도 할 것이다. 반면에 노비를 등재한 호수는 17세기 초반 이래 19세기 중엽까지 꾸준히 증가한다. 원래 양반층이 아니던 호에서도 노비 소유를 기재하는 현상도 발생한다. 그런데 19세기에는 양반층 여부를 불문하고 실제로는 노비를 보유하지 못한 호라 할지라도 노비 1구를 소유하고 있는 것처럼 호적대장을 작성하는 관행도 나타나고 있었다.

이런 신분·직역별 통계 처리에 의한 신분변동의 추적과는 달리 특정 신분·직역에 촛점을 맞추어 그 계층의 신분변동을 추적하는 연구도 진행되어 갔다. 기존 양반층이 점차 영향력이 약화되어 가는 반면에 고을 행정의 실무를 담당하는 것을 매개로 고을 내에 영향력을 강화해가는 향리와 가리(假吏, 아전)층의 신분변동과 이 직역에 진입하기 위한 경쟁이 치열해지는 모습도 어느 정도 밝혀졌다. 또 역촌(驛村)의 주민이나 생철장(生鐵匠)·수철장(水鐵匠) 등 장인 및 노비들의 특정 인물의 이후 시기의 계보 추적을 통해 신분변동을 살피거나 교생(校生)들의 출신 성분의 변화를 분석하여 기존의 신분변동론을 뒷받침하는 연구도 나왔다.

그러나 이에 대한 반론도 쏟아져 나왔다. 시기별 통계 처리 방법에 의한 연구의 한계성이 지적되고, 각 신분·직역의 변동과 그 성격에 대한 의문도 제기되었다. 우선 일부 양반 가문의 계보와 그 가문 내의 인물의 증가가 당시의 인구증가율을 훨씬 상회하는 것을 추적하여 양반호의 증가는 상민호의 신분이동에 의한 것이기보다는 양반층의 자체 확대재생산에 의한 것이라고 주장하는 연구가 나왔다.

18세기 후반 이후 신분으로서 유학(幼學)을 지칭하는 계층의 비중이 점차 높아져 19세기 중반에 오면 인구의 반 정도를 차지할 정도가 되는데, 이를 어떻게 해석할 것인가를 두고 논란이 계속되었다. 유학은 기존 사족양반층 중 과거에 합격한 자나 관료로 진출한 자 이외의 양반층을 지칭하는 것이어서 아무나 지칭할 수는 없었다. 그런데 호적대장에 기록된 유학층이 증가하면서 이들을 모두 양반층이라 할 수는 없고 상당 부류는 준양반(準兩班) 또는 중인(中人)층으로 보아야 한다는 의견도 제시되었다.

그러나 이는 사회변화 속에서 양반층의 영향력이 약화되면서 유학을 용이하게 칭할 수 있을 정도로 그 권위가 낮아진 것으로 보아야 할 것으로 보인다. 18세기 후반 이후 신흥계층의 신분상승이 활발해지면서, 호적대장에서 양반층에게 부여되던 또다른 직역인 업유(業儒)·업무(業武)·무학(武學)·한량(閑良) 등이 중인층을 나타내는 직역으로 신흥계층에 광범하게 확산되고 있었던 것도 이를 말해준다.

단성호적대장을 통해 단성현의 인구의 변화나 촌락구조의 변화를 추적하는 연구도 나오기 시작했다. 원래 조선 전기까지는 친족제도나 결혼풍습의 한국적 특성으로 인해 촌락은 여러 성씨들이 모여사는 모습을 띠고 있었다. 즉 조선 중기까지는 남귀여가(男歸女家)나 서류부가(壻留婦家) 풍습으로 인해 남자가 경제력이 있는 처가에 장가들어 거주하고 상속에 있어서도 남녀 균등상속(男女均等相續)이 이루어지고 있어서, 한 마을에 여러 성씨가 함께 거주하는 모습을 보인 것이다. 그리고 기존 사족양반층뿐만 아니라 노비나 서민들도 같이 섞여 살고 있었다. 그러나 유교적 문화가 확산되고 주자(朱子) 가례(家禮)의 영향이 확산됨과 동시에 사회변화에 대응해 양반층의 신분체제에 대한 경직화 현상이 나타나면서, 점차 한 마을에 특정 성씨가 모여사는 모습으로 변해가고, 반촌·민촌의 구분이 뚜렷해진다. 대개 18세기 말, 19세기 중반에는 반촌에서 동족촌락이 많이 형성되는데, 민촌에서도 일부 성씨에 의한 동족촌락이 형성되는 현상이 나타난다. 이런 현상은 단성호적대장 분석을 통해서 상당한 정도 밝혀졌다. 고을내 주민의 이동과 인구 증가로 인해 마을이 늘어나는 현상이 나타나는 것도 호적대장을 통해서 확인되었다.

그런데 단성호적대장에도 한계는 있다. 특히 호적대장에 고을 내의 모든 인구가 기록되지는 못했다는 점이 지적된다. 단성호적대장과 단성읍지에 의하면 단성현의 호수는 1678년부터 1789년까지는 점차 증가하였지만, 1789년 이후 어느 시점부터 1828년까지 약 30년 동안에는 오히려 17% 정도 감소했다가, 1830년 이후 다시 증가하여 1870년에는 2,905호에 이른다. 그런데 40년도 지나지 않은 1907년에는 호수가 급격히 증가해 4,280호가 된다. 구수도 마찬가지 현상을 보여 1870년의 10,896명에 비해 1907년에는 17,195명에 이른다. 1907년의 수치는 일제가 군병까지 동원해 치밀하게 호구를 조사한 결과라 보여진다. 이런 격차는 조선 후기 사회변화 속에서 국가의 호구정책의 시행의 변화와 혼란으로 인해 모든 인구를 파악하지 못한 결과때문이 아닌가 추측된다. 이처럼 호적대장에는 당시 상당한 인구를 파악하지 못한 한계가 여실히 드러난다. 그럼에도 불구하고 현재 남아 있는 호적대장으로 어느 정도 사회변화나 인구 이동 및 변화 등을 파악하는 데는 문제가 없다고 본다.

단성현의 호구 · 인구 변화

연도	호수	인구	출처	연도	호수	인구	출처
1720	2,570	12,116	호적대장	1831	2,526	9,994	경상도읍지
1759	2,941	13,498	호적대장	1861	2,891	11,699	호적대장
1789	3,012	13,839	호적대장	1870	2,905	10,896	영남읍지
1828	2,517	9,951	호적대장	1907	4,280	17,195	한국호구표

(* 호적대장 이외에 『慶尙道邑誌』의 「丹城縣邑誌」, 『嶺南邑誌』의 「丹城縣邑誌」, 政府財政顧問
本部, 『韓國戶口表』 참조.)

또 호적대장만으로는 사회변화의 모습이 구체적으로 설명될 수 없는 경우도 있다. 그래서 단성과 관련해서는 호적 이외에 『단성향안(丹城鄕案)』, 『운창지(雲牕誌)』, 각 가문의 족보 등의 문헌자료들을 이용해서 단성지역의 사족층 각 가문 또는 그들의 지배체제의 변천에 대해 분석하는 연구도 나왔다. 호적대장을 토대로 향안의 변화과정과 거기에 입록된 성관(姓貫)을 검토하여, 기존 사족에 의해 독점되고 있던 향안에 신입자들이 들어옴으로써, 기존 사족들의 지배체제가 흔들리게 되었다는 국사학계의 통설을 단성에서도 확인되었던 것이다.

일부 마을에 남아 있는 동계(洞契) 자료와 호적대장의 비교분석을 통해, 양반지배체제에 대항해 신분상승을 도모하던 일부 신흥계층이 자신들의 지위를 강화하기 위해 노력들을 해 가는 모습을 살펴보는 연구도 나왔다. 가족구성의 면모나 각 계층의 결혼관계의 다양한 모습도 호적대장을 통해 파악할 수 있었다.

단성지역에는 이외에 관련 자료도 풍부하게 남아 있어서 향촌사회 변화나 이에 대한 사족층의 대응을 종합적으로 연구하는 데는 알맞은 조건을 갖추고 있다. 또 작은 고을이기 때문에 고을 전체를 대상으로 해서 지역과 가문을 분석하는 데 용이하다는 점도 있다.

〈참고문헌〉

『三國史記』.『高麗史』

『山陰縣戶籍大帳』(1606, 서울대 규장각 소장)

『慶尙道丹城縣戶籍大帳』上·下(한국정신문화연구원 영인본, 1980).

『慶尙道丹城縣戶籍大帳―19세기편』(한국정신문화연구원 영인본, 2000).

『慶尙道邑誌』.『嶺南邑誌』.

政府財政顧問本部,『韓國戶口表』1907.

武田幸男 편,『朝鮮後期の慶尙道丹城縣における社會動態の研究(Ⅰ)― 學習院大學藏 朝鮮戶籍大帳の基礎的研究(2)』學習院大學 東洋文化研究所, 1991.

김준형,『朝鮮後期 丹城 士族層研究―사회변화와 사족층의 대응양상을 중심으로』아세아문화사, 2000.

성균관대 대동문화연구원 호적대장연구팀, 『단성호적대장 연구』성균
　　관대학교 大東文化研究院, 2003.

東洋文庫東アジア研究班, 『日本所在 朝鮮戶籍關係資料 解題』財團法
　　人 東洋文庫, 2004.

3) 고성의 소소한 이야기, 오횡묵(吳宖默)의 『고성총쇄록』
_ 안순형

(1) 오횡묵의 행적

1834년(음 12월 27일~1906년?, 이후 날짜는 모두 음력)에 출생한 오횡묵의 본관은 해주(海州)이고, 자는 성규(聖圭)이며, 호는 채원(茝園)이다. 『해주오씨대동보』에 의하면 증조부는 언상(彥尙, 1731~61)으로, 조부는 태국(泰國, 1753~1802), 부친은 산수(山秀, 1799~1864)로 되어 있다. 부인은 김해김씨 김경득(金景得)의 딸이고, 슬하에는 학선(學善), 익선(翼善), 극선(克善)을 포함하여 3남 5녀를 두었다. 그는 1876년(41세)에 무과에 급제하였고, 장남 학선은 1893년 1월에 내금위장에, 차남 익선은 1889년 10월에 수문장으로 임명된 것으로 보아, 장문(將門) 출신이었던 것으로 보인다.

그는 1877년에 수문장을 시작으로 공상소 감동낭관(工桑所監董郞官)을 지냈고, 그 후로 지방관으로 나갔는데, 정선군수(1887.3~)를 시작으로 자인(慈仁)현감(현 경북 경산시 자인면, 1888.8~89.4), 함안군수(1889.4~93.2), 고성부사(경남, 1893.3~1894.10)[1], 지도(智島)군수(전남 신안군 지도면, 1896.1~)와 여수군수

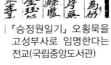

『승정원일기』 오횡묵을 고성부사로 임명한다는 전교(국립중앙도서관)

---

[1] 1893년 3월까지 8~9개월간 밀양부사직을 겸직하였다.

(1897.5~), 진보(眞寶)군수(현 경북 청송군 진보면, 1898.8~), 익산군수(1900.2~)를 거쳐 평택군수(1901.7~1906.5)를 마지막으로 벼슬에서 물러났다.

벼슬길에서 줄곧 선정을 베풀어 그는 여러 측면에서 좋은 평가를 받았다. 1886년 영남지역에 대기근이 발생했는데, 조정에서는 그를 별향사(別餉使)로 통영에 파견하였다. 백성들은 이때 그가 베풀었던 구휼의 은덕을 잊을 수가 없어, 이후에 원문(轅門) 근처에 '통정대부 행 함안군수 전 별향사 오공 횡묵사적비'를 세워 고마움을 표하였다. 또한 정선·자인·함안 등지에서는 그가 재임 중에 민폐를 교정하고, 권농·권학하였던 것을 칭송하며, 백성들이 대거 동참하여 유장(儒狀:유생들이 내던 진정서)과 함께 만인산(萬人傘:고을 사람이 감사의 표시로 이름을 새긴 일산)을 받쳤다. 뿐만 아니라 정선·함안지역 백성들은 그를 계속 수령으로 머물게 해달라고 조정에 요청을 올렸고, 관찰사들도 지방관으로서 그의 행적을 높이 평가하여 연속 10번이나 '상등[最]'으로 고과를 평정하였다. 그에 대한 조정의 평가나 백성들의 칭송은 상급자에게 뇌물을 주거나 아부를 하여, 혹은 백성을 강압하여 얻은 것이 아니라 상호간에 마음을 통한 소통과 신뢰의 구축이 있었기 때문일 것이다.

비록 무장 출신이었지만 그는 다양한 저술을 남겼다. 한양에서는 서원시사[西園詩社, 일명 칠송정시사(七松亭詩社)]의 일원으로 오랫동안 활동하였고, 지방관으로 각지를 전전하면서도 수많은 시문을 창작하였다. 함안에 있을 때는 지역의 유력 인사 중에 55세 이상의 사람들이 참여하는 양로사(養老社)를 설립하였고, 개인적 친분이 있던 사람들을 여항산 아래로 불러서 별천시회(別川詩會)를 거행하기도 하였다. 이로 말미암아『채원집』(20권)을 비롯하여 많은 문집이 편찬되었지만, 현재는『채원시초(茝園詩抄)』(2책)와『총쇄록』속에 수록된 많은 작품을 통해서 문무 재능을 갖춘 그의 시재(詩才)와 시풍을 엿볼 수 있다.

| 별천시회가 열렸던 여항산(함안군청)

함안군수로 재임할 때는 서구의 지리 지식을 수용하여 세계 각국과 전국 읍지의 내용을 종합적으로 정리하여『여재촬요(輿載撮要)』를 집필하였다. 그는 5권본으로 먼저 완성하여(1892.7), 고성부사로 전임된 후에 이것을 축약하여 목판본(1책)으로 간행하였다(1893.5.23). 이후 보완 작업을 거쳐 마침내 1894년 5월 7일에 10권본의 교정도 마무리하여 장책(粧冊)을 완료하였다. 그는 "한번 펼쳐보면 온 천하가 모두 나의 손안에 있도다. 누가 세상일이 노력해도 이루어지지

못한다고 하는가?"라고 평가하면서 이 책에 강한 자부심을 드러내었다. 이 책은 조선말 지식인들의 세계에 대한 인식과 근대적 세계관을 이해하는데 좋은 단서를 제공해 준다.

이외에도 그는 지방관을 역임하면서 사환일기인 『총쇄록』을 5종 9책(정선·자인·함안·고성·지도) 남겼다. 이것에는 조선말 지방행정과 향촌 사회의 실태, 근대화의 격랑 속 민초들의 숨 가쁜 삶이 사실적으로 반영되어 있다.

(2)『고성총쇄록』의 구성과 그 내용

고성부 부임과 그 현황

고성은 조선후기 영남의 71읍(우도 31읍) 중에 1곳으로 '중읍(中邑)'에 속한다. 지형적으로 볼 때 읍치의 서쪽과 북쪽은 산지가 많고, 동쪽과 남쪽은 바다와 접한 긴 해안선을 가지고 있다. 연해읍이란 특성상 해풍이나 태풍 등의 영향을 많이 받아 농업생산에는 불리한 반면, 해산물로써 그 부족분을 어느 정도 보충할 수 있는 곳이다. 행정적으로 고성부에는 총 19면이 예속되어 있지만, 부사의 통제 범위를 벗어난 통제영 직할지인 춘원면이 포함된 영하읍(營下邑)이다. 또한 경상우수영의 진(5곳)과 봉수(5곳)·역촌(3곳) 등이 설치되어 있어 읍세(邑勢)가 그다지 크지 않고, 수령의 권한도 통제사의 직권하에서 상대적으로 취약할 수밖에 없었다.

오횡묵은 함안군수로 재직하던 1893년에 인근의 고성부사로 임명되었다. 2월 27일에 진해현과 고성부 초입인 회현면을 거쳐 배둔역에 도착하여 전임 현감 이명헌(李命憲)

을 만나서 인수인계[交龜]를 하고, 28일에 고성부 관아로 들어갔다. 3월 1일에 객사에서 하례를 받고, 향교에 나아가 참배를 했으며, 아문에서 삼반(三班)을 점검하는 것으로 공식 업무를 시작하여 다음 해 8월 29일에 교체될 때까지 약 1.6년간 부사직을 수행하였다.

그가 부사로 있을 때 경내에 9,503호(춘원면 5,628명, 59.2%)에 45,846명(28,451명, 62.1%)의 호구가 있었지만, 실제로 통제했던 것은 절반에도 미치지 못하였다. 부민(府民)들은 군역·환곡 및 해세전(海稅錢) 등의 부담뿐만 아니라 향리(鄕吏)들의 농간으로 1869년 8월에 이미 춘원면 내에서 한차례 민란을 일으킨 적이 있었다. 이로 말미암아 그는 고성부 내부의 시정을 면밀하게 파악하고, 이에 근거하여 백성의 곤궁함을 해소하는 명확한 방안을 강구하고자 했는데, 그 노력의 흔적들이 『고성총쇄록』에 상세히 전하고 있다.

| 『고성총쇄록』 필사본 1장 A면(고성 문화원)

『고성총쇄록』의 내용

이 책은 도목정사에서 고성부사로 임명된 1893년(계사) 정월 29일부터 퇴임하여 서울로 돌아가 머물던 1894년 11

월 26일까지 그의 행적을 기록하였다. 형식적으로 볼 때, 본문은 괘선이 없는 백지에 1면당 세로 14행 32자의 해서체로 정갈하게 필사되어 있다. 임금의 윤음(綸音)이나 전령(傳令)을 포함한 공문, 시문 등은 가독성을 높이기 위하여 한 자씩 아래로 내려 쓰기를 하였고, 다른 사람의 글을 옮겨 적거나 설명이 필요한 부분은 작은 글씨로 쌍주(雙注)를 하였다. 또한 각 면의 왼쪽 상단에는 열람의 편의를 위하여 연도와 월[癸正二]을 간략히 표시해 두었다.

내용적으로는 '총쇄록[자질구레한 것까지도 모아서 기록하다]'이란 서명에서도 알 수 있듯이 자신의 개인적 일상 행적 및 교유관계를 넘어 읍지의 주요 내용, 상급 관청과 업무처리 과정에서 주고받은 공문서, 수령칠사(守令七事)를 포함한 지역민에게 포고한 각종 첩문(帖文), 지역에서 획득한 개별 정보, 공무 수행 중에 자신의 소회를 읊은 시(詩) 등이 지나치다고 할 정도로 상세하다. 그 내용을 대략 분류하여 살펴보면, 다음과 같다.

공문서로 서로 소통하다

『고성총쇄록』에는 다양한 형식의 공문서가 수록되어 있다. 이 중에는 조정이나 상급 관청에서 고성 부민을 다스리기 위해서 하달했던 관문(關文), 혹은 통제영·순영(巡營)에서 내려진 명령을 고성부에서 시행했던 결과를 보고한 첩정(牒呈) 등이 있다. 전자는 대부분 순영을 경유했는데, 과시(科試)에 관한 감결(甘結)을 내린 것(1893.3.11일), 농사를 권

면하는 윤음을 내린 것(3.18일), 예조에서 양로 내외연(養老內外宴)과 관련하여 내린 것(4.20일), 의정부에서 태학의 규제와 관련하여 내린 것(5.7일), 영남지역의 흉년과 관련하여 전교를 내린 것(12.10일), 갑오개혁 때 고종의 재가가 있었던 의안(議案) 중에 가장 시급한 27조를 백성들에게 널리 알리기 위하여 의정부에서 내린 것(1894.8.17일) 등이 있다. 백성들에게 널리 알릴 필요가 있는 것은 한문뿐만 아니라 언문으로도 정리하여 면이나 마을에도 게시되면서 중앙 조정의 통치 의지가 최말단의 향촌사회에도 그대로 투영되었다는 것을 보여준다. 후자는 임지에 도착했다는 보고서를 각 영(營)과 경사(京司)에 올린 것(1893.2.29일), 관찰사의 부임에 공장(公狀)과 예장(禮狀)을 보낸 것(3.18일), 바람의 피해를 영문(營門)에 보고한 것(7.25일), 사적으로 굶주린 백성을 구제한 것을 순영에 보고한 것(1894.4.29일), 순영에 고성민란에 대한 사찰을 보고한 것(8.25일) 등이 있다.

문서를 통한 행정업무는 부민을 다스리는데도 다양한 형식으로 활용되었다. 그는 공식 업무를 본 첫날에 경내에서 만연하던 향리의 폐단과 백성의 피해를 줄이기 위하여 수년간 지방관의 경험으로 터득했던 방편을 16조항의 전령(傳令)으로 발표하였다. 그 주요 내용은 효도와 우애의 표창, 사표가 될만한 선비의 발굴, 미풍양속을 훼손하는 자를 징치, 교졸(校卒)의 백성에 대한 침탈을 처벌, 토호의 발호를 엄중히 처벌한다는 것 등이다. 또한 과시에 관한 것을 향교에 알렸던 하첩(下帖, 1893.3.11일), 사령(使令)들이 응배전(應排錢)

을 징수하던 관행을 바로 잡는다는 제사(題辭, 3.17일), 각
면의 서원들에게 재해 조사 때 주의해야 할 행동 수칙을 기
록한 조령(條令, 8.21일) 등도 있다.

| 고성향교(고성군청)

뿐만 아니라 부민들도 문서를 통해 부사에게 요구 사항
을 전달하였다. 당시 간사한 아전들이 매호마다 응배전을
징수하자 백성들이 바로잡아 달라고 요청했던 등장(等狀,
1893.3.10일), 백성들이 오횡묵이 고을로 돌아와서 함께 일
을 할 수 있도록 해 달라고 했던 향장(鄕狀, 1894.8.13일),
회소(會所)에서 차출된 색리들이 소요를 일으킨 주창자로 부
당하니 다시 차출해야 함을 아뢰는 품장(稟狀, 1894.8.21일)
등이 그 사례이다. 이처럼 공문을 통한 행정 업무의 처리는
상부의 중요 정책을 정확하고 신속하게 지방의 행정 실무자
에게 전달되어 일사불란하게 대민정책을 수행할 수 있도록

하였다. 또한 지방 말단의 동향이나 요구 사항 등에 대해서도 빠짐없이 파악할 수 있도록 하여 민심 안정에도 일조하였다.

빈번하게 감영과 통영을 내왕하다.

오횡묵 자신이 새로운 지방관으로 부임하거나 이임할 때, 혹은 상급 관청의 통제사나 관찰사가 교체될 때 순영이나 통영을 직접 왕래했던 내용도 있다. 그는 임지에 도착했다는 보고서를 각처에 보냈지만, 연명(延命)을 위하여 직접 통영으로 갔고(3.2일), 사은숙배(謝恩肅拜:과거에 합격한 자나 문·무관직에 임명된 자가 합격일이나 임명일 다음나 왕·왕비·대비·왕세자 등을 찾아가 절하고 예를 갖추는 의식)를 위해 조만간에 한양으로 떠날 것이라 아뢰었다. 3월 21일에는 서울로 출발하여 진주에서 병사(兵使)를 보고, 진해현·창원부·대구감영을 거쳐 29일에 인동(仁同)에서 새로 부임하는 관찰사 이용직(李容直)를 만났다. 이때 관찰사가 지방관들이 사은(謝恩)을 위해 한양으로 올라가 6~12개월을 체류하여 조세 상납, 민원 해결 등에 차질이 발생하기 때문에 이것을 허락하지 않는다고 하여 그는 부득이 고성으로 돌아왔다(4.5일).

그는 부사로 재임하면서도 1893년 8월에 진주→ 의령→ 초계→ 현풍을 거쳐 대구 감영에 이르러 관찰사에게 올해의 흉년 상황과 고을의 현황을 아뢰고, 전운사를 만나기 위해 밀양을 들렀다가 보지 못하고 돌아왔다(22~30일). 1894년 1월에도 동일한 경로로 감영에 들러 신년 인사와 함께 진휼

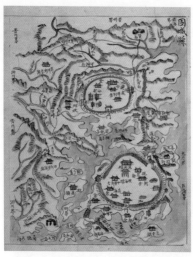

| 『지승』 고성현 지도(서울대 규장각 한국학연구원)

에 대한 보고서를 제출하고, 돌아오는 길에 밀양 표충사를 방문하기도 하였다(16~29일). 정규 업무가 아니더라도 1894년 3월에는 통제사 민형식(閔炯植)이 물러나고 민영옥(閔泳玉)이 부임할 때는 통영 운주당으로, 충청감사 조병호(趙秉鎬)가 경상감사로 부임할 때도 직접 감영으로 찾아가 하례를 드렸다(1894.7.16~23일). 이외에도 인근 고을인 사천에서 백성들의 소요가 발생하여 순영의 명을 받들어 조사관으로 활동하였고(1894.2.15~27일), 전운사가 진해현 마포(馬浦)에 들어오자 그곳을 방문하기도 하였다(4.6일, 6.26일). 이처럼 그가 직접 왕래했던 경로들에 대한 상세한 언급한 조선후기 교통사 연구에 좋은 참고 자료가 될 수 있다.

다양한 자료를 수집하다.

부사로 재임하면서 직접 견문하고 조사한 것, 지역의 현황을 파악하기 위해 기존의 전승 자료를 초록한 것 등도 수록되어 있다. 그는 고성부의 객사에서 하례를 받은 직후에

230

관아의 내부(총 18칸)와 안채를(1893.2.28일), 다음날은 객사·내아(內衙) 등을 직접 둘러보고 규모와 구조 등을 파악하였다. 3월 1일에는 공식 업무를 시작하면서 삼반을 점고하고, 세미(稅米)와 각 영사(營司)의 상납액·미수액(未收額), 그리고 전결과 환곡 및 호총(戶總) 등도 확인하였다. 이외에도 고성지역 민심의 동요를 야기할 수 있는 응배전(1893.3.17일), 소요의 원인이 된 남배전(濫排錢)에 대하여 실제 조사하였다(1894.8.25일).

| 생육신 어계 조려 묘역의 전경(문화재청)

3월 2일에 연명하러 통영에 갔을 때 『영지(營誌)』를 열람하였는데, 이때 군제와 관련된 내용을 추록(追錄)하였다(3.4일). 부임 초기인 19일에는 『읍지』를 열람하여 고성부의 건치연혁부터 관직·성씨·산천·풍속·마을[坊里]·호구·전부·조적(糶糴)·요역·군액·성지·창고·군기·관애·진보(鎭堡)·

봉수·학교·단묘(壇廟)·서원·불우·공해(公廨)·도로·교량·도서(島嶼)·제언·장시·역원·형승·고적·토산·진공·환적·과거·인물·충신·효자·열녀·제영 등의 요점을 꼼꼼하게 정리하여 업무에 대비하였다. 이러한 그의 행적은 부내 현안의 파악과 해결, 동요하는 민심을 안정시키는 방안을 찾는데 중요한 단서를 제공하였다.

권농과 구휼에 힘쓰다.

『고성총쇄록』에는 백성에 대한 권농, 기우제, 구휼 등의 내용도 풍부하다. 모내기 철에 맞추어 읍성 동쪽의 송도역으로 시찰하며 금주령으로 고달픔을 달랠 수 없는 농민들에게 3닢씩 나누어 주었다(1893.4.25일). 다음날은 고자서문(古自西門:고성읍성의 서문)을 나서 여자 농군에게 바늘을 3~4개씩 나누어 주었다. 도선면에서는 돈 8민과 바늘 7갑으로(5.1일), 향교에서 독곡평까지는 돈 7민과 바늘 6갑으로(2일) 권농하였고, 그 외에 직접 갈 수 없는 곳에는 돈 55냥을 내어서 각 면·리의 농정에게 대신 나누어 주도록 하였다(10일). 1894년 5월에도 자신이 직접 혹은 대리인을 시켜 들판의 농민들에게 돈·담배·바늘 등을(8~9일), 7월에는 가뭄으로 물을 푸며 고생하는 농부들에게 돈을 5전씩 베풀어 위로하였다(16일). 그는 권농이 수령의 중요한 업무라는 것을 명확히 인식하고, 4월말에서 5월초까지 경내를 집중 순시하며 농민들을 격려하였다.

농경에서 관계시설의 완비는 농업 작황을 결정짓는 필수

적 요소지만 이것이 미비했던 전근대 시기에는 심각한 가뭄이 발생하면 기우제나 토룡제(土龍祭) 같은 초자연적 존재에 의존할 수밖에 없었다. 고성부에서 1893년 6월에 가뭄이 발생하자, 부사는 먼저 영문(營門)에 기우제를 지낼 것이라 아뢰고(18일), 사무를 폐지하고 심신을 정갈히 하여 읍치 서쪽의 사직단(19일), 남산 성황단(20일), 서쪽 무량산(21일), 동쪽 용두정(22일), 남쪽 배산(23일), 서쪽 불암(24일), 북쪽 법천산(25)과 금정산(26일)에서 자시(밤 11~01시)에 제를 올렸다. 그럼에도 불구하고 백성을 위로할 만큼의 효력을 보지는 못하고, 입추에 이르러 더 이상 기우제를 모시지 않는 관례에 따른다는 보고를 올렸다. 1894년에도 입추가 되었지만, 가뭄이 여전히 심하여 들판에는 물을 푸는 농부가 가득 하였다(6.26일). 7월에 가뭄이 더욱 심해지자 관례를 어기고, 배산(6일)·용두정(7일)·불암연(8일)에는 그가 직접 순영 행차로, 사직단(17일)·성황단(19일)·무량산(21일)·용두정(23일)에는 좌수가 대행하여 기우제를 올렸다. 기우제는 주로 6월 하순에서 7월 초순에 집중되지만, 부득이 한 경우에는 연장도 가능했는데, 그 시작과 마무리는 영문에 보고되었다.

이외에도 주민들은 동쪽 거류산의 기우단에 투장(偸葬)을 하면 가뭄이 발생한다고 믿어 그 주위를 수색하여 파묘(破墓)를 하였고(1893.7.14일), 인근 함안에서는 승려와 무당들이 태평루 아래서 토룡제를 올리기도 하였다(16일).

| 거류산 거북바위(고성군청)

 흉년이 닥치면 백성들은 기아로 생존에 위협을 받기 때문에 다양한 구제책이 시행된다. 1893년 12월에는 영남지역의 흉년 상황을 파악했던 조정에서 진휼을 명하니(10일), 고성부의 각 면에서는 1,551명이 영문에 보고되었다(23일). 각 면의 상황을 조사하던 아전이 세밑에 다시 한번 빈민을 구제할 것을 건의하자, 직접 혹은 도감을 보내어 2냥씩 나누어 주었다(28일). 1894년 4월에는 조정이나 순영의 진휼이 끝나가지만, 여전히 구제를 받지 못한 사람을 정밀하게 조사하여 609명에게 햇보리 1되 값(7전, 총 426.3냥)과 음식비 50냥을 제공하였다(17일).

다양한 방식으로 지역민을 교화하다.

 『고성총쇄록』에는 부민들의 교화로 권학·양로·효열 등을 표창하여 장려했던 것도 있다. 그는 부임 초기에 각 면의 강장(講長)과 리의 재장(齋長)에게 학문에 있어 나태함을 경계하였다(1893.3.10일). 이후에도 지속적으로 조정에서 대과(大科)의 시기를 발표하자, 각 면의 강장에게 매월 두 차례 시험을 보아 대비할 방안을 알리고(5.18일), 순영의 공문에 따라 각 면에서 강장과 생도의 조건, 학습 시간과 내용 등의 규정을 엄격하게 지키도록 하였다(5.22일). 또한 순제(巡題)의 합격자를 수민당(壽民堂)으로 불러 격려하며 백지를 지급하고(8.12일), 향교에서 각 면의 강장들이 강학할 때 그가 직접 행차하여 비용과 상품을 제공하며 격려하였다(11.12일). 권학의 노력으로 1894년 7월의 3차 순제에는 참가자가 더욱 늘어나 총 721장의 답안지가 제출되었다.

오횡묵은 '양로'에도 주목했는데, 주로 연회를 베풀거나 물품을 제공하는 것으로 이루어졌다. 1893년 5월에 양로연을 베풀자 총 70여 명이 참석하였다. 송계의 이기범(李基範, 103세)은 병환으로 불참했지만 배둔의 김윤흥(金允興, 98세)은 70세의 아들 3명과 함께 참석하였다. 이승환(李承桓, 82세)은 동갑의 아내와 함께 살고 있는데 아내가 여자이기 때문에 연회에 참석하지 못하는 것을 한탄한다고 전하자, 오횡묵은 별도로 잔치상을 내려주었다. 또한 12월에는 흉년으로 굶주리는 사람이 속출하자 경내의 80세 이상 노인들에게 쌀과 고기를 제공하여 백성들에게 경로의 모범을 선보였다.

이외에도 시달면의 박필화, 서마면의 이석관, 내곡산동의

김추석을 효행으로, 춘원면의 공수익 아내를 열행으로 표창
하자는 보고가 있었던 것도 전한다.

자신의 저술에 힘쓰다.

『고성총쇄록』에는『여재촬요』의 제작 과정이 상세하게 서
술되어 있고, 부사직을 수행하며 읊었던 시문도 풍부하게
수록되어 있다.『여재촬요』는 함안군수로 있을 때 초고를 완
성했던 지리지로 고성으로 전임된 후에도 계속 수정·보완
이 있었다. 서문은 1893년 3월에 관찰사 이헌영에게 직접
받은 것(26일), 한장석(韓章錫)에게 부탁했던 것을 편지로 받
은 것(6.23일)이 있는데, 그 전문이 수록되어 있다. 4월에는
황학래가 교정을 보았고(12~24일), 총 248냥(총 43매, 매 판
의 품삯 5냥, 매 판값 5전, 술값 30냥 등)을 들여 요약본(1권)을 목
판에 새기는 것이 끝나자 고성으로 가져왔으며(5.23일), 6
월에는 김영환(金永煥)이 28질을 인출하였다(11일). 1894년
1월에는 책을 인쇄하기 위하여 의령에서 백지를 10덩이 구
입하였고(9일), 5월에는 10책본을 완성하여 장책까지 마무
리 하였으며(7일), 6월에는 이혜전(李蕙筌)에게 보내어 교정
을 부탁하였다.

그는 장문 출신이지만 정선~고성(1887.3~1894.11.26.
일)까지 지방관으로 활동하며 자작시 거의 2,000편을 남길
정도로 뛰어난 시재(詩才)를 지니고 있었다. 그중에 고성에
서 지은 것이 438편이나 되니 1.25일당 1편씩 지은 것이
다. 일상의 소회를 읊은 것이 대부분이지만 "관아 살이 열흘

중에 아홉은 물가이니", "아래 고을의 원님 노릇으로 머리털에 서리 내리네"라며 사환 혹은 지방관으로서 어려움을, "새 곡식과 새 실로 세금 징수에 시달리니"라며 백성들 삶의 어려움도 토로하였다.

| 고성 옥천사 자방루

이외에도 향교·사직의 대제(大祭)나 여제(厲祭) 등, 고성 옥천사나 통영 용화사·안정사 혹은 순영을 왕래하며 들렀던 밀양 표충사 등의 정황, 쌀값·보릿값·술값 등을 포함한 물가, 한양의 본가나 각지에 흩어져 있던 지인들과 왕래했던 편지도 다수 있다. 특히, 편지는 단순한 안부를 넘어 중앙 정계의 변동이나 각 지역의 현안도 많이 포함하고 있어 그가 전국적 관점에서 정국의 동향을 파악하고자 했던 것도 알 수 있다. 1894년 4월 6일부터 순영이나 통영에서 동학농민운동과 관련하여 보내어 온 관문이나 염탐문들, 7월

23일 고성부의 북삼면(마암·구만·회화)지역을 중심으로 일어났던 소요의 조짐부터 그 경과 및 해결 방안에 대해서도 상세하게 전한다.

이상에서 보았듯이 『고성총쇄록』에는 다양한 내용을 남겼는데, 이것은 중요한 의의를 지니고 있다. 공문서는 조선말의 급변하던 시대상이 잘 반영되어 있어 지방의 행정조직과 수령의 역할, 향촌 지배층간의 관계 등을 이해하는데 좋은 자료이다. 또한 고성지역도 향반(鄉班)의 발호와 아전의 농간으로 농민에 대한 수탈이 가중되면서 결국 봉기가 발생하였다. 당시 부사로서 갈등을 조정하고 민심을 안정시키고자 했던 그가 직접 견문했던 것을 남긴 자료이므로 고성지역의 실태를 파악하는데 기본 자료가 된다. 이외에도 다량의 시문과 저술에서 농민들의 고된 삶, 지방관으로서 그 난제를 타개하고자 했던 애민심과 세계관을 반영하고 있다. 그는 비록 민중 봉기로 부사직에서 파직되었지만, 그동안의 선정으로 장두(狀頭)를 포함한 향민(鄉民) 500여 명에게 전별(餞別)을 받으며 한양으로 떠났다.

〈참고문헌〉

오횡묵, 『고성총쇄록』, 고성문화원, 2007

오용원, 「일기를 통해본 지방관의 일상과 공사의 경계」, 『남명학』 제16집, 2011

손계영, 「19세기 말 지방관의 업무와 기록물에 관한 연구」, 『서지학연구』 74, 2018

일제강점기 외국인의 눈으로 본 경남

Ⅲ. 일제강점기 외국인의 눈으로 본 경남

1. 개항 이후 일제강점기 스와 부고츠[諏方武骨]가 본 일본인의 마산 – '마산변창기'와 '마산항지'를 중심으로 –

_ 전성현

1) 일본인 사회의 구축과 '자기 서사'의 시작

1876년 조일 간에 맺어진 「조일수호조규」 및 「부록」에 의해 부산이 최초로 개항된 이후 1880년 원산, 1883년 인천이 개항되었다. 다시 청일전쟁 이후 조일 간의 「잠정합동조관」에 따라 1897년 목포와 진남포(당시 증남포)가 개항되었다. 그때까지 개항은 조일 양국 간의 조약 체결에 따른 개항이며, 모두 일본 측의 요구에 조선 측이 대응한 개항이었다. 하지만 1899년 5월 1일, 마산을 비롯한 군산과 성진의 개항은 대한제국이 스스로 "항시 개설은 상업을 확장하여 민국의 이익을 발달케" 한다는 취지 속에 개항한 것으로, 그 개항의 성격은 이전과 사뭇 달랐다.[1]

그런데 조선의 개항과 개항장을 적극적으로 이용한 것은 다른 제국주의 국가와 국민보다도 일본과 일본인이었다. 즉, 근대 개항은 일본거류지든 각국거류지든 일본인들의 거

---

[1] 趙秉稷, 「城津 群山 馬山 三口開港과 平壤一區開市場에 關흔 請議書」, 『各部請議書存案』5, 1898.5.26.

주를 허용한 공간이었기 때문에 부산을 중심으로 점차 많은 일본인들이 이주했다. 개항의 시차와 내지한행 및 거주의 제한 때문에 초기 이주자들이 부산, 원산, 인천 등에 집중되었다면, 청일전쟁 이후는 이미 토대가 구축된 부산, 원산, 인천보다는 새롭게 개항된 목포, 진남포, 마산, 군산, 성진 등으로도 이주하기 시작했다. 이처럼 경남의 마산도 부산 이후 새롭게 개설된 개항장이었기 때문에 많은 일본인들이 일본에서 직접 또는 이미 개항된 부산, 원산, 인천, 군산, 진남포 등지에서 몰려들기 시작했다.

| 1900년대 초 경남 마산시 마산시가(부경근대사료연구소)

그렇게 이주한 일본인들은 자신들이 '이주(移住)'한 공간을 '정주(定住)'를 넘어 '영주(永住)'를 위한 공간으로 만들기 위해 노력했다. 그 과정이 일본 정부와 함께 '거류지', 나아가 '전관거류지'를 조성하도록 했으며 점차 '거류지'로 제한된 거주

의 범위도 넘어서기 시작했다. 강제 병합에 의한 식민지화
는 그 절정이었다. 더불어 일본인들이 거주하는 공간에 개
인적인 삶의 영위를 위한 생활 터전은 물론이고 일본인 사
회의 구성과 함께 자치를 위한 시설과 기구의 설치도 착착
진행되었다.[2]

식민지 조선에서 일본인들은 '몸의 영주'를 위한 다양한
정치, 경제, 사회적 장치를 설치할 뿐만 아니라, '마음의 영
주'를 위한 문화적 작업도 진행했다. 이른바 자신들이 이주
한 장소에 대한 자기식의 역사적 구축이었다. 개항, 개시
그리고 강제 병합으로 구축된 일본인 사회가 있는 곳에서는
어김없이 일본인의 이주와 정착의 역사를 장소에 기입하는
'발전사'류의 '역사 만들기'가 진행되었다.[3] 이를 위해 우선적
으로 일본인들이 이주할 공간이 자신들에게 의미 있고 가치
있는 땅이라는 것을 대내외에 드러냄으로써 일본인들의 이
주식민을 적극적으로 유인하기 위한 홍보, 소개하는 작업이
시작되었다.

이를 토대로 일본인들이 늘어나 강고하게 구축된 일본인
사회는 강제 병합이라는 역사적 사건을 기반으로 자신들이
이주식민한 땅의 역사에 적극적으로 기입해 자신들의 역사
로 만들었다. 즉, 이미 존재한 조선과 조선인의 역사는 부

---

2 전성현, 「'租界'와 '居留地' 사이 : 개항장 부산의 일본인 거주지를 둘러
싼 조선과 일본의 입장 차이와 의미」, 『한일관계사연구』 62, 2018.
3 이동훈, 「재조일본인 사회의 '발전사(發展史)' 간행과 식민자들의 창조
된 '향토'」, 『비교일본학』 52, 2021.

재 처리하거나 은폐 또는 왜곡하는 한편, 장소의 역사를 일본인의 '고난' '분투'의 역사로 만들기 위한 작업을 진행했다. 마산에 이주해 영주하려고 한 스와 부고츠[諏方武骨]의 『마산번창기』는 식민지로의 이주를 추동하는 저서라면, 동일인인 스와 시로[諏方史郎]의 『마산항지』는 마산의 역사를 일본인의 역사로 만든 '만들어진 역사'의 한 가지 사례라고 할 수 있다.[4]

| 마산번창기 표지(박영주) | 마산항지 표지(국립중앙도서관)

스와 부고츠 또는 스와 시로는 후쿠시마 출신으로 그의 부친인 고슈[翁洲]는 후쿠시마의 옛 번인 아이즈와카마츠[會津若松]라는 대번(大藩)의 무가 출신으로 번의 학교 일신관(日新館) 교수로 있다가 막부파와 유신파가 맞부딪친 보신전쟁에

---

4 에릭 홉스봄 외, 『만들어진 전통』, 휴머니스트, 2004.

서 막부파에 참여해 번의 몰락과 함께 유배된 인물이다. 3
년간의 유배 이후 고슈는 와카마츠현 양성학교장 겸 예과학
교장, 후쿠시마현 제3사범학교 학감 등을 역임했고 1888
년 미야기현 지금의 센다이시에서 사숙 세이신기쥬쿠[聲振義
塾]를 열고 한문을 가르칠 정도로 전통과 함께 근대적 학문
을 두루 섭렵한 인물이었다.

스와도 이런 부친 밑에서 영문, 일문, 한문을 비롯해 지
리, 역사 등을 배웠고, 이후 야마가타현 야마가타일보[山形
日報]의 기자로 활동했다.[5] 다시 히로시마로 옮겨 오사카마
이니치신문 기자로 활동했는데, 정한론 계열의 조선 및 대
륙 침략론자와 교류하는 등 결을 함께 했다. 그래서인지 일
찍부터 일본의 침략에 의해 식민지로 전환된 대만을 주유하
는 등 식민지로의 진출을 타진하는 모습을 보였다. 결국 히
로시마 집에서 모친 장례를 끝으로 조선으로 건너와 인천을
거쳐 1906년 3월, 마산에 이주했다.

일본인의 초기 이주식민이 생활적인 측면에서 경제적인
요인에 의한 이주가 많았다면, 러일전쟁을 전후한 시기부터
본격적으로 조선의 식민지화와 대륙 침략을 위한 다양한 부
류의 일본인들이 조선으로 이주했다. 스와도 생활적인 측면
에서 조선으로 진출한 경제인이 아니었다.[6] 이미 야마가타
신문, 오사카마이니치신문의 기자였기에 부산일보 마산주
재 기자로 활동하며 마산의 대표적인 일본인신문인 남선일

---

5 諏方武骨, 『山形名譽鑑 上卷』, 1891.
6 다카사키 소지, 『식민지 조선의 일본인들』, 역사비평사, 2006.

보의 고문까지 지낸 것을 볼 때 일본의 제국주의와 식민주의를 위한 '문필보국'의 측면에서 마산으로 이주한 것을 알수 있다. 따라서 스와는 이주 후 2년 만에 더 많은 일본인의 조선 진출을 유인하는 '이주식민'의 관점에서 『마산번창기』를 집필했고, 다시 1926년 마산을 일본인의 역사 안에 자리매김한 '정착식민'의 입장에서 『마산항지』를 출판했던 것이다.

2) 『마산번창기』 및 『마산항지』의 내용과 '역사 만들기'

스와는 1906년 3월 이주한 뒤 석 달 만인 6월부터 집필에 들어가 1908년 9월에 완료한 『마산번창기』는 스스로 "마산을 사랑하고 마산의 발전을 유도하려는 소개서"임을 강조했다. 즉, 마산이라는 장소를 사랑하는 만큼, 마산의 발전을 유도하기 위해 마산의 최근 호황을 세상에 알려 더 많은 일본인들을 이주하도록 하기 위한 '발전사'의 정형적인 것이었다. 그렇기에 맨 처음 '마산의 대관'에서 마산은 산이 좋고 물이 맑아 "호주의 시드니 항, 북아메리카의 샌프란시스코 항에 다음가는 세계 세 번째 최우량의 산수"이며 "러시아가 동양에서 얼어붙지 않는 항구로서 마산을 얻으려고 마산사건을 일으킨 것만으로도 짐작이 가듯이 마산이 그 형세가 좋고 그 풍경 역시 보기 좋"다고 강조했다. 이른바 일본인이 거주하는데 최상의 자연환경을 지니고 있다는 것을 드러낸 것이다.

| 마산포 1901년 모습(박영주 페이스북, 허정도 블로그)

　책의 마지막 즈음에서도 마산에 대해 일반 사람들이 인정하고 좋다고 생각하는 방침인 마산시(馬山是)로 두 가지를 제시했다. 첫 번째 마산시로 마산의 산과 바다, 경승, 명소 구적, 건강한 공기, 병 없는 토지라고 자연환경에 더해 문화 환경까지 언급하며 본시로 삼고자 했다. 이는 단순히 일본인들의 이주식민이 가능한 장소라고 주장하는 것을 넘어 "시찰이나 관광하러 오는 손님을 모시고 동양 제일의 곳"임을 세계에 알리고 싶을 정도로 유망하고 발전적인 장소라는 점을 강조한 것이다.

　두 번째 마산시로 마산이 미두가 풍요롭게 생산되는 곳이고 고기잡이의 이익이 풍부한 곳이며 술, 간장, 된장을 양조하는 양조지로 유명할 수 있는 곳이기 때문에 미두, 어업, 양조를 부시로 삼으면 좋겠다고 주장했다. 이는 마산의 경제 환경 또한 이주해 살기 좋은 곳이라는 것을 강조한 것이다. 따라서 이들 본시와 부시로 마산의 부가 넓게 전파

되기 때문에 "뼈를 마산에 묻고 마산을 고향으로 삼고 대대로 살아가려는 각오를 각자가 가져야 할 것"이라고 강조했다. 이른바 마산은 일본인들이 살아가기에 자연환경, 경제 환경, 문화 환경 모두 가장 좋은 곳이기 때문에 현재 발전의 도상에 있으니 더 분발할 뿐만 아니라 다른 일본인들도 마음 놓고 이주할 것을 유인 소개하는 의미를 지닌 것이다.

| 신마산 1900년경 전경(허정도 블로그)

이러한 점은 본문 내용에서 보다 명확하게 드러냈다. 즉, 일본인이 거주할 수 있는 각국 거류지와 마산포의 마을 소개, 마산의 관공서, 기질 및 기후, 위생 및 의사, 교육기관, 신도 및 종교, 교통, 호구, 경제 사정, 마산 잡록 잡황 등 최근의 마산 상황을 상세히 제시했다. 이미 언급한 자연환경, 경제 환경, 문화 환경은 물론이고 이주식민에 도움이 되는 행정 관청과 자치 기관, 경제 단체, 문화 단체 등 생활

터전으로 필요한 다양한 시설과 제도가 착착 갖춰가고 있음을 상세하게 언급한 것이다.

특히 마산으로의 일본인 이주식민을 위한 정보로서 아주 중요한 '토지 매수상의 주의'와 '마산의 집세'는 이를 명확하게 보여준다. 일본인이 이주를 위해 토지를 매수할 경우 조선인의 주선은 물론이고 조선인과 직접 매매계약은 사기 피해를 입을 수 있으니 가급적이면 일본인의 주선을 부탁하는 것이 득책이라고 강조했다. 또한 마산의 집세를 언급하며 마산에 이미 터 잡은 일본인 지주와 가옥주가 집세를 비싸게 받는 것을 문제 삼았다. 즉, 이는 "마산의 발전을 위해서는 중대한 장애물"이라고 강조한 것이다. 나아가 "이익이 나는 한 집세도 내리고 이주자를 환영하게 끔하고 그들에게 편리함과 위안을 주는 것이 먼저 이주한 사람의 의무가 아닌가. 참 못되었네!"라고 한탄했다. 결국, 『마산번창기』는 마산의 발전상과 함께 일본인 이주식민의 지침서로서 발간되었음을 명확하게 보여준다고 할 수 있다.

한편, 스와는 십수 년이 지나 『마산번창기』에서 마산 거주 일본인들이 가져야 할 각오로 제시한 것처럼 스스로 "이 고장에 친근감을 느껴 이곳 역사를 알게 됨에 이르러 마침내 이곳에 뼈를 묻겠다는 결심"을 가졌다. 그래서 남한(마산)의 과거까지 연구하려는 욕심을 가지고 『마산항지』를 발행했다. 이른바 『마산항지』는 마산의 역사를 일본인의 역사로 새롭게 구축한 것이라고 해도 틀리지 않는 것이었다.

『마산항지』는 상고부터 거류민단 시대까지를 다룬 건권(乾

卷)과 현세를 다룬 곤권(坤卷)으로 나눠진 역사서였다. 건권의 상고사 이후의 역사를 본격적으로 다루기 전에 먼저 '마산항의 대관'으로 위치 및 지세, 날씨와 기온, 지질과 수질 등 우수한 마산의 지리적 장점을 소개했다. 또한 그와 같은 우수한 지리적 장점을 역사적 인물과 당대 지도자(고려 충렬왕, 고노에 귀족원의장, 요시히토 친황, 융희황제, 이토 통감)의 행차, 방문 등을 통해 보족했다. 그런데 마산을 영광스럽게 만든 인물의 과반 이상이 일본인 황족, 귀족 등 지도자인데 반해, 두 명의 한국인은 아이러니하게도 한국의 역사적 상황을 왜곡하고 과거와 현재도 '식민지'라는 일본의 식민사관의 표상으로 작용할 수 있는 인물이었다.

즉, 고려 충렬왕은 원나라 쿠빌라이의 부마로, 한반도는 원의 영토로 제기하며 마산의 옛 명칭인 합포의 정동행영 행차를 기술했다. 원의 고려 '간섭'을 원의 고려 '지배'로 이해하는 일본의 식민사관을 그대로 드러낸 것이었다. 또한 융희황제의 마산항 행차와 관련해서는 이토 히로부미 통감과 통감부 직원, 그리고 호위하는 일본인 경관을 통해 행차의 웅대한 모습을 그렸다. 또한 행차

순종 순행 기념엽서 1, 2(허정도 블로그)

를 영광스럽게 만드는 의례의 절정을 일본 군함을 통해 제시했다. 이는 융희황제를 전면에 내세우면서도 그 주위를 일본이 에워싸고 있는 모습을 보여줌으로써 한국이 일본의 보호국 체제라는 반식민지 상태를 드러내는 일본인 중심의 서술이었다. 이미 일본인 중심의 역사를 예고했다고 할 수 있다.

곧바로 본격적인 역사 서술이 이어졌다. 마산의 상고사, 중고사, 근고사, 개항사, 동포발전사, 거류민단 시대사 요약이라는 순서로 과거사를 기술했다. 이와 같은 흐름은 마산의 기원으로부터 내려와 일본인 사회의 갈래가 들어오도록 한 것이 아니라 일본인 사회로부터 그 역사를 역으로 추적해간 것이라고 할 수 있다. 즉, 일본인과 관련된 마산의 역사 사실을 서술하며 개항 이후 본격화된 일본인 이주식민의 고난과 분투를 거류민단 시대사까지 제시한 것이었다. 그렇기에 마산의 상고사, 중고사, 근고사는 한국과 한국인의 역사가 아니라 일본과 일본인의 역사로 점철되었다.

"마산의 역사는 창원군의 그것과 분리해서 기술할 수 없다"고 전제하며 한국의 상고사 재료를 찾지도 않고 '없다'고 배제하며 중국과 일본의 상고사 재료를 토대로 "일본신화의 태고로부터 교친국으로 교호한 동근일종"인 "왜한"으로서 "고시가라국"을 마산의 기원으로 강조했다. 이른바 일본의 한반도 진출과 한반도 남쪽에 국가를 수립했다고 주장하는 임나일본부설을 그대로 마산에 대입한 것이다.

이어서 중고사로는 고려시대 원 간섭기 일본 정벌군의 출발지이자 일본 정벌의 실패와 관련해 마산을 기술했다. 여몽 연합군의 일본 정벌지라는 일본과의 관련성은 다시 현재의 일본의 조선 침탈과 일본인의 마산 이주식민이라는 관계에서 '역전의 관계'를 은연중에 표출했다. 더군다나 과거의 역사가 실패였다면, 현재의 역사는 마산의 발전을 이룩한 성공이라는 점에서 일본의 우위를 드러냈다고 할 수 있다.

또한 근고사로는 임진왜란과 함께 조선에 침략한 사츠마군의 호랑이잡이 기록을 통해 마산이 이미 일본의 수중에 있었다는 일본과의 관련성을 강조했다. 이처럼 마산의 역사를 정리함에 한국과 한국인의 역사를 모조리 은폐 또는 배제하고, 일본과 관련해 이미 일본의 영토일 수밖에 없는 점을 강조하며, 현재의 마산 일본인 사회의 전사로써 제기했다.

이어서 개항과 더불어 본격적인 이주식민의 일본인에 의해 침탈되는 마산의 상황을 새로운 토지의 '개척과 발전'이라는 관점에서 개항사, 동포발전사, 거류민단 시대사요로 구분해 서술했다. 특히 이 부분은 이미 출판한『마산번창기』의 내용을 세 시기로 세분화해 내용을 대폭 확대 서술한 것이었다. 일단 개항사로는 각국거류지와 영사관 설치를 시작으로 토지 경매 과정과 러시아와의 조차지 경쟁 또는 분쟁과 관련된 율구미 논쟁을 비롯해 전관거류지 설치까지 정리했다. 동포발전사와 거류민단 시대사요로는 자치 조직인 일본인회에서 거류민회를 거쳐 거류민단이 조직되는 과정과 함께 일본인 사회의 각종 행정 시설, 생활 및 거주 시설의 설치 등을 상세히 서술했다.

특히 개항과 함께 마산에 일본인이 안정적으로 정주할 수 있도록 처음의 각국거류지에서 일본인만의 전관거류지로 확대하는 과정을 상세히 서술했다. 이러한 과정은 마산으로 이주식민하는 일본인의 토지침탈 과정임에도 불구하고 일본 관민의 노력과 분투로 그리며, 특별히 러시아 조차지 저지 활동(일명, 마산포 사건) 등을 구체적으로 서술했다. 다른 한편, 일본인의 토지침탈 과정에서 벌어진 러시아 군인 또는 조선인과의 갈등과 피해 등을 고난의 역사로 함께 기술했다. 이른바 개항 이후 마산에 침략해 토지를 침탈하는 과정에서 러시아와 경쟁하고 조선인과 갈등한 것을 마산 거주 일본인의 고난과 분투의 역사로 규정한 것이었다.

| 러시아 영사관(왼쪽)과 율구미지 및 표간(오른쪽)(허정도 블로그)

한편, 『마산항지』 곤권은 현세사를 다뤘다. 현세사의 첫 번째, '개황 일반' 첫머리에서 스와는 "마산항에 거주하는 사람들은 참으로 행복하다"로 시작했다. 자연환경, 경제 환경, 문화 환경 등 발전된 마산의 현세를 칭송한 것이었다. 그런데 그 이유에 대해서도 명확하게 언급했다. "이런 행복

을 누릴 수 있는 것은 결코 우연만은 아닐 것이다. 모두 보호기관이 있으므로 가능하다는 점은 감사하지 않을 수 없다"고 했다. 즉, 일본의 조선 식민지화로 보호국 체제의 통감부로부터 강제 병합에 따른 조선총독부 설치에 이르기까지 일본인 사회를 보호하고 있기 때문에 우수한 자연환경과 함께 다방면에서 발전이 보장된 것이라는 제국주의와 식민주의 의식을 노골적으로 드러냈던 것이었다. 그렇다면 이때 마산항에 거주하는 사람들은 한국인이 아니라 일본인이며 그 현세의 각종 제도와 시설을 향유하는 행복은 일본인의 행복임은 자명했다.

따라서 현세사의 내용으로 마산에 이미 그리고 잘 갖춰져 있는 제(諸) 기관, 단체, 그리고 시설을 구체적으로 제기했다. 교육기관, 운수교통기관, 보건·의사·산파, 통신기관, 숭경신앙기관, 금융기관, 경비기관, 사직기관, 창원군청, 기업전습소, 남선일보사, 공장 및 제(諸)회사, 제(諸)단체, 긴지로분코[金次郞文庫], 겟포엔[月浦園], 중앙공설운동장, 일용품수급기관, 마산미곡상조합, 마산주조조합, 오락기관, 마산전온판매조합 등이 그것이었다. 물론 이와 같은 제(諸)기관, 제(諸) 단체에는 창원군청이라든지 한국인을 위한 기관이나 한국인이 속한 단체도 있었다. 하지만 모두 부수적인 차원에서 소략하게 언급될 뿐이었다. 마산의 현세를 나타내는 제(諸) 기관, 단체, 그리고 시설은 대부분이 일본인을 위한 것이었다.

| 1910년대 경남 마산시 마산우편국
　(부경근대사료연구소)

| 1910년대 마산공립심상소학교
　(부경근대사료연구소)

| 1910년대 일한와사전기주식회사
　마산지점(부경근대사료연구소)

| 1910년대 마산식산은행 앞
　(부경근대사료연구소)

　그뿐만 아니라 현세사로 일본인 중심의 경제 현황과 거주 잡황을 제시하는 한편, 일본인과 조선인의 잡속, 놀이, 위안을 구분해 정리했다. 나아가 언어와 문화에서 일본화하거나 조선화하는 마산의 현상을 기술하면서 이를 내선융화의 측면에서 살펴봤다. 그런데 이 글이 출판된 시점 자체가 3.1운동 이후 얼마 지나지 않은 시기였기 때문에 내선융화에서 내선일체로 아직 전환되지 못했다. 따라서 다소 내선융화의 모습을 가부장제 하에서 낭만적으로 서술하는 경향이 있었다.

　구체적으로 살펴보면, 기본적으로는 문화적 우위의 일본

화를 강조하면서도 한국인과 잡거하면서 생긴 한국어 사용에 따른 '일선 혼합어'의 출현을 당연하다는 듯이 예상했다. 그런데 내선융화와 관련해 또 다른 측면에서 주목되는 점은 내선융화의 주체로 모든 일본인과 한국인이 아니라 여성 또는 하층에 한정하는 듯 서술한 점이다. 예를 들어, 모든 규율 있는 운동의 일체화를 위해 내선인 여교사의 합동 교육이 필요하다든지 일본부인과 조선부인의 희생을 담보로 한 내선결혼을 '좋은 현상'으로 본다든지 일본인 중심의 시가지가 아니라 한국인과 잡거하는 지역의 일선 여자아동 간의 친교를 강조한다든지 하는 것이었다. 이는 남성 중심의 제국주의와 식민주의 인식의 전형을 보여준다고 할 수 있다.

| 마산역전(허정도 블로그) | 마산항평면도(허정도 블로그)

| 마산부전도(허정도 블로그)

끝으로 짧게 정리한 것이기는 하지만 마산의 미래사도 제시했다. 즉, 마산의 장래 시설 유치와 시가지 및 매축지 건설, 그리고 '마산 민중의 목소리'로 끝을 맺었다. 마산의 장래로 제기된 마산 군산 간 철도와 마산 목포 간 철도는 이른바 '마산부민'의 초미의 관심사로 마산항만 시설에 다대한 관계를 지닐 뿐만 아니라 남선의 지방 개발상 가장 중요한 것이었다. 다시 말하면, "조선의 문화, 산업 그리고 국방상 차질 없이 기초를 확실하게 만들어 반도통치의 근본책을 수립"할 수 있는 철저하게 일본인과 일본을 위한 철도였다. 또한 신마산과 마산포의 중앙부인 철도용지와 매축지의 시가지화와 마산포의 가로 및 기타 정리는 마산 일본인 사회의 확장을 위해 반드시 필요한 것이었다. 뿐만 아니라 마산 민중의 목소리도 마산부청, 유곽, 마산우편국의 이전문제와 중학교 설치 문제는 모두 마산 일본인 사회의 확장과 관련된 것이었다. 따라서 미래의 마산을 주도하는 '마산부민'과 '마산 민중'은 일본인에 다름 아님을 알 수 있다. 이상과 같이 『마산항지』는 과거와 현재와 미래를 철저하게 일본인을 중심으로 정리한 역사서였다. 이와 같은 일본인 중심의 역사 만들기는 다시 말해, 한국과 한국인의 역사를 부재 처리하며 은폐하고 일부의 왜곡된 내용을 포함시키면서 자신들의 역사를 만든 것이라고 할 수 있다.

3) 자타에 대한 시선과 인식

스와의 『마산번창기』와 『마산항지』는 식민지의 다른 지역 일본인 사회와 마찬가지로, 이미 확인한 것처럼 마산 일본인 사회의 '자기 서사'인 '역사 만들기'의 전형이었다. 식민지 일본인의 '역사 만들기'에서 당연하게도 일본의 한국 침략과 식민지화를 추동하는 식민지 거주 일본인의 제국주의와 식민주의 시선 및 인식이 그대로 녹아 있었다. 이를 일본(인) 자아와 한국(인) 타자에 대한 시선과 인식을 통해 확인할 수 있다. 물론 자타 관계는 우월한 자아와 열등한 타자였다.

먼저, 일본(인) 자아에 대한 시선과 인식을 살펴보자. 이 경우 본국 일본과 한국에 이주한 식민자 일본인 간의 차이를 보여준다. 또한 마산으로 이주한 일본인들 사이에도 미미하지만 차이는 존재했다. 하지만 결론적으로 말하면, 어쨌든 한국과 한국인에 대해 우월한 자아였다는 점은 분명했다. 그렇다고 하더라도 그 차이는 살펴볼 필요가 있다. 이른바 식민자 일본인의 제국주의와 식민주의로 무장된 '제국의식'과 함께 식민지 현장인 한국과 마산을 중심으로 한 '지역의식(지역성)'도 존재했기 때문이다.[7]

우선, 러일전쟁의 승리로 일본이 한국을 보호국화하면서 본격적인 식민지화에 매진하는 시점까지 한국과 마산으로 이주한 식민자 일본인은 일본 측 외교, 행정 등의 관공리에

---

7 전성현, 「식민자와 식민지민 사이, '재조일본인' 연구의 동향과 쟁점」, 『역사와 세계』 48, 2015.

대해 부정적인 시선을 지녔다. 즉, 외교관 중에 일부는 관권 만능주의자인데다 해관원 중 일부는 개인의 사복을 채우는 한편, 경찰관은 영사관만 지키고 "오만불손하며 뇌물이나 주지 않으면" 자신들과 같은 일본인을 지켜주지 않는다는 불만이 팽배했다. 이 때문에 식민자 일본인의 자위, 자치 기관 조직이 일찍부터 추진되었다. 마산도 마찬가지였다. 이러한 시선은 한국 침략과 식민지화는 자신들의 고난에 찬 개척정신과 분투에 의한 발전의 역사가 있었기에 이루어졌다는 인식이 깔려있기 때문이었다.

| 마산이사청(허정도 블로그) | 1910년대 경남 마산시 마산부청 (부경근대사료연구소)

물론 이와 같은 생각은 보호국 체제하의 통감부-이사청 설치와 강제 병합 이후 총독부-부청 설치에 따라 대부분 해소되었다. 앞에서도 언급한 것처럼 "마산항에 거주하는 사람의 행복"은 이와 같은 보호기관에 있다고 한 스와의 언급은 이를 잘 보여준다. 하지만 식민지에 거주하는 일본인들은 거주하는 공간의 장소성과 함께 발전이라는 측면에서 일본 제국주의와 식민주의에 기대면서도 '지역 우선'이라는 '지역주의'로 식민지 거주 현장인 마산을 중심에 두지 않을 수

없었다.

또한 한국과 마산으로 이주한 식민자 일본인 내에도 차이는 있었다. 우선 이주한 시기적 차이가 있었다. 초기 이주 식민자(고참자)와 후기 이주 식민자(신참자)의 차이와 갈등은 식민지 지역에는 비일비재했다.[8] 물론 스와는 다행히 마산에 그와 같은 "악폐는 없다"고 강조했지만 마산에도 차이는 있을 수밖에 없었다. 일반화하기 어렵겠지만, 마산포에 거주하는 초기 이주 식민자 일본인은 '시골뜨기'라 했고 신마산에 거주하는 후기 이주 식민자 일본인은 '에도뜨기'로 구분했다. 더구나 먼저 한국과 마산에 이주한 식민자 일본인들이 뒤에 이주한 식민자 일본인들에게 지세와 집세를 높게 책정해 이익을 추수하는 점에 대해 사회적 비판이 있는 점을 미루어 그 차이는 명백했다. 하지만 이 또한 마산 일본인 사회의 발전을 위한 것이라는 측면에서 제기한 것이었다. 따라서 "한인을 상대로 작은 자본으로 막대한 이익을 악착같이 남기면서 부자가 된" 일본인 고리대업자에 대해서는 "일본을 위한 생산증식의 자본을 공급하는 하나의 기관"이니 "동정해야 한다"고 강변하기도 했다. 이처럼 일본과 일본인을 우월한 자아로서 제국주의와 식민주의의 시선과 인식 속에 위치 지워질 때 그 차이는 미미할 뿐이었다.

---

8 박광현, 「재조일본인의 '재경성 의식'과 '경성' 표상」, 『상허학보』 29, 2010.

| 1920년대 경남 마산 본정통(부경근대사료연구소)

　한편, 한국과 한국인은 열등한 타자였다. 서구가 비서구를 위치 지웠던 '근대와 전통', '문명과 야만', '계몽과 미개'의 구조 그대로 식민자 일본인은 피식민자 한국인을 열등한 타자로 위치 지웠다.[9] 따라서 식민자 일본인의 입장에서 한국과 한국인은 여전히 벗어나야 할 전통 속에서 또는 꿈과 현실을 구별하지 못하는 미몽(미개) 속에서, 구시대의 해악과 습속을 몸에 지니고 있는 계몽해야 할 주체였다. 일반적인 표상으로 일본과 일본인이 어른이며 남자라면 한국과 한국인은 아이이며 여자였다. 이와 같은 문명론적 시선과 인식은 스와의 『마산번창기』와 『마산항지』 곳곳에서 발견된다.

　먼저, 한인의 전통적 제도와 풍습에 대해 '계몽'되지 못함

9　조현범, 『문명과 야만 - 타자의 시선으로 본 19세기 조선』, 책세상, 2002.

을 지적했다. 즉, 설날에 "국기를 게양한 적이 없다"는 점을 유감으로 삼았다. 또한 줄다리기가 생산물의 풍흉작에 관계한 '미신'에서 유래하며 또 줄다리기가 끝나고 해체하는 일이 액운을 부르는 일이라고 기피하는 점도 언급했다. 나아가 백일장이 옛 과거 시험을 흉내 낸 일종의 시골 유림의 문예놀이라고 하면서 그 폐해가 무학 문맹자는 물론이고 조혼의 폐습으로까지 이어져 있음을 강조했다. 따라서 강제 병합 이후 일본에 의해 한인들이 "향학심을 품고 문화의 선도자가 되어가는 기운"으로 기울어 "백일장 등제가 의미 없고 가소로운 것임을 깨닫게 되고 더불어 조혼의 폐해"도 인지해 가고 있어 "몇 년 후면, 이 문예놀이도 조혼도 같이 바로잡히게 될 것"이라고 주장했다.

| 1910년경 원산 건염어점 전경(허정도 블로그)

또한 한인의 자치 기관인 민의소와 관련해 "그 의사(議事)나 역소(役所)의 모양새는 볼 것이 없다. 명치유신 때 일본에서 이루어진 그것보다 더 유치한 것이거니와 사무소는 담배 피우는 휴게실 모양"이라고 폄훼했다. 한인의 학교인 간이농학교도 "허영심이 높은 선인 아동들은 항상 농업자를 멸

시하는 경향" 때문에 폐지되었다고 강조했다. 한인 단체로 마산청년회, 마산소년회, 마산번영회, 마산노농동우회, 삼산청년회, 마산구락부 등이 있었는데, "모임의 기반이 빈약함은 마치 공중누각"이라고 주장했다. 한인 조직과 단체 자체에 대한 정확한 이해에 기반하지 않고 일본과 단순히 비교해 보잘 것 없고 열등한 점을 부각했던 것이다.

한인에 대한 열등한 타자성의 강조는 주로 생활 습관, 기질, 성격 등에 집중되었다. 주목할 점은 온돌과 관련한 시선의 변화였다. 스와는 『마산번창기』에서 온돌에 대해 부정적이지 않았다. 즉 "거류민 중에 한인의 방을 빌리고 있는 사람들은 초겨울부터 온돌을 사용하여 기상을 하는데 계절이 마치 봄이나 가을과 같이 느껴져 그 사람은 죽을 때까지 그 온돌의 따스함을 잊지 못하겠다"고 한 점을 언급했다. 그런데 『마산항지』에서는 '난방망국론'과 함께 위생 문제로 파리 알이 온돌에 살아남는 점을 지적했다. 특히 이와 관련해서는 한인의 위생과 건강 관념의 결여를 주장했다.

한인은 공공심이 없이 쓰레기 상자를 한 집도 설치하지 않고 쓰레기를 길가에 버려도 아무런 죄책감도 느끼지 않는다고 하는 한편, 분뇨를 비료로 쓰긴 하지만 논밭에 시비할 때 이외에는 분뇨가 많이 남아 돈을 주어 투기하기도 한다고 사회 위생 관념의 결여를 주장했다. 또한 개인 위생 관념의 부재로 "목욕하고 몸을 깨끗이 하는 습관이 없"다는 점도 언급했다. 그런데 일본에 의한 개인 위생으로 목욕하는 것이 유행이 되면서 한인들도 목욕을 하기 시작했다고 지적했다.

그럼에도 불구하고 목욕탕에서 비눗물을 아무 데나 날린다든지 주요 부분을 씻지 않고 욕조에 들어온다든지 '방약무인'한다고 문명인의 덕목인 '공중도덕'의 부재를 비판했다. 이와 같은 위생 관념의 부

場 泉 溫 山 金 馬
| 마금산온천장(허정도 블로그)

재 또는 결여는 건강 관념의 부재로 이어졌다. 한인은 건강에 신경을 별로 쓰지 않는다고 하면서 미신이나 전통 의료 체계에 길들여 있는 점을 언급했다. 다만 이것도 일본으로 대표되는 근대적 의학에 의해 점차 계몽되어가고 있는 중이라고 주장했다.

한편, 한인들은 '원래' 과대망상에 빠져 있고 자존망대한 특성으로 허영심이 강하다고 했다. 이러한 점은 식습관으로 연결되었다. 한인 지게꾼의 경우 "많이 먹기로는 내지인 보통 사람의 세 끼 분량을 한때 먹어도 모자란 듯한 얼굴을 한다"고 폭식의 습관을 주장했다. 폭식 습관은 저축심이 빈약한 성벽과 허영심과 연결되었다. 즉, "내일의 생계 따위는 생각하지도 않고 꽤나 맛있는 음식을 사 먹고 또한 비싼 반찬으로 배불리 먹"고 "함부로 잘 입고 좋은 가죽신을 신고

시계의 금줄을 번쩍이게 하면서 대로를 활보하거나 혹은 금
은제의 장식이 달린 양지팡이를 집으면서 비단 두루마기를
입어 잘난체하는" 미래가 없는 민족으로 폄하했다. 한인 기
독교도조차도 "선도된 모습을 보여주지 못"하고 "협박, 허
위, 절도, 사기, 속임 등 온갖 악덕스러운 문자"에 덧씌워져
있으며, 여전히 고집스럽고 완고하여 세상에서 인정을 못
받고 있다고 악평했다. 특히 사기와 속임에 대해서는 토지
거래와 관련해 절대로 한인과 직간접적인 계약을 맺지 말라
고 할 정도였다.

　　하지만 이와 같이 한인을 열등한 타자로 보는 시선과 인식
은 기본적으로 한인의 반일적인 성향과 관련있는 것으로 보
인다. 스와는 마산의 한인이 일본의 강제 병합에도 '나하고
는 상관없다'는 태도를 보였고 또 일본의 문화를 따라가는
듯한 모습을 보였다고 했다. 하지만 마산의 한인은 개항 초
기부터 정기시(定期市)를 일본인 시가로 가져가자 운동을 전
개해 다시 되찾았으며 일본인과의 사이에 배일(排日) 열이 높
아져 있었다. 그 절정이 3.1운동이며 이를 전후해 일본인
과 만나도 피하지 않고 학교에서 선생님에 대한 경칭도 사
용하지 않을 만큼 악화되기도 했다. 관동대지진 때는 일본
인에 대한 적의가 더욱 깊어져 마산포에 사는 일본인에 대
한 적대의 풍설이 더욱 심해졌다. 한편으로 "사상은 점점 내
화되어 표면상 내선융화를 입에 달아도 내지상품의 비매동
맹을 종용하는 자도 있다고 전해지니 몰래 배일을 계속하고
있다"는 풍평(風評)이 있음을 밝혔다. 이와 같은 한인의 반일

적인 시선과 인식이 식민자 일본인으로 하여금 한인을 열등한 타자로 자리매김하는 것으로 이어졌다고 할 수 있다.

〈참고문헌〉

諏方武骨, 『山形名譽鑑 上卷』, 1891.

趙秉稷, 「城津 群山 馬山 三口開港과 平壤一區開市場에 關흔 請議書」, 『各部請議書存案』 5, 1898.5.26.

조현범, 『문명과 야만 – 타자의 시선으로 본 19세기 조선』, 책세상, 2002.

에릭 홉스봄 외, 『만들어진 전통』, 휴머니스트, 2004.

다카사키 소지, 『식민지 조선의 일본인들』, 역사비평사, 2006.

박광현, 「재조일본인의 '재경성 의식'과 '경성' 표상」, 『상허학보』 29, 2010.

이동훈, 「재조일본인 사회의 '발전사(發展史)' 간행과 식민자들의 창조된 '향토'」, 『비교일본학』 52, 2021.

전성현, 「'租界'와 '居留地' 사이 : 개항장 부산의 일본인 거주지를 둘러싼 조선과 일본의 입장 차이와 의미」, 『한일관계사연구』 62, 2018.

전성현, 「식민자와 식민지민 사이, '재조일본인' 연구의 동향과 쟁점」, 『역사와 세계』 48, 2015.

2. 스와 부고츠[諏方武骨]가 쓴 『경남사적명승담총(慶南事蹟名勝談叢)』_ 안순형

『경남사적명승담총』은 일제강점기에 『경상남도안내 : 시정 5년기념 조선물산공진회』(1915), 『마산번창기』(1926), 『마산항지』(1926), 『경상남도의 물산』(1927), 『경남지지(慶南地誌)』(1930), 『경남의 성지』(1931) 등과 함께 경남지역을 소개했던 대표적 성과 중의 하나이다. 이 책은 일본인 스와 부고츠가 경남지역의 명승지에 대해 정리했던 것을 그의 사후인 1927년에 지인들이 마산인쇄조합에서 간행했던 유고집이다. 책의 제자(題字)는 당시 경남도지사였던 와다 쥰[和田純]이 썼고, 서문은 당시 경남 내무부장이었던 마츠이 후사지로우[松井房治郎]가 지었다.

1) 스와 부고츠는 누구?

| 『경남사적명승담총』 내의 저자 사진(국립중앙도서관)

그(?~1927.2.8일)는 스와 시로[諏方史郎] 혹은 하쿠엔보[白猿坊]로 널리 알려졌다. 그는 아이즈번[會津藩]의 무사 가문 출신인 스와 고슈[諏方翁洲]의 차남으로 태어났다. 1868년의 '무진(戊辰)전쟁'으로 아이즈번이 몰락하자, 그의 아버지는 카키바라번[榊原藩]에 잠시 유배당했다. 그는 일찍이 아버지에게

영어·한문 등을 배웠고, 그 후로 시문에 눈을 떴으며, 역사에도 관심을 가졌다. 장성해서는 일본의 히로시마에서 ≪大板每日新聞(대판매일신문)≫의 기자로 활동하였고, 이 무렵에 오카야마[岡山] 출신으로 산파 자격증을 가진 보육원 교사와 결혼을 하였다.

그들은 1906년에 인천을 경유하여 3월쯤에 마산으로 왔다. 마산만이 호주의 시드니항, 미국의 샌프란시스코항 다음으로 뛰어난 산수를 지녔다는 서구인들의 평가를 인용한 것이나 러시아가 부동항을 개척하려고 마산으로 남하했던 것을 형세 및 풍광과 연관시킨 것으로 보아 그는 이곳에 큰 호감을 가지고 있었다는 것을 잘 알 수 있다. 그는 ≪부산일보≫, ≪남선일보≫의 기자 생활을 하였고, 부인은 고토부키마치[壽町, 현재 마산합포구 수성동]에서 조산원을 열어 생활하였다. 마산에 정착한 직후(6월)부터 그는 이곳의 현황을 조사하고 정리하여 1908년 9월에『마산번창기』를 완성하였다. 1926년에는 그동안 변환된 마산의 모습을 보강하여『마산항지』와 함께 다시 출간하였다. 마산은 일제가 한반도 수탈을 위하여 1899년에 군산 등과 함께 개항하여 크게 활용했던 곳인데, 그는 일본인의 관점에서 당시 식민지 마산이 개발되어 화려하게 변신해 가는 모습을 정리하며 자긍심을 드러내었다.

1909년경에는 '신궁봉재회(神宮封齋會)'에서 예부(禮部)의 직책을 맡았다. 이 때문에 마산신사의 창건을 위하여 2월 8일에 마산소학교에서 창건위원 10명을 선출할 때 '진지제식(鎭地祭式)'의 재주(齋主)로 뽑혔다. 3월 3일에는 미마스 구메키치[三增久米吉] 이사관을 포함한 마산지역 유지 70여 명이 참석한 가운데 그의 주재로 진지제가 거행되었다. 또한 1910년에는 마산의 일본인 거류민이 2,300호에 6,700명으로 급증하게 되자(1908년 말에 989호 3,687명), 일본인들의 제3회 민회의원 숫자도 기존 12명에서 16명으로 증가하였다. 이때 그는 개인적으로 경제 사정이 어려웠음에도 불구하고 치열한 경쟁을 뚫고 의원에 당선되기도 하였다.

민회의원을 마치고도 그는 계속하여 마산과 경남지역의 역사와 문화에 관심을 가졌다. 1915년에는 광전(廣田)중학교장 등 유력자들의 도움을 받아 그의 주도로 '조선사담회(朝鮮史談會)'라는 단체를 만들었고, 직접 회간(會幹)으로 활동하며 조사 결과를 '조선사담'이란 잡지로 출간하였다. 『마산항지』의 정가가 1.5원, 『경남사적명승담』의 정가가 1.7원일 때 연회비가 3원이란 많은 액수에도 불구하고 1915년 4월까지 조선·일본·대만 등지에서 약 200여 명이나 되는 회원들이 가입하고 있었다.

『경남사적명승담총』은 그의 유고작으로 1926년 9월에 출간된 『마산항지』에서 조만간 350쪽 분량으로 출판될 것이란 예고도 있었다. 이때 46항목의 목차가 제시되고, 경남 각지의 명승지나 사적에 관하여 가능한 사진을 첨부하여 연락을 줄 것을 부탁하고 있다. 이것으로 보아 당시 이미 기본적 집필 작업은 완료되었고 보충 작업을 하고 있었던 것으로 보인다. 1927년에는 원고를 출판사에 넘겨 교정지를 받

았지만 2월 8일의 사망으로 유고간행회에서 마무리 작업을
하여 출간되었다.

2)『경남사적명승담총』의 구성과 그 내용

(1)『경남사적명승담총』의 구성

맨 처음에는 송산(松山)이 당나라 시인 유우석의 7언 율시「서한산에서 옛날을 그리워하다[西寒山懷古]」의 일부인 '人生幾回傷往事, 山形依舊枕寒流[세상사 얼마나 지난 일에 상처를 입었나, 산들은 변함없이 찬 강물에 누웠네]'라고 읊었던 묵서가 있다. 다음으로 경남도지사, 내무부장, 저자, 그의 아

| 『경남사적명승담총』 앞 표지(국립중앙도서관)

내, 마산신사 등을 포함한 사진들이 있다.

서문에는 "내선인(즉 일본인과 조선인)이 혼연히 화합하여 하나가 되는 것이 합방의 이상이다", "내선인이 함께 조선사를 천명하여 반도문화의 진상에 투철하고, 피아(彼我) 민족이 동포동계(同胞同系)인 것을 마음의 깊은 곳에서 깨닫는다

271

면 양자의 혼일 융합은 손쉬울 것이리라"라고 '내선일체'를 강조하고 있다. 그는 스와가 한적(漢籍)에 상당한 조예가 있으며, 우국의 충정이 매우 깊다고 칭찬하였다. 만약 그가 오래 살았다면 조선사 전체를 망라했을 것이라는 안타까움을 드러내면서 『경남사적명승담총』그 자체도 이미 '남선사승(南鮮史乘)'의 압권이라고 극찬하였다.

이 책의 본문은 총 49항목에 220쪽으로 되어 있는데, 구체적 목차는 아래와 같다.

272

| 고려 공민왕 때 왜구를 물리친 장군동의 장장군묘(디지털 창원문화대전)

이 목차는 『마산항지』에서 예고했던 것보다 3항목이 더 많지만 350쪽이라 했던 분량보다 약 130쪽이 적다. 예고된 제18 "중국풍 건물인 진해 덕환관음당(德丸觀音堂), 불체(佛體)가 물 건너온 덕환 가문의 신앙담"이 삭제되고, 제18·제21·제32·제37의 항목이 추가되었다.

항목을 시간적으로 살펴보면 청동기시대 유적인 '덕산의 고인돌'부터

| 『경남사적명승담총』 근간 예고 목차 일부 (『마산항지』, 1926)

가야의 '김수로왕', 통일신라말의 '최치원', 고려시대의 일본원정 본거지인 '정동행성지', 조선시대 '임진왜란'을 거쳐 저자가 활동했던 식민지 당시의 '진영농장'·'진해 시가지'·'러시아의 부동항을 찾아 남하했던 것'까지 서술하고 있다. 지역적으로 분류해 보면 창원이 26개(마산 12개, 옛창원 10개, 진해 4개)로 절반 이상을 차지하고, 김해·진주·통영이 각각 3개, 밀양·합천이 각각 2개, 고성·남해·사천·양산·함안이 각각 1개이고, 현재 경남이 아닌 부산이 3곳, 울산이 1곳, 전남 순천이 1곳이다.

그는 경남지역에서 일본과 관련된 것에 많은 관심을 두었는데, 항목 수에서도 식민지 당시의 것이 제일 많고, 임란

과 관련된 것에 그다음을 차지한다. 식민통치의 정당성을 뒷받침할 수 있는 '임나일본부'와 관련된 항목도 있다. 그중에서 '제13 제포', '제22 사천왜성', '제28 울산성지', '제17 진영농장', '제21 진해 벚꽃', '제32 헌곡전' 등에 특히 심혈을 기울였다.

(2) 조선의 침략을 영웅적으로 묘사하다

제13의 '제포의 거류지'는 "웅천성 위의 비장한 소오 모리히로[宗盛弘]의 최후"란 부제를 달고 있다. 거류지가 있던 창원군 웅천면 제포는 일찍이 '내이포'라 불린 곳으로 성지는 조선 중종 5년(1510)에 축성되었다. 제포는 삼포 중에 규모가 가장 컸으며(1475년에 제포 300호, 1,731구 / 부산포 88호, 350구 / 염포 34호, 128구), 내사(內寺)나 승려의 숫자도 가장 많았다(제포 11곳, 45명 / 부산포 3곳, 5명 / 염포 1곳 1명). 하지만 왜구의 침범이 심화되자 조선에서 대마도 거류지의 철수를 요구하였고, 대마도주는 모리히로를 왜구로 위장시켜 조선을 급습하도록 하였다. 조선의 토벌군 1.5만 명이 출전하자 그는 병력 400여 명을 웅천성에 집결시켜 결사 항전을 준비하면서도 거류민은 철저하게 보호하려 했던 영웅적인 모습으로 묘사되고 있다. 뿐만 아니라 그의 사후 49일째 그가 사용했던 칼이 대마도 고향으로 흘러와 주민들이 거두어 '고기명신(高碕明神)'을 건립했다는 신비감도 추가하고 있다.

| 제포성지(문화재청)

　제22의 '사천왜성'과 제28의 '울산성지'는 임란과 관련된 내용이다. 이순신이 다시 발탁되어 남해안의 제해권을 장악하고, 계절마저 10월로 접어들자 왜군은 동남지역으로 물러나 전열을 정비하게 된다. 이때 울산부터 순천까지 70여 리의 험지마다 성을 쌓았는데, 총 18곳 중에 울산·양산·사천·순천의 왜성은 도요토미가 직접 지도를 살펴서 전략적 요충지에 선정한 곳이다. 사천왜성은 중로군이던 시마즈 요시히로[島津義弘]와 그의 아들 다다쓰네[忠恒]가 수비하였다. 내성에는 4중의 천주각을 세우고 바닷물을 끌어들여 해자를 만들었으며, 성 아래는 수백 척의 함선이 정박할 수 있도록 하여 방어와 수송에 편리를 도모하였다. 1598년 8월에 도요토미가 죽자 요시히로는 인근의 왜군을 사천왜성으로 집결시켜 10월 1일에 명군 20만 명과 결전하여 승리

하였다. 이때 명군의 진영에서 화약이 폭발하는 순간 흰 여우 1마리, 붉은 여우 2마리가 적진으로 돌진했다는데, 이것은 시마즈 가문의 수호신인 '도하신(稲荷神)'의 가호 때문이라 보았다. 이 전투는 임란 중에 왜군이 거둔 마지막 승리였다. 시마즈는 11월 19일 순천만에 고립된 고니시를 구원하기 위해 참전했다가 대패하고, 거제와 부산을 거쳐 일본으로 철수하였다.

'울산성지'는 "장려하고 비통을 다한 농성(籠城)일기"란 부제를 달고 있다. 이곳은 부산에 머물던 상장군 우키다 히데이에[浮奠秀家]의 명령으로 축성술에 뛰어났던 가토 기요마사가 2.3만 명의 역졸을 동원하여 쌓은 곳이다. 명군 총제독 형개(邢玠)는 왜군 중에 가장 용맹한 가토가 울산에서 축성 중이란 소식을 듣고 이곳을 공격하였다. 전투가 시작된 12월 24일에는 울산왜성이 아직 완성되지 않았고, 양식은 거의 고갈되었지만 다음해인 1598년 1월 4일까지 농성전이 펼쳐다. 기장에 체류 중이던 가토는 울산의 급보를 듣고 전투 3일째(26일)에 이곳으로 들어왔고, 나머지 원군 5만 명도 다음해 2일(8일째)에 도착하였다. 3일에 왜군이 승기를 잡자 명군은 4일에 퇴각을 하였다. 이에 가토 등은 6일 밤에 배를 타고 서생포의 근거지로 돌아갔다. 저자는 이 전투에서 조명연합군은 15,754명이, 왜군은 896명이 전사한 대승이었다고 과장되게 기록하고 있다.

(3) 식민지의 약탈을 근대화로 미화하다

제17의 '무라이의 진영농장'은 식민지 농촌의 풍요로움을 말하는데, "가을 바람에 들판이 춤추는 풍성한 황금물결"이란 부제를 달고 있다. 이곳은 경도 출신의 사업가 무라이 기치베에(村井吉兵衛)가 1906년을 전후하여 '쌀 증산을 목적'으로 매입하였다. 당시 미개간 국유지는 거의 양도되지 않았는데, 전촌무치(田村武治)를 통해 이완용과 이토 히로부미의 도움을 받아 손쉽게 소유권을 이전하였다. 낙동강변의 김해군과 창원군에 걸쳐 만들어진 농장의 면적은 약 2.6천여 정보(경작지는 1,814정보)에 달하였다. 그는 1907년에 제방을 축조하고, 관개수로·갑문 및 급·배수기를 설치하여 홍수와 가뭄에 대비할 수 있도록 하였다. 또한 농장 내에 도로·철

| 낙동강변 촌정농장 갑문 공사(서울역사박물관)

도를 부설하여 화물 운송의 편의를, 전화를 설치하여 통신의 편의를 도모하였다. 농장에서는 주로 쌀·보리·콩을 심

었는데, 1917년부터 4년간 평균 벼 생산량은 23,045석이었으며, 특산물로는 연초·마·양잠 등을 재배하였다. 저자는 무라이 농장에서 조선 소작인에게 혜택을 베풀어 '고복격양(鼓腹擊壤)'했다지만 농장 내에서 일본인과 조선인의 소작조합이 별도로 조직되어 있었고, 1922년 김해지역에서 동척의 소작료 불평등을 해결하기 위한 소작쟁이가 있었다는 사실을 감안할 때, 이곳도 결코 조선인 소작인에게 호의적이지는 않았을 것이다.

제21의 '진해시가 벚꽃과 팽나무'에서는 러일전쟁 직후부터 한반도에서 일본의 우월권이 인정되고, 진해만에 군항 건설로 신시가지가 조성되는 경위가 서술되어 있다. 시가의 중앙에 커다란 팽나무를 기준으로 8방의 직선 대로와 작은 도로가 거미줄처럼 조성되고, 군사 시설지로 수용된 주민들을 위하여 신시가지 경화동과 시장이 만들어졌다. 1910년에 처음으로 군항시설의 사무를 시작하여, 11년에 진해경찰서가, 12년에 진해우편국·진해세관지서·진해방비대·진해심상고등소학교가, 14년에 진해헌병분대, 15년에 요항사령부청사, 17년에 진해신사·진해면사무소가, 23년에 진해고등여학교가, 27년에 진해상선학교·국철 진창선(개통 예정) 등이 순차적으로 만들어졌다.

| 진해 우편국

   저자는 팽나무가 훼손당하지 않은 것은 조선인의 미신 때문이라 하였고, 진해를 대표하는 명물로 그 아래에는 『마산항지』에 기재되어 있는 총감 이토 히로부미의 시비(詩碑)가 있다고 하였다. 또한 1922년 건립된 덕환관음사는 진해여고 뒤편에 중국식으로 지어진 곳인데, 본존불은 북경 근처 진해사의 관음상으로 청나라 의화단운동 직후에 기증받아서 가져온 것이다. 이곳은 진해만에 입항하는 함대의 대표 장교가 반드시 참배를 하는 곳이 되었다고 하였다.

(4) '헌곡전'을 설치하고, '임나일본부'를 정당화하다

   제32의 '헌곡전'은 총 49항목 중에 가장 많은 분량을 차지한다. 헌곡전이란 일본 황실 제사령에 기초하여 매년 11월 23일에 신가전(神嘉殿)에서 거행되는 신상제(新嘗祭)에 햇

곡식을 바치는 경작지를 말한다. 매년 전국의 부·현·도 중에서 대상지를 지정하는데, 1925년에는 경상남도가 지정되어 창원군에서 담당하게 되었다. 도에서 유전병과 신체장애, 경제 상태, 청결한 농토 소유, 지역 평판 등의 엄격한 조건을 제시하자, 군에서는 일본 산구현(山口縣) 출신의 매전치랑(梅田治朗)을 추천하였다. 그는 1910년 3월에 조선으로 건너와 줄곧 상남면 남산리에 거주하며 남면농회장을 맡고 있었다.

총독부에서 그에게 허락이 떨어지자 진창선(鎭昌線) 성주 사역 아래쪽, 성주사에서 1리쯤에 헌곡전이 설치되었다. 도에서 연중 경작에 관한 행사 계획표를 작성하여 제공하고, '토지의 선정'부터 '수볼식(修祓式) 및 도청에 헌상미의 납부'까지 모든 절차에 관여하였다. 까다로운 경작 조건과 경작 비용의 부담에도 불구하고 봉경자로 선정된다는 것은 조선을 대표하여 신상제에 헌납하는 것으로 자신과 가문뿐만 아니라 지역에도 더없는 영광으로 여겨졌다.

뿐만 아니라 '임나'나 '불교'와 관련된 내용도 다수 언급되어 있다. 그는 함안군을 '임나일본부' 최후의 지역이라 보는데(제6) 신라가 일본의 대우에 불만을 품고 함안의 임나일본부를 격멸시켰다고 한다. 비록 일본이 562년에 토벌군을 보냈지만 결국 패배하고, 신라군에게 능욕을 당하며 일본부는 멸망하였다고 하였다. 또한 나말 9산선문 중 봉림산문의 개창조 진경대사의 비는 임나의 존재를 증명하는 것으로(제8) 고구려 '호태왕비'와 비교하여 한반도 역사의 일대 혁명이라 하였다. 그는 1906년에 처음으로 이 비석을 보았는데, 대사가 '임나 왕족'이란 비문에서 '임나일본부'의 근거를 찾아 식민지 조선의 통치를 정당화하려 하였으며, 1919년 봄에 총독부박물관으로 옮겨간 것을 위관을 더했다고 평가한다.

| 양산 통도사의 금강계단

불교와 관련해서는 합천 해인사, 양산 통도사뿐만 아니라 창원지역의 만월사지, 백월산, 불모산 성주사, 감천 광산사, 덕산사, 우곡사 등을 포함하고 있다. 이 중에서 '백월산 성도기'는 창원지역의 초기 불교 전파를 반영하는 중요한 자료이다. 저자는 『삼국유사』에 이것이 수록되어 있지만, 너무 괴이하고 즉신성불했다는 것도 날조된 것으로 의심하였다. 하지만 불교사의 흐름에서 '무량수불'보다 '미륵불'이 앞서고, 신라하대로 접어들면서 중앙의 통일성보다는 지방의

혁신을 중시하는 시대상을 잘 반영하고 있어 단순한 '우화의 설화'로 취급하여 날조라는 것은 합당하지 못하다.

불모산의 성주사는 승려 30여 명이 머물고 있었지만 1922년에 폐사를 신청했던 곳이라 하였다. 저자는 구전을 근거로 이곳에서 출가한 숙부인을 '관기'였다고 하고, 서울에서 그녀가 대마도에서 온 사신을 모시다가 그가 귀국하자 못 잊어 대마도로 가려고 창원까지 왔다가 결국 성주사에서 출가하여 지조를 굳건히 했다고 한다. 저자가 경남지역의 불교를 이렇게 평가한 것은 피식민지의 문화를 야만시하고, 자기 문화의 우월성과 식민지배의 정당성을 강조했던 식민주의자들의 시각을 그대로 반영하는 것이다.

이상에서 보았듯이 『경남사적명승담총』은 식민지 초반 일본인들의 한반도에 대한 입장과 경남지역의 실태를 파악할 수 있는 중요한 자료이다. 저자 스스로가 '내선일체의 이상을 실현하는데 일조하기 위하여' 이 책을 집필했다고 밝혔듯이, 한반도의 식민지배를 정당화하기 위해 한국고대사 내부에서 '임나일본부'의 근거를 찾으려고 하였고, 한국문화의 자주성을 반영하는 것을 날조라든가 미신이라고 폄훼하였다. 다음으로 양국간에 발생했던 사건들을 자국 중심으로 서술함으로써 삼포왜란이 왜구의 침범이 아니라 조선 관료의 무고와 포상을 위한 강압적 행위 때문이라 하였다. 또한 임란 때 시마즈는 전사자의 코를 베어 본영으로 보냈지만, 후에 기주 고야산(紀州 高野山)에 피아의 구별 없는 조혼비(弔魂碑)를 세웠다며, 이것을 "박애인동(博愛同仁)의 미거(美

擧)로 사가들이 탄미(嘆美)한다"고 한 것은 후안무치의 극치를 보여준다. 마지막으로, 오기 혹은 제목과 상관없는 내용이 혼합되어 있어, 신뢰성이나 체제의 일관성에 미흡을 보인다. 전자는 '헌곡전'의 경작자가 '梅田治朗'이라 했지만 《조선시보》에서는 '梅田次朗'이라 하였고, 후자는 제6의 임나일본부 함안군에서 '학을 길러 주어 보답을 받다[養鶴報恩]'거나 '함안차사(咸安差使)'의 이야기가 추가된 것이 대표적 사례이다.

〈참고문헌〉

스와 부고츠 유고간행회, 『경남사적명승담총』, 마산인쇄조합, 1927

『마산항지』, 조선사담회, 1926

마산창원지역사연구회, 『마산 창원 역사읽기』, 불휘, 2003

부록

Ⅳ. 부록: 조선시대 경남지역 지리지

1. 지리서 속의 경남

자료명/제작연도	내 용
경상도지리지 (慶尙道地理志, 1425)	조선시대 세종 7년(1425)에 작성된 경상도 지방의 지리지이다. 각 도의 지리지들과 함께 세종 14년(1432) 『팔도지리지(八道地理志)』로 간행되었으나, 『팔도지리지』나 다른 도의 지리지들은 전하지 않으므로 현존하는 가장 오래된 지리지이다. 내용은 예조에서 각 도에 보낸 통첩문에 의한, 인문·자연 두 방면의 13항목을 기준으로 서술되었다. 처음에는 경상도의 총설로, 이어 각론으로서 경상도를 경주·안동·상주·진주의 4도로 나누어 기술하였다. 또한 도내의 부·군·현의 행정 단위별로 고금의 연혁·계역(界域)·산천·관방(關防)·공물(貢物)·성곽·진영(鎭營)·병강(兵舡)·교통·고적·토의경종(土宜耕種)·토지·비척·호구·성씨·인물·봉화·기후·풍혈(風穴)·염분·목장·전설 등 인문·자연 두 방면에 걸친 지리적 사항을 빠짐없이 기록했다. 당대의 경남도 도세 일반을 한 눈에 파악할 수 있다. 특히, 군사관계·조세(租稅)·공부(貢賦) 등이 비교적 자세히 다루어졌다. 현존하는 조선시대 지리지 중 가장 오래된 것이며, 고려시대에 편찬된 『삼국사기』 지리지 다음가는 오래된 지리지로 사료의 가치가 높다. 또한 독립된 지리지로 작성된 최초의 것이며, 내용이 매우 풍부하고 상세하여, 조선 전기 지방사회를 이해할 수 있는 중요한 자료이다.
고려사지리지 (高麗史 地理志, 1451)	조선시대 문종 원년(1451)에 김종서·정인지 등이 중심이 되어 편찬한 기전체 『고려사』의 지리지이다. 모두 3권인데, 제1권은 서문에 이어 개성부(경기)와 양광도, 제2권은 경상도·전라도, 제3권은 교주도·서해도·동계·북계를 기록하고 있다. 전국을 개성과 5도(양광도·경상도·전라도·교주도·서해도)·양계(동계·북계)로 나누고 그 아래 주명·부명·군명·현명을 나열하여, 통속(統屬)관계만을 밝혔다. 그래서 현(縣) 이하의 행정구역에 대해서는 군현의 승강 이외에는 기록되어 있지 않아 성씨 및 군현 이하의 행정구역에 대한 지명이 많이 누락되었다. 각 도의 주목(主牧)과 영군(領郡)·속현(屬縣)을 나열하고 각각의 건치연혁(建置沿革)을 기록하였다.
세종실록지리지 (世宗實錄 地理志, 1454)	조선시대 단종 2년(1454)에 완성된 『세종장헌대왕실록(世宗莊憲大王實錄)』의 제148권에서 제155권까지 8권으로 실려 있는 전국지리지이다. 『조선왕조실록』은 모두 편년체이나, 『세종실록』만은 예지·악지·지리지·정산지(政算志)가 부록되어 있다. 세종 14년(1432)에 간행된 『팔도지리지』를 바탕으로 그 이후의 변동상황을 추가하였다 내용은 당시 수도였던 경도 한성부(漢城府)와 준수도의 지위를 갖고 있던 구도 개성유후사(開城留後司)를 독립적으로 다루었다. 이어서 경기도(41)·충청도(55)·경상도(66)·전라도(56)·황해도(24)·강원도(24)·평안도(47)·함길도(21) 등의 334개 고을로 이루어져 있다. 각 고을에는 일부 차이가 있기는 하지만 지방관의 등급과 인원, 연혁, 고을의 별호, 속현과 그 연혁, 진산과 명산대천, 고을 사방 경계까지의 거리, 호구(속현도 따로 기재)와 군정의 수, 성씨(속현도 따로 기재), 토질과 전결(田結), 토의(土宜), 토공(土貢), 약재, 토산, 누대, 역, 봉수, 산성, 제언(堤堰), 사찰 등의 순서로 기록되어 있다.

자료명/제작연도	내 용
경상도속찬지리지 (慶尙道續撰地理志, 1469)	조선시대 예종 원년(1469)에 작성된 경상도 지방의 지리지이다. 세종 7년(1425)에 작성되었던 『경상도지리지』를 보완하였다. 하지만 증보에 그치지 않고 항목 조정이 이루어졌다. 29개 항목으로, 첫째 인문·지리와 경제에 관한 제언(堤堰)·지택(池澤)·염분·약재·어량(魚梁)·도자기소·철장(鐵場)·향소(鄕所)·부곡(部曲) 등이 증가되고, 둘째 국방에 관한 양계절도사·야인소재(野人所在)·강무장講武場)·연대(煙臺)·봉화·역참 등이 증가되었다. 다만 국세에 관한 호구·공물조가 없는 대신, 누대·제영(題詠)·승사(僧寺)·원우(院宇)·정표문려(旌表門閭) 같은 항목이 추가되어 있다. 『경상도지리지』에 있던 호구(戶口)·전결(田結)·공물(貢物)·약제(藥材)·토산(土産)·토의(土宜)·군정(軍政) 등의 항목이 빠지고 명현(名賢), 토성(土姓)·수령(守令)·정표문려·능묘(陵墓)·누대(樓臺)·제영(題詠)·승사(僧舍) 등의 항목이 추가되었다.
신증동국여지승람 (新增東國輿地勝覽, 1530)	조선시대 중종 25년(1530) 이행(李荇)·윤은보(尹殷輔)·신공제(申公濟)·홍언필(洪彦弼)·이사균(李思鈞) 등이 『동국여지승람』을 증수하여 편찬한 지리서로 55권이다. 성종 12년(1481) 서거정 등이 편찬한 『동국여지승람』을 김종직(金宗直) 등이 수정하여 동왕 17년에 간행하였고, 그 뒤 연산군 5년(1499)에 성현(成俔) 등이 약간 수정한 것을 이행 등이 다시 증보하여 간행한 것이 바로 『신증동국여지승람』이다. 새로이 증보한 부분은 '신증(新增)'이라 표시하여 이전 것과 구별하였다. 권1에 경도(京都) 상, 권2 경도 하, 권3 한성부, 권4·5 개성부, 권6~13 경기도, 권14~20 충청도, 권21~32 경상도, 권33~40 전라도, 권41~43 황해도, 권44~47 강원도, 권48~50 함경도, 권51~55 평안도 등이 수록되었다. 내용은 각 도마다 변천과정을 시대순으로 기술하여 관원을 기재한 뒤, 군현별로 나누어 각 군현마다 건치연혁·속현·진관(鎭管)·관원·군명·성씨·풍속·형승·산천·토산·성곽·관방·봉수·궁실·누정·학교·역원·교량·불우·사묘·능묘·고적·명환·인물·우거·효자·열녀·제영 등 28개 편목으로 나누어 기록하였다. 이 책은 지리적인 면뿐만 아니라 정치·경제·역사·행정·군사·사회·민속·예술·인물 등 지방 사회의 모든 방면에 걸친 종합적 성격을 지닌 백과사전식 서적이다. 따라서 조선 전기 사회의 여러 측면을 이해하는 데 필수불가결한 자료로서 여러 학문에서도 중요한 고전으로 꼽고 있다. 그러나 세종 때의 지리지가 지녔던 장점인 토지의 면적·조세·인구 등 경제·군사·행정적인 측면이 약화되고, 인물·예속·시문 등이 강화되어 있다.
여지도서 (輿地圖書, 1765)	조선시대 1757년(영조33년)~1765년에 각 읍에서 편찬한 읍지를 모아 만든 전국 지리지로서, 영조 41년(1765)에 편찬되었다. 55책으로서 전국의 읍지들을 수합하여 편집한 관찬 지리지이다. 강도부(江都府)·경기도·충청도·강원도·황해도·평안도·함경도·경상도·전라도의 순으로 구성되었다. 각도의 채색지도와 고금연혁·군명 등이 기록되어 있다. 각 읍에도 채색지도가 실려 있고, 강성(疆城)·방리(坊里,戶口포함)·도로·건치연혁·군명·형승·성지(城池) 등의 항목으로 설정되어 있다. 전국에 걸쳐 동일한 시기에 작성된 읍지들이기 때문에 18세기 중엽 지방사회를 전국적으로 이해할 수 있는 중요한 자료이다.

289

자료명/제작연도	내 용
여지도서 (輿地圖書, 1765)	경상도에서는 울산부·양산군·영천군·흥해군·사천현·삼가현·의령현·하동부·산음현·안음현(安陰縣) 등 11개읍의 읍지가 결본이다. 주목되는 것은 방리·도로·부세에 관한 조항 및 각 읍지의 첫머리에 수록된 채색지도이다. 일반적으로 읍지의 제일 첫머리에 기재하던 건치연혁조보다도 방리조를 앞에 위치시킴으로써 당시 읍지 편찬자들이 이를 중시하였음을 알 수 있다. 각 읍지마다 거리와 방위 등이 정확한 대축척지도가 첨부되어 지도와 읍지가 밀접하게 결부된다. 읍지의 내용을 지도로 도식화함에 따라 읍지의 내용에 정확성이 증가되고, 지도의 이용으로 당시 사람들의 공간적 인식에 변화를 초래하게 되었다. 공시적 기록이라는 점도 의의가 크다. 전국에 걸쳐 동일한 시기에 작성된 읍지들로 이루어져 있기 때문에 18세기 중엽의 지방 사회를 전국적으로 이해하는 데 중요한 자료가 된다.
경상도읍지 (慶尙道邑誌, 1832)	조선시대 순조 32년(1832) 경에 편찬된 경상도 71개 군현의 읍지이며, 20책으로 구성되어 있다. 편찬 연대가 명시되어 있지 않으나, 각읍의 선생안조(先生案條)나 호구·전결의 기록 연대, 서원의 사액과 지명의 변천 등을 통하여 1832년에 편찬된 것으로 추정된다. 수록 항목은 총 40항목으로서 각 읍이 모두 같은 순서하에 체계적으로 정리되어 있다. 각 읍의 머리에는 채색지도가 첨부되어 있는데, 읍치(邑治)를 중심으로 하여 관아·향교·서원·산천·도로·봉수·역·사원 등이 간략하게 표시되어 있다. 이어서, 각 읍의 건치연혁·군명·관직·성씨·산천·도서·풍속·방리(坊里)·호구·전부·군액(軍額)·성지(城池)·임수(林藪)·군기·창고·관방(關防)·진보(鎭堡)·봉수·학교·단묘(壇廟)·총묘 또는 능묘·불우(佛宇)·공해(公廨 또는 宮室)·누정·도로·교량·제언·장시·역원·목장·형승·고적·토산·진공·봉름(俸廩)·환적(또는 先生案)·과거·인물·제영(題詠)·비판(碑板 또는 冊板) 등 역사·지리·정치·경제·사회·문화·풍속·인물·시문 등 여러 방면에 대한 자료가 기록되어 있다. 수록된 내용이 광범위하면서도 상세하다는 특징을 가지고 있다. 이 책은 18세기 중기에 전국 각 읍의 읍지를 수집하여 편찬한 『여지도서』 이후 70여년 만에 편찬된 도지로서 19세기 초엽 경상도 지방 각 읍에 관한, 가장 내용이 충실하고 방대한 자료이다.
가락삼왕사적고 (駕洛三王事蹟考, 1851)	가락국 수로왕·구형왕·흥무왕[김유신] 세 왕의 사적에 대하여 정리한 일종의 사찬읍지이며, 9권으로 되어있다. 발문의 내용으로 보아 김봉식(金鳳植)이 편찬한 듯하다. 책의 성격은 김해·산청·경주읍지에서 가야관계의 인물 및 고적 등을 모아 놓은 것과 같다. 조선시대 정조 24년(1800)에 출간되었다고 하나 초간본은 전하지 않는다. 철종 2년(1851)의 중간본이 남아있다. 제1권에는 수로왕묘비명(首露王廟碑銘)·왕산구형왕화상비명(王山仇衡王畫像碑銘)·왕산흥무왕사대비명(王山興武王射臺碑銘) 등 산청현 소재 유적들에 대한 비명들이 있다. 제2~4권에는 수로왕 및 관계 유적에 대한 각 사서·읍지 기록의 발췌와 조선 영·정조시기의 수로왕능 치제문, 제5·6권에는 구형왕에 대한 사서 기록 발췌와 전구형왕능의 발견 및 인정을 둘러싼 왕산사기(王山寺記) 등 제반 기록, 제7·8권에는 김유신에 대한 사서기록의 발췌와 김유신묘에 대한 치제문(致祭文)의 기록이 있으며, 제

자료명/제작연도	내 용
가락삼왕사적고 (駕洛三王事蹟考, 1851)	9권에는 부록으로 산청 구형왕릉 묘역을 둘러싼 1822년의 「국내범장굴이조관(局內犯葬堀移書關)」과 1840년의 「묘지비추입영제금양송(廟址碑推立營題禁養訟)」에 대한 해당 관청의 문건들이 수록되어 있다.
대동지지 (大東地志, 1864)	조선시대 후기 고종 원년(1864)에 김정호가 편찬한 지리서이며, 32권 15책으로 되어 있다. 철종 14년(1863)에 완성한 「청구도(靑丘圖)」의 지지(地誌) 부분을 보충한 것이다. 산수고(山水考)와 변방고(邊方考), 방여총지(方輿總志) 등을 새로이 첨가하였다. 「청구도」의 지도 부분을 재정리한 「대동여지도」와는 자매편이라 할 수 있다. 체제는 총목과 문목(門目)·인용서목(引用書目)·목록에 이어 경도·경기도·충청도·경상도·전라도·강원도·황해도·함경도·평안도·산수고·변방고·정리고(程里考)·방여총지의 순으로 되어 있다. 제24권까지의 도별 기록에는 각 군읍의 연혁·고읍·방면·산수(嶺路·島嶼)·형승·성지(城池)·영아(營衙) 등의 항목이 수록되어 있다.
영남읍지 (嶺南邑誌, 1871)	조선시대 고종 3년(1871)에 편찬된 경상도지방의 읍지이다. 전국적인 읍지 편찬 사업에 의해 보내온 경상도 각 군현의 읍지 및 역지(驛誌)·목장지(牧場誌)·진지(鎭誌)들을 한데 모은 것으로 17책이다. 경상도의 71개읍 가운데 거제·거창·김해·상주·선산·성주·창원·하동 등 8개읍을 제외한 63개읍의 읍지가 수록되어 있다.
영지요선 (嶺誌要選, 1876)	조선시대 고종 13년(1876)에 최석봉(崔錫鳳)이 영남지방의 읍지들을 간추려 만든 책으로 2권 2책으로 구성되어 있다. 상책에는 서(序)와 총목(總目)에 이어 경주·안동·대구·울산 등 경상좌도의 40개 읍, 하책에는 상주·진주·성주·창원·김해 등 경상우도의 31개 읍이 실려있다. 각 읍마다 연혁·산천·관사·방리·역로 등의 항목이 있다.
영남읍지 (嶺南邑誌, 1895)	조선시대 말기에 편찬된 경상도 지방의 읍지이다. 전국적인 읍지 편찬사업에 따라 고종 31년(1894) 11월부터 이듬해 5월에 걸쳐 작성된 경상도 각읍의 읍지들을 의정부에서 한데 묶은 것으로 34책이다. 경주·기장·영일·장기(長鬐)·진해 등 5개읍을 제외한 66개 읍의 읍지가 수록되어 있다. 이전의 읍지들을 거의 그대로 발췌해서 옮긴 것이며, 체제가 통일되어 있지 않다. 환적조(宦績條)만은 1894년 경까지 보완했다.

2. 경남지역 군현별 읍지

자료명/제작연도	내 용
함주지 (咸州誌, 1587)	조선시대 선조 20년(1587)에 정구(鄭逑)가 편찬한 함안군 읍지로 1책이다. 현전하는 사찬읍지(私撰邑誌) 가운데 가장 오래된 것이다. 사림 출신의 수령과 지역 인사의 합작으로 편찬된 이 읍지는 치읍(治邑)에 참고하려는 의도와, 자기 고장의 문화를 정리하겠다는 재향 인사들의 목적이 합치되어 완성되었다. 편찬 체재는 『동국여지승람』을 모방하였으나 항목이 훨씬 상세하다. 『신증동국여지승람』에는 없는 경사상거·각리·호구·전결·군기·제언·관개·임관·문과·무과·사마·정표·책판·총담 등의 항목이 첨가되었다. 이 항목들은 정치적인 면의 안민(安民)과 유교 도덕을 선양하는 선속(善俗)에 관계되는 것이다. 특히, 각리조는 사방 경계, 동서남북의 거리 및 리(里)의 크기, 속방(屬坊)의 수와 명칭, 토지의 비척, 수한(水旱,장마와 가뭄)의 정도, 거민(居民)의 신분·풍속 등이 기재되어 있어, 조선 중기의 촌락 편성과 주민의 신분 구조를 연구하는 데 중요한 사료가 된다. 호구조와 전결조도 각 리를 단위로 거민의 남녀 수와 전결 수가 기록되어 있어 지방사 연구에 귀중한 사료가 된다.
진양지 (晉陽誌, 1625)	1622년에서 1632년에 걸쳐 성여신 등이 경상도 진주의 연혁·인문지리·행정 등을 수록하여 편찬한 지방지이다. 채색지도가 첨부된 필사본이다. 정구가 편찬한 『함주지』의 영향을 받아 그 체재를 그대로 모방하여 충신·효행·열녀 등 충효사상을 강조하였다. 특기할 사항은 성여신 등 진주의 사림에 의하여 편찬되었기 때문에 각 면(面)·리(里)의 구역과 주민의 거주·신분·풍속·물산 등의 사실을 상세히 기록하고 있다.
천령지 (天嶺誌, 1656)	정수민이 경상도 함양군의 연혁·인문지리·행정 등을 수록하여 1656년에 사찬한 것으로서 2권 1책이다. 이 읍지는 경상도를 중심으로 17세기 중엽에 활발하게 편찬되었던 초기 사찬읍지 중의 하나로서 의의를 지니며, 읍지의 기본성격인 행정자료로서의 종합적 성격보다는 역사·문화 관련내용이 주가 되어 있다. 특히, 편자는 정여창(鄭汝昌)의 후손으로 인물관련 기록에 중점을 두어, 조선 초기·중기 이 지역의 인맥고찰에 중요한 자료가 되고 있다. 또, 함양군수로 재직하였던 김종직(金宗直)의 글을 비롯하여 많은 시문이 수집되어 있다.
회산지 (檜山誌, 1697?)	1697년(숙종 23) 이후 편찬된 경상도 창원대도호부의 읍지이다. 자료명의 '회산'은 창원을 이르는 또 다른 명칭으로, 읍지의 내제(內題)에 기재된 명칭이다. 본 읍지는 필사본이며 1책 11장으로 이루어져 있다. 지도는 첨부되어 있지 않다. 읍지의 구성은 비슷한 시기의 『여지도서』 및 19세기의 읍지들과도 차이를 보이고 있다. 읍지는 현재 전하는 몇 종의 창원 읍지 중 『신증동국여지승람』을 제외하면 가장 앞선 자료이며, 조선 후기의 읍지 중에서는 가장 먼저 편찬된 자료라는 특징을 지닌다
산청현읍지 (山淸縣邑誌, 1774)	1774년경에 편찬한 것으로 다양한 항목을 설정하여 18세기 후반 산청현의 여러 사정들을 잘 전해주고 있다. 읍지에 기록된 호구와 전결의 수로 미루어 볼 때 산청현은 조선후기 지방 고을들 가운데 비교적 규모가 작은 고을이었음을 알 수 있다.

자료명/제작연도	내 용
산청현읍지 (山淸縣邑誌, 1774)	읍지를 통해 산청현 소속 면들의 이름과 위치를 비롯해, 거주 성씨, 소재 산천, 학교, 사우, 관청, 제언, 창고, 교량, 역원, 누정, 사찰, 고적, 지역 인물 관련 정보 등을 확인할 수 있으며, 고을의 호구수와 토지결수, 조세 내역, 지역 토산물의 종류 등도 상세히 파악할 수 있다.
밀양부읍지 (密陽府邑誌, 1780)	1780년경에 편찬된 것으로 다양한 항목을 설정하여 18세기 후반 밀양부의 여러 면들을 잘 전해주고 있다. 호구와 전결의 수로 미루어 볼 때 밀양부는 조선후기 지방 고을들 가운데 비교적 규모가 큰 편이었다. 읍지를 통해 밀양부 소속 면리들의 이름을 비롯해, 지역의 풍속과 소재 산천, 제언, 성곽, 봉수, 학교, 사우, 누정, 관청, 창고, 교량, 역원, 사찰, 고적, 형승, 지역 인물 관련 정보 등을 확인할 수 있으며, 호구수나 토지결수, 조세 내역, 지역 토산물의 종류 등도 상세히 파악할 수 있다. 사회경제적인 부문과 관련된 기록이 풍부하며, 밀양의 문화적 환경을 파악할 수 있는 내용 또한 상세한 편이다. 이전이나 이후에 제작된 밀양 읍지들의 기록과는 차이를 보인다는 점에서, 다른 읍지 기록들과의 비교 분석을 통해 18세기 후반 밀양 지역의 변화상을 파악하는 데 유용하게 활용될 수 있는 자료이다.
고성현읍지 (固城縣邑誌, 1785)	1785년(정조9) 이후 편찬된 것으로 현재 행정구역으로 경상남도 고성군, 통영시 도산면 일대에 속한다. 소속 면리의 이름과 위치, 주변군현까지의 거리, 고성현의 역사, 거주하는 성씨 및 현의 풍속, 자연적 환경, 물산, 각종 시설의 위치 및 내력, 지역 인물 관련 정보, 인구수 및 토지 면적, 조세 및 환곡 등의 재정 내역 등이 상세하게 기록되어 있다. 이 책은 적은 분량이지만 다양한 항목을 설정하여 18세기 고성현의 사정을 기록하고 있다. 또한 비록 후대의 필사본이기는 하나 전후 고성 지방에 대한 읍지류들을 연결해주는 자료로 큰 특징을 가지고 있다. 다른 읍지들과의 비교를 통해 동시기 고성 지방의 사회경제적 변화 및 중앙의 지방 파악 방식의 변화를 살펴볼 수 있는 중요한 자료이다.
합천군읍지 (陜川郡邑誌, 1785)	1785년경 편찬된 것으로 현재의 행정구역으로는 경상남도 합천군 합천읍, 가야면, 야로면, 묘산면, 봉산면, 용주면, 대양면, 율곡면 일대로, 비교적 넓은 범위를 포괄하고 있다. 읍지를 통해 합천군의 역사, 거주 성씨 및 자연 환경과 풍속, 인구 및 토지 면적, 조세 등의 재정 내역, 각종 시설의 위치 및 내력, 지역 인물 등 지역의 기초 정보를 살펴 볼 수 있다. 호구와 전결의 수로 볼 때 합천은 조선의 지방 고을들 가운데 비교적 작은 규모의 고을이었다. 읍지는 다양한 항목을 설정하여 18세기 말 합천군의 생생한 정보를 전해주고 있다. 특히 균역법 이후 오십 년이 지난 상황에서 나타난 경제적인 변화를 본 읍지를 통해 확인할 수 있어 경제사 연구에 중요한 가치가 있다.

자료명/제작연도	내 용
김해부읍지 (金海府邑誌, 1786)	1786년경(정조 10) 김해부에서 편찬한 읍지이다. 읍지에서는 조선 전기 『신증동국여지승람』에서 강조되었던 문화면을 상징하는 인물(人物) 내용이 간결해진 반면에, 조적(糶糴), 전세(田稅), 균세(均稅), 봉름(俸廩) 등 실제 지방통치에 필요한 경제·군사적 측면이 비교적 상세히 기록되었다. 이 자료는 영조년간 지역통치정보를 확보하기 위해 작성된 『여지도서』를 저본으로 삼고, 정조년간의 변화상을 증보하였기에, 18세기 후반 김해의 사회상을 이해하는데 효과적이다
남해현읍지 (南海縣邑誌, 1786)	1786년경에 편찬한 것으로 현재 행정구역상 경상남도 남해군에서 창선면을 제외한 지역에 해당하며, 읍치는 남해읍 서변리, 북변리 일대에 있었다. 읍지는 다양한 항목을 설정하여 18세기 후반 남해현의 여러 면모들을 잘 전해주고 있다. 호구와 전결의 수로 미루어 볼 때 남해현은 조선후기 지방 고을들 가운데 규모가 비교적 작은 고을이었음을 알 수 있다. 읍지를 통해 남해현 소속 면리들의 이름과 위치를 비롯해, 소재 읍성, 형승, 산천, 사우, 관청, 창고, 역원, 관방, 봉수, 사찰, 고적, 진보, 토산물, 지역 인물 관련 정보 등을 확인할 수 있으며, 고을의 호구수와 토지결수, 조세 내역 및 재정 관련 사항 등도 상세히 살펴볼 수 있다.
곤양군읍지 (昆陽郡邑誌, 1786)	1786년경에 편찬된 것으로 현재 행정구역상 경상남도 사천시 곤양면, 곤명면, 서포면 일대와 하동군 진교면, 금남면 일부 지역을 포함하며, 읍치는 곤양면 성내리에 있었다. 읍지는 분량은 많지 않은 편이지만 다양한 항목을 설정하여 18세기 후반 곤양 지역의 여러 면모들을 잘 전해주고 있다. 호구와 전결의 수로 미루어 볼 때 곤양군은 조선후기 지방 고을들 가운데 규모가 비교적 작은 편이었다. 읍지를 통해 곤양군 소속 면들의 이름과 위치를 비롯해, 거주 성씨, 소재 산천, 성, 창고, 학교, 사당, 절, 관청, 도로, 교량, 제언, 장시, 역원, 형승, 고적, 지역 인물 관련 정보 등을 확인할 수 있으며, 또한 보유 병력과 전선 및 어선 내역, 호구수, 토지결수, 조세 내역, 재정 상황, 토산물 등도 상세히 파악할 수 있다. 조선시대 곤양 읍지 여러 종 가운데 본 읍지의 기록이 비교적 충실하고 자세한 편이다. 18세기 후반 곤양 지역의 사회경제적 변화를 파악하는 데 유용하게 활용될 수 있는 자료이다.
양산군읍지 (梁山郡邑誌, 1786)	1786년(정조10)경에 양산군에서 편찬한 것으로 현재의 행정 구역으로는 경상남도 양산시내 양산시내, 물금읍, 동면, 상북면, 원동면, 하북면, 부산광역시 북구의 구포동, 강서구 대저동·강동동을 포함하는 지역이다. 양산군의 읍치는 양산시내 북부동 일대에 있었다. 읍지를 통해 양산군의 역사, 소속 고을의 이름, 거주 성씨, 자연 환경, 물산, 각종 시설의 위치 및 내력, 지역 인물 관련 정보, 인구수 및 토지 면적, 조세 등 재정 내역의 정보를 상세히 살펴 볼 수 있다. 읍지는 18세기 후반 양산군의 사정을 파악하는 데 필요한 기초 자료이다.

자료명/제작연도	내 용
의령현읍지 (宜寧縣邑誌, 1786)	1786년경에 편찬된 의령현 읍지이다. 읍지에는 의령지역의 건치연혁, 형승, 성지(城池), 산천 등의 자연환경을 보여주는 내용과 역원, 목장, 봉수, 누정, 사찰, 고적, 환적, 인물 등 의령 지역의 제반 시설을 확인할 수 있는 항목 그리고 전세(田稅), 대동(大同) 등 부세와 관련된 항목이 수록되어 있다. 호구와 전결의 수로 볼 때 의령은 조선의 지방 고을들 가운데 중간 이상 규모의 고을이었다. 읍지는 조선 전기부터 내려오던 읍지 편찬의 성과를 기반으로 18세기 후반에 편찬한 것으로, 18세기 의령 지역의 사정을 파악하는 데 필요한 기초 자료이다.
진해읍지 (鎭海邑誌, 1786)	1786년경(정조 10) 편찬된 것으로 표제명은 '진해현읍지(鎭海縣邑誌)'이다. 진해현은 현재의 행정구역상 경상남도 창원시 마산합포구에 위치하고 있다. 읍지는 18세기 영조대 편찬, 간행된 『여지도서』와 편찬 체제와 형식이 유사하다. 체계화된 읍지편찬 방식 위에 지역에서 전승되는 정보를 수합, 정리함으로써 지리지 편찬의 목적을 충실히 이행해 나가고자 하였던 정조대 읍지 편찬의 한 면모를 보여주는 자료라고 할 수 있다. 비록 지역 내의 인물들에 대한 인문지리적 정보는 소략하나, 국가 통치에 필요한 자료들은 빠짐없이 싣고 있다는 점에서 18세기 읍지의 전형으로 볼 수 있다.
함안군읍지 (咸安郡邑誌, 1786)	1786년(정조10)경에 편찬된 것으로 함안군의 역사, 고을의 이름, 거주 성씨, 자연 환경, 물산, 각종 시설의 위치 및 내력, 지역 인물 관련 정보, 인구수 및 토지 면적, 조세 등 재정 내역을 상세히 살펴볼 수 있다. 호구와 전결의 수로 볼 때 함안은 조선의 지방 고을들 가운데 비교적 큰 규모의 고을이었다. 읍지는 18세기 함안 지역의 사정을 파악하는 데 필요한 기초 자료로 의미가 있다. 조선 중기 함안 지역의 사회, 경제, 문화적 변화상을 살펴볼 수 있는 중요한 자료이다.
칠원현읍지 (漆原縣邑誌, 1786)	1786년(정조10)경에 편찬된 것으로 현재 행정구역상 경상남도 함안군 칠원면, 칠서면, 칠북면 일대와 창원시 마산합포구 구산면 지역을 포괄하며, 읍치는 칠원면에 있었다. 읍지는 다양한 항목을 설정하여 18세기 후반 칠원현의 여러 면모들을 잘 전해주고 있다. 호구와 전결의 수로 미루어 볼 때 당시 칠원현은 지방 고을들 가운데 비교적 규모가 작은 고을이었음을 알 수 있다. 본 읍지를 통해 칠원현의 면 구성, 도로, 건치연혁, 거주 성씨, 소재성, 산천, 형승, 단묘, 관청, 제언, 창고, 역원, 봉수, 누정, 사찰, 고적, 진보, 토산물, 지역 인물 관련 정보 등을 확인할 수 있으며, 고을의 호구수와 토지결수, 조세내역 등도 상세히 파악할 수 있다. 읍지는 다양한 항목을 설정하여 18세기 후반 칠원현의 여러 사정들을 잘 전해주고 있다.
초계군읍지 (草溪郡邑誌, 1786)	1786년(정조10)에 편찬된 것으로 현재의 경상남도 합천군 초계면, 쌍책면, 청덕면, 적중면, 덕곡면 일대에 해당하며, 읍치는 초계면 초계리에 있었다. 읍지를 통해 초계군의 역사, 거주 성씨, 산천, 토산, 성곽, 누정, 학교, 원우, 불우, 사묘, 고적, 명환, 인물 등 지역의 기본 정보들

자료명/제작연도	내 용
초계군읍지 (草溪郡邑誌, 1786)	을 살펴볼 수 있다. 읍지는 적은 분량에도 불구하고 다양한 항목을 설정하고 세주로 자세한 설명을 덧붙여 18세기 말 초계군의 구체적인 면모를 잘 전해주고 있다. 초계군은 분지형태의 고을로, 호구와 전결의 수로 볼 때, 조선시대 고을 중 비교적 작은 규모에 속한다. 읍지는 정조대 이후 조선 후기까지의 초계군의 변화상을 파악할 수 있다.
삼가읍지 (三嘉邑誌, 1786년경)	1786년경에 편찬된 것으로 현재 행정구역상 경상남도 합천군 삼가면, 가회면, 대병면, 쌍백면, 신원면 일대에 해당하며, 읍치는 삼가면 금리에 있었다. 읍지는 다양한 항목을 설정하여 18세기 후반 삼가현의 여러 면모들을 잘 전해주고 있다. 호구와 전결의 수로 미루어 볼 때 삼가현은 조선후기 지방 고을들 가운데 비교적 규모가 작은 고을이었던 것으로 보인다. 읍지를 통해 삼가현 소속 면들의 이름과 위치를 비롯해, 소재 산천, 학교, 사당, 관청, 제언, 창고, 역원, 봉수, 누정, 사찰, 고적, 지역 인물 관련 정보 등을 확인할 수 있으며, 호구수나 토지결수, 조세 내역, 지역 토산물의 종류 등도 상세히 파악할 수 있다. 읍지 기록의 증보 사실이나 항목별 세부 기재 내용에서 변화된 사항들을 정확히 기록으로 남기고자 한 점이 두드러진다. 다른 읍지 기록들과의 비교 분석을 통해 18세기 후반 삼가 지역의 변화상을 파악하는 데 유용하게 활용될 수 있는 자료이다.
외역안 (外驛案, 1825)	1825년경 편찬되었고, 경상도 소재 자여도(自如道)의 외역(外驛) 소속 역리(驛吏)와 노비의 명단을 기록한 자료이다. 자여도는 경상도 지방에 설치된 역도(驛道) 중의 하나로 현재의 김해, 창원, 웅천, 칠원, 함안 일대를 관할하던 역도였다. 본 자료는 1첩 2절에 불과할 정도로 분량도 소략하며, 역에 소속된 역리와 노비의 명단만 나와 있을 정도로 그 내용이 간략하여 내용에 특별한 의미를 부여하기는 어렵다. 하지만 구체적인 위치가 확인되는 지역의 역명(驛名)과 인물의 이름, 노비의 역할분담이 나온다는 점에 자료적 의의를 둘 수 있다.
안의현읍지 (安義縣邑誌, 1832)	1832년(순조32) 안의현에서 편찬한 읍지이다. 필사본으로 1책 27장이며, 안의현의 채색 지도 1장이 첨부되어 있다. 안의현은 지금의 함양군 안의면, 서하면, 서상면과 거창군 마리면, 위천면, 북상면에 해당하며, 읍치는 안의면 금천리, 교북리 일대에 있었다. 읍지를 통해 안의군의 역사, 고을의 이름, 거주 성씨 및 군의 풍속, 자연 환경, 물산, 각종 시설의 위치 및 내력, 지역 인물 관련 정보, 인구수 및 토지 면적, 조세 및 환곡 등의 재정 내역 등의 정보를 상세히 살펴 볼 수 있다. 호구와 전결의 수로 볼 때 안의는 조선의 지방 고을들 가운데 규모가 작은 고을이었던 것으로 보인다. 이 책은 지역의 사회 경제적 상황을 파악하는 데 필수적인 항목을 빠짐없이 설정하여 19세기 초반 안의현의 사정을 상세히 기록하고 있다. 19세기 초반 안의 지역의 통치 기초 정보와 인물 관련 정보를 소개하고 있다. 따라서 19세기 초 안의현의 사정을 파악하는 데 필요한 기초 자료로 의미가 있다.

자료명/제작연도	내 용
통영지 (統營誌, 1843)	1843년~1865년경 편찬된 삼도수군통제영의 지리지이다. 통영은 삼도수군통제영의 약칭이다. 통영 자체적으로 내부 사정을 파악하기 위해 작성한 것으로 보인다. 각 시설이 만들어진 시기와 개보수 내역 등을 기록하여 통영이 어떻게 변천하여 당대의 통영이 되었는지를 파악할 수 있도록 하였다. 군액에 대해서는 관직 항목에서 각 명목별로 총수를 기록하고 군제 항목에서 다시 소속 편제에 따라 기록하여 군졸의 편제와 숫자를 자세히 알 수 있도록 하였다. 또 통영의 창고가 설치되었거나 통영에 조세나 진상에 쓰이는 물품을 바치는 각 섬, 통영 예하의 주사(舟師) 읍진(邑鎭)에 대해서도 자세히 기록하여 통영이 인근 지역을 어떻게 관할하였는지를 파악할 수 있도록 한다. 또한 통영을 의지하여 살고 있는 민의 동리와 호수, 장시와 점포, 제언 등도 기록하여, 군사 기관으로서의 통영만이 아니라 통영민의 생활에 대한 정보도 담고 있다.
경상우도의령현여지승람 (慶尙右道宜寧縣輿地勝覽, 1879)	1879년경 편찬된 것으로 의령현의 역사, 거주 성씨 및 자연 환경과 풍속, 인구 및 조세 등의 재정 내역, 각종 시설의 위치 및 내력, 지역 인물 등 지역의 기초 정보를 살펴 볼 수 있다. 호구와 전결의 수로 볼 때 의령은 조선의 지방 고을들 가운데 중간 이상 규모의 고을이었다. 이 책은 비록 분량이 많지 않지만, 군의 사정을 살필 수 있는 기본 항목들이 수록되어 있다. 정조 대에 편찬된 읍지와 비교해 보았을 때 추가된 항목이 다수 있어 시대적 변화에 따른 의령현의 변화를 확인할 수 있다. 특히 호포법 실시 이후 부세내역을 담고 있어 1800년대 후반 경제사정을 확인할 수 있다.
함안총쇄록 (咸安叢瑣錄, 1892)	1890년 1월부터 1893년 2월까지 함안군수 오횡묵이 재임하는 동안의 통치와 관련한 각종 업무를 비롯하여 이 지역 인사들과의 인간관계 등 부임지의 전반적 상황을 매일 자세하게 기록한 일기 형식의 글이다. 내제(內題)는 경상도함안군총쇄록(慶尙道咸安郡叢瑣錄)이다. 책머리에 지도를 싣고, 부임 절차와 부임 도중 지나치는 지방에 대해 기록하고 있어 다른 지방의 실태 파악에도 도움을 준다. 그리고, 이청(吏廳), 작청(作廳), 장청(將廳), 향청(鄕廳), 창고 등과 같은 지방 관청 공해의 위치와 구조를 상세히 설명하고 이서(吏胥)의 숫자와 성명을 기록하였고, 그 지방 읍지를 전사하여 관할 구역 민호, 결총, 수세 총액 등을 적어 놓았다.
고성부총쇄록 (固城府叢瑣錄, 1894)	조선말 고성부사를 지냈던 오횡묵(吳宖默 생몰년 미상)이 함안군수에서 고성부사로 부임한 1893년(고종 30) 1월부터 벼슬을 내려놓고 서울로 올라온 이듬해 10월까지 약 2년간 쓴 일기이다. 경상도 고성부총쇄록(慶尙道固城府叢瑣錄)이라고도 한다. 당시 고성의 관청 규모, 고성의 연혁, 인구, 세총(稅摠), 군총(軍摠) 등의 일반적인 상황뿐만 아니라 당시 영남 지역의 상황과 풍습, 생활에 대해서 상세히 기록하고 있어 귀중한 사료적 가치를 준다. '소소하고 자잘한 사실들의 기록'이라는 뜻을 가진 『총쇄록』은 관원일기 중에서도 내용이 매우 구체적이고 상세하다는 특징을 보인다. 공식적인 업무일지 성격의 자료가 아니라 개인적인 일기 자료이므로 진실성이 담겨있고, 수령 업무를 수행하면서 느낀 술회를 여러 편의 시(詩)로 표현하여 더욱 생생한 현장감을 준다. 이러한 『총쇄록』은 지방행정과 향촌의 실태 파악에 있어서 중요한 사료적 가치를 지닌 자료이며, 교육행정의 실상을 파악하는 데에도 매우 유용한 자료라 하겠다.

자료명/제작연도	내 용
고성부총쇄록 (固城府叢鎖錄, 1894)	당시의 지방 사정을 아는 데 좋은 참고자료가 된다. 특히, 1894년 동학농민운동 때의 영남지방의 정세와 사천(泗川) 등지의 민요(民擾)에 관한 상세한 기록이 있어, 동학농민운동과 경상도 지방의 민요를 연구하는 데 중요한 사료가 된다.
통영지 (統營誌, 1895)	1895년 지방제도 및 군사제도 개편을 앞두고 의정부의 명령을 받아 삼도수군통제영에서 편찬하여 올린 지리지이다. 통제영의 폐지를 앞두고 통영이 보유하고 있는 인적·물적 자원을 파악하는 데 초점을 두었다. 통영 소속의 각 관서별로 소속 인원과 지급 비용, 군기의 종류와 수량, 전함의 척수, 통영 각 창고에 남아있는 돈과 쌀, 통영의 1년 수입과 지출을 파악하였다. 그 밖에도 통영 소속의 각 공장(工房)과 소속 장인, 통영 성내외의 동리의 숫자와 호구수, 장시의 점포 개설 숫자 등을 밝혀 1895년 당시 통영 모습을 이해하는 데 도움을 준다.
거제군읍지 (巨濟郡邑誌, 1899)	1899년(광무3) 거제군에서 만든 읍지로 거제군의 역사, 소속 면리의 이름과 위치, 거주하는 성씨 및 풍속, 자연적 환경, 물산, 각종 시설의 위치 및 내력, 지역 인물 관련 정보, 인구수 및 토지 면적, 조세 및 환곡 등의 재정 내역 등이 상세하게 기록되어 있다. 호구와 전결을 볼 때 거제군은 중간 규모의 고을로 파악된다. 읍지는 분량이 많지 않지만 다양한 항목을 설정하여 19세기 말 거제군의 사정을 상세히 기록하고 있다. 따라서 전후의 읍지들과의 비교를 통해 동시기 거제 지방의 사회경제적 변화 및 중앙의 지방 파악 방식의 변화를 살펴볼 수 있는 중요한 자료이다.특히 지방제도 변화 이후 달라진 내용을 잘 반영하고 있다.
거창군읍지 (居昌郡邑誌, 1899)	1899년(광무3)경 거창군에서 만든 읍지로 군치와 주변군현까지의 거리, 거창군의 역사, 소속 면리의 이름과 위치, 거주하는 성씨 및 풍속, 자연적 환경, 물산, 각종 시설의 위치 및 내력, 지역 인물 관련 정보, 인구수 및 토지 면적, 조세 및 환곡 등의 재정 내역 등이 상세하게 기록되어 있다. 거창군은 중간 이상 규모의 고을이었던 것으로 보인다. 읍지는 분량이 많지 않지만 다양한 항목을 설정하여 19세기 말 거창군의 사정을 상세히 기록하고 있으며, 특히 이후 변화한 내용을 '신증(新增)' 항목을 통해 보완하였다는 점이 특징이다. 여러 읍지들과의 비교 분석을 통해 동시기 거창 지방의 사회경제적 변화 및 중앙의 지방 파악 방식의 변화를 살펴볼 수 있는 중요한 자료이다.
고성군읍지 (固城郡邑誌,1899)	1899년(광무3)경 고성군에서 만든 읍지인데, 현재 행정구역으로 고성군, 통영시 도산면 일대에 속한다. 읍지에는 고성군의 역사, 군치와 주변군현까지의 거리, 소속 면리의 이름과 위치, 거주하는 성씨 및 풍속, 자연적 환경, 물산, 각종 시설의 위치 및 내력, 지역 인물 관련 정보, 인구수 및 토지 면적, 조세 및 환곡 등의 재정 내역 등이 상세하게 기록되어 있다. 당시 고성군은 중간 이상 규모의 고을로 파악된다. 읍지는 인물 관련 기록이 매우 상세하다. 분량이 많지 않지만 다양한 항목을 설정하여 19세기 말 고성군의 사정을 상세히 기록하고 있다. 특히 편찬 이후에도 각종 수치들이 첨가되어 보완되고 있었다는 점이 특징이다. 여러 읍지들과의 비교 분석을 통해 동시기 고성 지방의 사회경제적 변화 및 중앙의 지방 파악 방식의 변화를 살펴볼 수 있는 중요한 자료이다.

자료명/제작연도	내 용
김해읍지 (金海邑誌, 1899)	1899년(광무 3) 김해군에서 편찬한 읍지이다. 조선시대의 김해부는 현재의 김해시 전역과 창원시 대산면, 부산광역시 강서구, 강동동 서쪽에 해당하는 큰 고을이었다. 목차는 [채색 지도], 목록, 건치연혁, 군명, 관직, 성씨, 산천, 풍속, 방리(坊里), 호구, 전부(田賦), 시기결총(時起結摠), 요역, 군액, 성지(城池), 임수(林藪), 창고, 군기, 수진 군기(水陣軍器), 관액(關阨), 진보(鎭堡), 봉수, 학교, 단묘(壇廟), 능묘, 불우, 공해(公廨), 누정, 도로, 교량, 도서(島嶼), 제언, 장시, 역원, 목장, 형승, 고적, 토산, 진공(進貢), 봉름, 환적, 음사(蔭仕), 유배, 과거문과, 무과, 노직(老職), 사마(司馬), 인물, 효행, 규행(閨行), 정표(旌表) 등으로 구성되어있다. 읍지는 1899년(광무3) 대대적으로 추진된 읍지상송령으로 편찬되었다. 이는 대한제국의 통치체제를 재정비하는 과정에서 갑오개혁 이후 지방의 행정정보를 새로이 확보하기 위하여 작성된 것으로 추정된다. 더욱이 18세기에 편찬된 읍지에 비해서 문화면의 기록이 보강되었을 뿐만 아니라, 부록된 지도에는 지역의 교통망 및 문화정보가 상세하여, 19세기말 김해 지역의 최신정보를 종합적으로 살펴보는데 유용한 자료이다.
남해읍지 (南海邑誌, 1899)	1899년경에 편찬된 것으로 다양한 항목을 설정하여 19세기 말 남해군의 여러 면들을 잘 전해주고 있다. 호구와 전결의 수로 미루어 볼 때 남해군은 지방 고을들 가운데 비교적 규모가 작은 고을이었다. 읍지를 통해 남해군 소속 면들의 이름과 위치를 비롯해, 거주 성씨, 풍속, 소재 형승, 산천, 섬, 성곽, 관방, 봉수, 학교, 역원, 사찰, 사우, 고적, 지역 인물 관련 정보 등을 확인할 수 있으며, 고을의 호구수와 토지결수, 지역 토산물의 종류 등도 상세히 살펴볼 수 있다. 읍지는 다양한 항목을 설정하여 19세기 말 남해군의 여러 사정들을 잘 전해주고 있다. 다른 남해 읍지 기록들과의 비교 분석을 통해 당시 남해 지역의 변화상을 살펴보는 데 유용하게 활용될 수 있는 자료이다. 읍지의 구성이나 항목명이 독특하다는 점에서 19세기 말 읍지의 계통을 연구하는 데에도 참고가 될 만하다.
밀양군읍지 (密陽郡邑誌, 1899)	1899년에 편찬한 것으로 다양한 항목을 설정하여 19세기 말 밀양군의 여러 사정들을 잘 전해주고 있다. 호구와 전결의 수로 미루어 볼 때 당시 밀양군은 지방 고을들 가운데 규모가 중간 정도에 해당하는 고을이었다. 읍지를 통해 밀양군 소속 면들의 이름을 비롯해, 소재 산천, 제언, 성곽, 봉수, 관방, 학교, 사우, 누정, 관청, 창고, 교량, 역원, 사찰, 고적, 형승, 지역 인물 관련 정보 등을 확인할 수 있으며, 호구수와 토지결수, 지역 토산물의 종류 등을 파악할 수 있다. 읍지는 다양한 항목을 설정하여 19세기 말 밀양군의 여러 사정들을 잘 전해주고 있다. 당시의 사회 변화가 반영된 기록들을 담고 있다는 점에서, 이전에 나온 밀양 읍지 기록들과의 비교 분석을 통해 밀양 지역의 변화상을 파악하는 데 유용하게 활용될 수 있는 자료이다.

자료명/제작연도	내 용
곤양군읍지 (昆陽郡邑誌, 1899)	1899년경에 편찬된 것으로 현재 행정구역상 사천시 곤양면, 곤명면, 서포면 일대와 하동군 진교면, 금남면 일부 지역을 포함하며, 읍치는 곤양면 성내리에 있었다. 1914년 행정구역 개편에 따라 사천군으로 편입되었다. 읍지는 짧은 분량이지만 다양한 항목을 설정하여 19세기 말 곤양군의 여러 면들을 잘 전해주고 있다. 호구와 전결의 수로 미루어 볼 때 곤양군은 지방 고을들 가운데 비교적 규모가 작은 고을이었다. 읍지를 통해 곤양군 소속 면들의 이름과 위치를 비롯해, 거주 성씨, 소재 산천, 성, 창고, 학교, 사당, 절, 누정, 관청, 도로, 교량, 제언, 장시, 역원, 형승, 지역 인물 관련 정보 등을 확인할 수 있으며, 또한 호구수, 토지결수, 고깃배와 소금가마의 숫자, 지역 토산물의 종류 등도 상세히 파악할 수 있다. 읍지는 이전에 제작된 곤양 읍지들의 기록과 분명한 차이를 보인다는 점에서, 읍지 기록들의 비교 분석을 통해 당시 곤양 지역의 변화 모습을 파악하는 데 유용하게 활용될 수 있는 자료이다.
사천읍지 (泗川邑誌, 1899)	1899년경에 편찬된 것으로 현재 행정구역상 경상남도 사천시 사천읍, 정동면, 사남면, 용현면 일대에 해당하며, 읍치는 사천읍 정의리와 선인리 일대에 있었다. 읍지는 다양한 항목을 설정하여 19세기 말 사천군의 여러 면들을 잘 전해주고 있다. 호구와 전결의 수로 미루어 볼 때 당시 사천군은 지방 고을들 가운데 비교적 규모가 작은 고을이었다. 읍지를 통해 사천군 소속 면들의 이름을 비롯해, 고을의 호구수와 토지결수, 형승, 읍성, 거주 성씨, 소재 산천, 사우, 관청, 제언, 창고, 교량, 역원, 봉수, 누정, 고적, 토산물, 지역 인물 관련 정보 등을 확인할 수 있다. 읍지의 체제는 기본적으로 18세기 이후에 나온 읍지들과 유사한 모습을 보인다. 다만 구성 항목과 순서에는 다소 차이가 있으며, 다른 사천 읍지들에 비해 전체적으로 기록이 소략한 편이다. 그러나 이전에 제작된 사천 읍지 기록들과의 비교 분석을 통해 19세기 말 사천 지역의 변화상을 파악하는 데 유용하게 활용될 수 있는 자료이다.
산청군읍지 (山淸郡邑誌, 1899)	1899년에 편찬한 것으로 다양한 항목을 설정하여 19세기 말 산청군의 여러 면들을 잘 전해주고 있다. 호구와 전결의 수로 미루어 볼 때 산청군은 지방 고을들 가운데 비교적 규모가 작은 고을이었다. 읍지를 통해 산청군 소속 면리들의 이름과 위치를 비롯해, 소재 산천, 학교, 사우, 사찰, 누정, 제언, 장시, 역원, 교량, 창고, 지역 인물 관련 정보 등을 확인할 수 있으며, 고을의 호구수와 토지결수, 지역 토산물의 종류 등도 파악할 수 있다. 읍지는 적은 분량이지만 다양한 항목을 설정하여 19세기 말 산청군의 여러 사정들을 잘 전해주고 있다. 이전에 제작된 산청 읍지 기록들과의 비교 분석을 통해 산청 지역의 변화상을 파악하는 데 유용하게 활용될 수 있는 자료이다.
단성군읍지 (丹城郡邑誌, 1899)	1899년경에 편찬된 것으로 현재 행정구역상 산청군 단성면, 신안면, 생비량면, 신등면 일대에 있었으며, 읍치는 단성면 성내리에 있었다. 1914년 행정구역 개편에 따라 산청군으로 편입되었다.

자료명/제작연도	내　용
단성군읍지 (丹城郡邑誌, 1899)	읍지는 다양한 항목을 설정하여 19세기 말 단성군의 여러 면모들을 잘 전해주고 있다. 호구와 전결의 수로 미루어 볼 때 당시 단성군은 지방 고을들 가운데 비교적 규모가 작은 고을이었다. 읍지를 통해 단성군 소속 면들의 이름을 비롯해, 거주 성씨, 소재 산천, 읍성, 창고, 봉수, 학교, 사우, 관애, 관청, 사찰, 누정, 교량, 제언, 장시, 역원, 고적, 형승, 토산물, 지역 인물 관련 정보 등을 확인할 수 있으며, 또한 고을의 호구수와 토지결수, 조세 관련 사항 등도 상세히 파악할 수 있다. 읍지는 다양한 항목을 설정하여 19세기 말 단성군의 여러 사정들을 잘 전해주고 있다. 이전에 제작된 단성 읍지 기록들과의 비교 분석을 통해 당시 단성 지역의 변화상을 파악하는 데 유용하게 활용될 수 있는 자료이다.
양산군읍지 (梁山郡邑誌, 1899)	1899년(광무3) 양산군에서 편찬한 읍지이다. 필사본으로, 1책 9장이며, 채색 지도 1장이 첨부되어 있다. 읍지를 통해 양산군의 역사, 소속 고을의 이름, 거주 성씨 및 군의 풍속, 자연 환경, 물산, 각종 시설의 위치 및 내력, 지역 인물 관련 정보, 인구수 및 토지 면적, 조세 및 환곡 등의 재정 내역 등의 정보를 상세히 살펴 볼 수 있다. 호구와 전결의 수로 볼 때 양산은 조선의 지방 고을들 가운데 중간 규모의 고을이었다. 읍지는 1899년(광무3) 대한제국 출범 이후 지방 행정정보를 새롭게 확보하기 위해 대대적으로 추진된 읍지상송령에 따라 편찬된 것으로, 분량은 많지 않지만 다양한 항목을 설정하여 통치 기초 정보와 인물 관련 정보를 기록하고 있다. 따라서 19세기 말 양산군의 사정을 파악하는 데 필요한 기초 자료로 의미가 있다.
의령군읍지 (宜寧郡邑誌, 1899)	1899(광무3)년에 편찬된 것으로 의령현의 역사, 거주 성씨 및 자연 환경과 풍속, 인구 및 조세 등의 재정 내역, 각종 시설의 위치 및 내력, 지역 인물 등 지역의 기초 정보를 살펴 볼 수 있다. 호구와 전결의 수로 볼 때 의령은 조선의 지방 고을들 가운데 중간 이상 규모의 고을이었다. 읍지는 1899년 전국적인 읍지 상송령에 따라 의령군에서 작성한 읍지이다. 1899년 당시 의령군의 행정과 인문지리에 대한 다양한 정보가 수록되어 있어 당시 의령군의 사정을 종합적으로 파악할 수 있는 중요한 자료이다. 관찬사서에서 밝혀지지 않은 부세에 대한 내역도 상세히 기록되어 있어 의령군에서 작성한 이전 읍지 혹은 인접군의 읍지와 비교 검토하여 경제적인 변화를 유추할 수 있는 자료로도 활용 가능하다.
진주군읍지 (晉州郡邑誌, 1899)	1899년(광무 3)에 편찬된 진주군 읍지이다. 조선시대의 진주목은 진주시 전체와 고성군 개천면 · 영현면, 사천시 시내 일부 · 축동면, 남해군 창선면, 하동군 옥종면 · 청암면 · 북천면 북부, 산청군 시천면 · 삼장면 · 단성군 서쪽에 해당하는 큰 고을이었으며 읍치는 진주시내 본성동 일대에 있었다. 읍지는 1899년(광무 3) 대대적으로 추진된 읍지상송령으로 편찬되었다. 이것은 대한제국의 통치체제를 재정비하는 과정에서 갑오개혁 이후 지방의 행정정보를 새로이 확보하기 위하여 작성된 것으로 추정된다. 더욱이 이전에 편찬된 읍지에 비해서 재정자료의 변화상이 뚜렷하여, 19세기말 진주 지역의 최신정보를 종합적으로 살펴보는데 유용한 자료이다.

자료명/제작연도	내 용
창녕군읍지 (昌寧郡邑誌, 1899)	1899년(광무3) 편찬된 창녕군 읍지이다. 표제명은 '경상남도창녕군읍지(慶尚南道昌寧郡邑誌)'로 되어 있다. 읍지는 편찬 시기와 기재 방식, 서지사항 및 표제, 인장 등의 여러 형식을 통해 볼 때 1899년에 있었던 읍지 상송령에 의해 만들어진 것임을 알 수 있다. 읍지의 체제는 대체로 18세기 중후반에 편찬된 이전의 창녕읍지를 준수하고 있으나, 조세와 군사제도와 같이 1899년 시점에 대대적인 개혁이 이루어진 부분에 있어서는 항목 설정에 변화가 있다. 반면 변화된 상황을 담지 못하고 있는 부분 역시 발견할 수 있다. 읍지는 1899년에 편찬된 경상도 지역 읍지의 특징의 한 면모를 보여주고 있다. 변화하는 사회 속에서 항목 구성에 변화를 꾀하기도 하였으나, 동시에 기존에 이어져 내려오던 정보를 답습하여 기재하는 이중적인 면모를 동시에 보여주기 때문이다. 아울러 창녕 출신의 유명 인물, 창녕에 소재하고 있는 다양한 제영(題詠) 및 비석의 음기(陰記) 등을 풍부하게 싣고 있어서, 19세기 창녕의 실상과 변화의 모습을 일목요연하게 살펴볼 수 있다.
영산군읍지 (靈山郡邑誌, 1899)	1899년(광무3) 영산군에서 편찬한 읍지이다. 본 책은 필사본이며, 1책 18장으로 되어 있다. 영산군의 채색 지도 1장이 첨부되어 있다. 읍지를 통해 영산군의 역사, 고을의 이름, 거주 성씨 및 군의 풍속, 자연 환경, 물산, 각종 시설의 위치 및 내력, 지역 인물 관련 정보, 인구수 및 토지 면적, 재정 내역 등의 정보를 상세히 살펴 볼 수 있다. 호구와 전결의 수로 볼 때 영산은 조선의 지방 고을들 가운데 규모가 작은 고을이었다. 읍지는 대한제국 출범 이후 지방 행정정보를 새롭게 확보하는 과정에서 대대적으로 추진된 읍지상송령에 따라 편찬된 것이다. 영산 지역의 기존 읍지 정보를 기반으로 새롭게 조사한 내용을 덧붙여서 통치 기초 정보와 인물 관련 정보를 소개하고 있다. 따라서 본 읍지는 19세기 말 영산군의 사정을 파악하는 데 필요한 기초 자료로 의미가 있다.
웅천군읍지 (熊川郡邑誌, 1899)	1899년(광무3) 편찬된 웅천군 읍지이다. 표제명은 '경상남도웅천군읍지(慶尚南道熊川郡邑誌)'로 되어 있다. 웅천군은 현재의 행정구역상 창원시 진해구, 성산구, 의창구 일부와 부산광역시 강서구 가덕도 일대를 관할하였다. 읍치는 진해구 성내동 일대에 있었다. 읍지는 1899년의 읍지 상송령에 의해 편찬된 것으로서 부세 정보, 군역 정보가 누락되어 있는 것을 알 수 있는데, 이는 갑오개혁과 광무개혁 등으로 변화된 사회상을 반영하고 있는 것으로 볼 수 있다. 웅천은 호구의 규모도 작았으며, 전결의 규모 역시 매우 작았던 지역으로 영세한 고을이었다. 읍지는 19세기 웅천 읍지 편찬의 전형을 보여준다. 1899년 읍지상송령 당시의 상황을 반영하여 편찬된 읍지이다. 따라서 읍지의 체제와 내용 역시 관찬읍지의 성격을 보이고 있다. 인물이나 연혁과 같이 웅천 지역의 인문지리적 정보를 상세하게 수록하기보다는 중앙 및 지방의 각종 통치를 위한 정보를 제공하기 위한 목적에서 편찬된 것으로 볼 수 있다. 그 결과 읍지의 분량은 소략하지만 지역의 전반적인 현황에 대한 정보를 압축적으로 담고 있는, 19세기 말 읍지의 전형을 보여준다고 할 수 있다.

자료명/제작연도	내 용
진해군읍지 (鎭海郡邑誌, 1899)	1899년(광무3) 편찬된 진해군 읍지이다. 표제명은 '경상남도진해군읍지(慶尙南道鎭海郡邑誌)'로 되어 있다. 진해군은 현재의 행정구역상 현재의 창원시 마산합포구에 위치하고 있었다. 읍치는 현재 마산합포구 진동면에 위치하고 있었다. 읍지는 편찬 시기 및 기재 양식으로 보았을 때, 1899년에 있었던 대대적인 읍지 상송령에 대응하여 편찬되었다. 표제와 인장 등이 이를 뒷받침해준다. 편찬 당시의 현실에는 부합하지 않는 항목을 간소화하고, 지역 내에 전하는 향시 급제자와 사로(仕路)에 나섰던 인물, 효자와 열녀 및 각자의 재주와 특기로 알려져 있던 인물들에 대한 정보를 충실하게 수록하고 있다. 읍지는 지금은 사라진 진해의 전통을 연구하는데 중요한 자료이다.
창원읍지 (昌原邑誌, 1899)	1899년(광무 3) 편찬된 창원군 읍지이다. 표제명은 '경상남도창원부읍지(慶尙南道昌原府邑誌)'로 되어 있다. 창원군은 현재 창원시의 일부에 해당하는 지역이다. 다만 지금의 창원시는 마산시와 진해시를 통합한 행정구역으로, 옛 창원군 영역 이상을 포괄하고 있다는 점에 차이가 있다. 읍지는 체제와 구성상, 1899년에 있었던 읍지 상송령에 의해 편찬된 것으로 파악된다. 비록 1899년의 읍지들에서 공통적으로 보이는 '참사관실(參事官室)' 인장과 표제명, 읍지 구성의 형식은 1899년에 편찬된 여타의 경상남도 읍지들과 유사성을 보인다. 이로 미루어 볼 때 읍지는 편찬의 1차적인 목적은 중앙의 필요에 의한 것이라는 점을 알 수 있다. 그러면서도 다양한 인물 정보를 충실하게 기록하였으며, 비판(碑板)과 같은 인문정보까지 충실히 기록하고 있다. 읍지는 현재 전하는 창원지역의 읍지들 중 체제와 형식 면에서 가장 정돈된 형태를 보이고 있으며, 내용 역시 가장 풍부하여 창원의 지역사를 연구하는 데 있어서 중요한 1차적 자료가 되고 있다.
하동군읍지 (河東郡邑誌, 1899)	19세기 말엽에 편찬된 것으로 현재 행정구역상 경상남도 하동군의 하동읍, 악양면, 화개면, 적량면, 횡천면, 북천면 방화리 · 사평리, 양보면, 고전면, 진교면 북부 일대에 해당하며, 읍치는 하동읍에 있었다. 읍지는 다양한 항목을 설정하여 19세기 말 하동 지역의 여러 면모들을 잘 담아내고 있다. 호구와 전결의 수로 미루어 볼 때 당시 하동은 지방 고을들 가운데 비교적 규모가 작은 고을이었다. 읍지를 통해 하동의 건치연혁, 면 구성, 거주 성씨, 산천, 성곽, 관방, 관청, 누정, 학교, 역원, 교량, 제언, 사찰, 사묘, 고적, 토산물, 지역 인물 관련 정보 등을 확인할 수 있으며, 고을의 호구수와 토지 결수 등도 상세히 파악할 수 있다. 읍지는 1895년에 나온 『영남읍지(嶺南邑誌)』 수록본과 거의 동일하지만, 마지막에 호구수와 토지결수 기록이 추가된 점, 선생안이 읍지 뒷부분에 부록으로 수록된 점이 다르다. 다른 하동 읍지들과의 비교를 통해 지역의 변화상을 연구하는 데에도 유용하게 활용될 만한 자료이다.
칠원현읍지 (漆原縣邑誌, 1899)	19세기 말엽에 편찬된 것으로 현재 행정구역상 함안군 칠원면, 칠서면, 칠북면 일대와 창원시 마산합포구 구산면 지역을 포괄하며, 읍치는 칠원면에 있었다. 1908년 함안군에 합병되었다.

자료명/제작연도	내 용
칠원현읍지 (漆原縣邑誌, 1899)	읍지는 다양한 항목을 설정하여 19세기 후반 칠원의 여러 면모들을 잘 담아내고 있다. 호구와 전결의 수로 미루어 볼 때 당시 칠원은 지방 고을들 가운데 비교적 규모가 작은 고을이었다. 읍지를 통해 칠원의 건치연혁, 거주 성씨, 면 구성, 소재 산천, 성, 창고, 진보, 봉수, 학교, 단묘, 능묘, 사찰, 관청, 누정, 제언, 장시, 역원, 형승, 고적, 도로, 토산물, 지역 인물 관련 정보 등을 확인할 수 있으며, 고을의 호구수와 토지결수, 조세내역 등도 상세히 파악할 수 있다. 19세기 말 지역 사회의 변화를 기록에 반영하면서도, 변화 이전의 상황을 담은 기록 역시 함께 수록한 부분들이 존재한다. 다른 칠원 읍지들과 함께 칠원 지역의 변화상을 연구하는 데 유용하게 활용될 수 있는 자료이다.
칠원군읍지 (漆原郡邑誌, 1899)	1899년(광무3)경에 편찬된 것으로 현재 행정구역상 함안군 칠원면, 칠서면, 칠북면 일대와 창원시 마산합포구 구산면 지역을 포괄하며, 읍치는 칠원면에 있었다. 읍지는 다양한 항목을 설정하여 19세기 말 칠원군의 여러 면모들을 잘 담아내고 있다. 호구와 전결의 수로 미루어 볼 때 당시 칠원군은 지방 고을들 가운데 비교적 규모가 작은 고을이었다. 읍지를 통해 칠원군의 건치연혁, 거주 성씨, 면 구성, 소재 산천, 성, 창고, 진보, 봉수, 학교, 단묘, 능묘, 사찰, 관청, 누정, 제언, 장시, 역원, 형승, 고적, 도로, 토산물, 지역 인물 관련 정보 등을 확인할 수 있으며, 고을의 호구수와 토지결수, 조세내역 등도 상세히 파악할 수 있다. 읍지는 다양한 항목을 설정하여 19세기 말 칠원군의 여러 사정들을 잘 전해주고 있다. 이전 시기에 편찬된 칠원 읍지들과의 비교 분석을 통해 지역의 변화상을 파악하는 데 유용하게 활용될 수 있는 자료이다.
함안군읍지 (咸安郡邑誌, 1899)	1899년(광무3) 읍지 상송령에 의해 함안군에서 편찬한 읍지이다. 함안군은 현재의 행정 구역으로는 경상남도 함안군 함안면, 가야읍, 여항면, 군북면, 법수면, 대산면, 산인면 일대로 읍치는 함안면 봉성리에 있었다. 읍지를 통해 함안군의 역사, 고을의 이름, 거주 성씨, 자연 환경, 물산, 각종 시설의 위치 및 내력, 지역 인물 관련 정보, 인구수 및 토지 면적, 조세 등 재정 내역의 정보를 상세히 살펴 볼 수 있다. 호구와 전결의 수로 볼 때 함안은 조선의 지방 고을들 가운데 비교적 큰 규모의 고을이었다. 읍지는 조선 후기에 해당되는 시점의 읍지로, 조선시대 함안지역의 모습을 파악하는 데에 필수적인 자료이다.
안의읍지 (安義邑誌, 1899)	1899년(광무3) 읍지 상송령에 따라 안의군에서 편찬한 읍지이다. 필사본이며, 1책 25장, 채색 지도 1장이 첨부되어 있다. 안의군은 지금의 함양군 안의면, 서하면, 서상면과 거창군 마리면, 위천면, 북상면에 해당하며, 읍치는 안의면 금천리, 교북리 일대에 있었다. 1914년 행정구역개편 때 함양군 안의면이 되었다. 읍지를 통해 안의군의 역사, 고을의 이름, 거주 성씨 및 군의 풍속, 자연 환경, 물산, 각종 시설의 위치 및 내력, 지역 인물 관련 정보, 인구수 및 토지 면적, 조세 및 환곡 등 재정 내역의 정보를 상세히 살펴 볼 수 있다. 호구와 전결의 수로 볼 때 안의는 조선의 지방 고을들 가운데 규모가 작은 고을이었다.

자료명/제작연도	내 용
안의읍지 (安義邑誌, 1899)	읍지는 1832년 편찬된 『안의현읍지』를 저본으로 하여 새롭게 조사된 내용을 덧붙였다. 따라서 읍지는 『안의현읍지』와 함께 19세기 전반에 걸친 안의군의 사회 경제적 변화상을 파악하는 데 필수적인 기본 자료로 의미가 있다.
함양군읍지 (咸陽郡邑誌, 1899)	1899년에 읍지상송령에 의해 편찬된 함양군 읍지이다. 함양군의 역사, 소속된 면리의 명칭, 관직, 산천을 포함한 자연환경, 물산, 시설의 위치 및 내력 인구수 및 토지 규모 등의 재정내역, 인물 정보 등을 상세하게 기록하고 있다. 호구와 전결의 수로 볼 때 함양은 조선의 지방 고을들 가운데 비교적 작은 고을이었다. 읍지는 함양군과 관련된 다양한 항목을 설정하여 1899년까지 군의 다양한 모습을 자세하게 전해주고 있다. 이전 시기에 편찬한 읍지와 비교해 볼 때 거의 항목 설정이 비슷하고 내용도 크게 다르지 않지만, 경제적인 지표를 나타내 주는 호구, 전결, 전세(田稅) 등에서 수치의 변화를 확인할 수 있다. 이를 기반으로 조선 후기 함양 지역의 사회경제적 변화상을 파악할 수 있는 중요한 자료이다.
합천군읍지 (陜川郡邑誌, 1899)	1899년 이후에 편찬한 합천군 읍지이다. 1914년 지방행정구역 개편 이후 당시 초계군(草溪郡)과 삼가현(三嘉縣)이 합천으로 편입되었다. 읍지를 통해 합천군의 역사, 거주 성씨 및 자연 환경과 풍속, 인구 및 토지 면적, 조세 등의 재정 내역, 각종 시설의 위치 및 내력, 지역 인물 등 지역의 기초 정보를 살펴 볼 수 있다. 읍지는 비록 분량은 많지 않지만 합천군의 변화상을 살펴볼 수 있는 좋은 자료이다. 정조대에 편찬된 읍지와 비교하여 약 한 세기 동안 합천군의 사회경제적인 변화 양상을 유추할 수 있다.
초계군읍지 (草溪郡邑誌, 1899)	1899년(광무3)에 편찬된 것인데, 지금의 합천군 초계면, 쌍책면, 청덕면, 적중면, 덕곡면 일대로, 읍치는 초계면 초계리에 있었다. 1914년 행정구역 개편 때 합천군에 통합되었다. 읍지에는 초계군의 역사, 성씨, 산천, 풍속 등 지리정보와 더불어 전세와 호구 등 부세의 기반에 대한 설명이 상세하게 수록되어 있다. 특히 1895년 을미개혁(乙未改革) 이후, 군 사정의 변화가 기재되어 1899년 초계군의 구체적인 상황을 잘 전해주고 있다. 호구와 전결의 수로 볼 때, 초계군은 조선의 지방 고을들 가운데 비교적 작은 규모의 고을이었다. 읍지의 각 항목 서술을 통해 을미개혁 이후 변화 양상을 확인할 수 있다.
삼가군읍지 (三嘉郡邑誌, 1899)	1899년경에 편찬된 것으로 현재 행정구역상 합천군 삼가면, 가회면, 대병면, 쌍백면, 신원면 일대에 해당하며, 읍치는 삼가면 금리에 있었다. 삼가군은 1914년 행정구역 개편에 따라 합천군으로 편입되었다. 읍지는 다양한 항목을 설정하여 19세기 말 삼가군의 여러 면모들을 잘 전해주고 있다. 호구와 전결의 수로 미루어 볼 때 삼가군은 지방 고을들 가운데 규모가 비교적 작은 고을이었다. 읍지를 통해 삼가군 소속 면들의 이름과 위치를 비롯해, 소재 산천, 읍성, 학교, 사당, 관청, 제언, 창고, 역원, 봉수, 누정, 사찰, 고적, 지역 인물 관련 정보 등을 확인할 수 있으며, 호구수나 토지결수, 지역 토산물의 종류 등도 상세히 파악할 수 있다.

자료명/제작연도	내용
삼가군읍지 (三嘉郡邑誌, 1899)	읍지의 체제는 기본적으로 18세기 이후에 나온 읍지들과 유사하나, 구성 항목에 다소 차이가 있고 전체적으로 기록이 소략한 편이다. 조세 부문과 관련된 항목이 대거 빠지고, 지역 인물 관련 기록도 이전 읍지들에 비해 축소된 모습이다. 하지만 19세기 말 삼가군의 변화가 반영된 기록들이 다수 보인다는 점에서, 다른 삼가 읍지들과의 비교 분석을 통해 삼가 지역의 변화상을 파악하는 데 유용하게 활용될 수 있는 자료이다.
진남군지 (鎭南郡誌, 1900)	1900년(광무4) 편찬된 진남군 읍지이다. 자료명은 '군지(郡誌)'로 되어 있으나, 내용상 여타의 읍지와는 다르다. 여타의 읍지들이 수십여 항목을 설정한 뒤 각 항목별 내용을 기재하는 형식을 취하고 있는데 비해, 본 자료는 진남군을 신설할 것을 청원하는 건의서 및 이에 대한 칙령(勅令)만이 실려있다. 따라서 본 자료를 통해 진남 지역의 자세한 정보를 얻을 수는 없다. 본 자료는 완결된 읍지의 형태를 취하고 있지는 않아서 새롭게 신설될 진남 지역에 대한 많은 정보를 얻을 수는 없다. 그러나 새롭게 신설될 진남 지역의 규모에 관한 대략적인 정보를 얻을 수 있다. 이울러 1900년의 시점에서 행정구역 개편이 어떤 절차를 통해 이루어지고 있었는지를 알 수 있게 해준다. 또한 내용의 대다수를 차지하는 청의서와 칙령을 통해 당시 공문서에 국한문 혼용체가 쓰이고 있음을 알 수 있다. 이처럼 본 자료는 내용의 소략함에도 불구하고, 20세기 초 중앙정부의 지방행정의 일면을 엿볼 수 있게 해주는 자료라고 하겠다.
경상남도영산군읍 지급읍선생안병록 선책 (慶尙南道靈山郡邑 誌及邑先生案幷錄 繕册, 1905년경)	1905년(광무9) 편찬된 영산군 읍지이다. 필사본이며, 1책 16장. 영산군의 채색 지도 1장이 첨부되어 있다. 영산군은 지금의 창녕군 영산면, 계성면, 장마면, 남지읍, 도천면, 길곡면, 부곡면에 해당하며 읍치는 영산면 성내리 일대에 있었다. 읍지를 통해 영산군의 역사, 고을의 이름, 거주 성씨 및 군의 풍속, 자연 환경, 물산, 각종 시설의 위치 및 내력, 지역 인물 관련 정보, 인구 및 토지 면적, 조세 내역 등의 정보를 상세히 살펴 볼 수 있다. 호구와 전결의 수로 볼 때 영산은 조선의 지방 고을들 가운데 규모가 작은 고을이었다. 이 책은 1899년(광무3) 편찬된 『영산군읍지』를 저본으로 하여 작성된 것으로, 항목의 설정과 목차가 거의 비슷하며, 내용도 상당 부분 겹친다. 하지만 기존 읍지의 오류와 시대 흐름에 다른 변화상을 꼼꼼하게 반영하고 있다는 특징이 있다. 1899년 읍지와 비교하여 본다면 식민지기 직전의 영산군의 모습인 19세기 후반에서 20세기 초반 상황을 면밀히 검토하는 데 필수적인 자료이다.
남해군읍지 (南海郡邑誌, 1907)	1907년경에 편찬된 것으로 다양한 항목을 설정하여 20세기 초 남해군의 여러 면모들을 잘 전해주고 있다. 이를 통해 남해군 소재 산과 하천, 소속 섬들, 고을의 풍속과 물산, 사단, 봉수대, 진보, 고적, 비갈, 원우, 사찰, 지역 인물 관련 정보 등을 상세히 살펴볼 수 있다. 남해 읍지는 현재 여러 종이 전해지고 있는데, 본 읍지의 체제와 구성은 다른 읍지들과 전혀 상이한 모습이며 기록된 내용 또한 많이 다르다. 사회경제적 부문과 관련된 내용은 모두 빠져 있으며, 지역의 역사와 문화적 환경을 살펴볼 수 있는 기록들은 상대적으로 상세하다. 다른 남해 읍지 기록들과의 비교 분석을 통해 남해 지역의 변화상을 살펴보는 데 유용하게 활용될 수 있는 자료이며, 일반적인 읍지들과는 전혀 다른 체제와 구성을 가진 읍지라는 점에서 읍지의 유형과 계통, 20세기 초 읍지의 특징과 변화를 연구하는 데에도 참고가 될 만하다.

자료명/제작연도	내 용
창원웅천읍지 (昌原熊川邑誌, 1908)	1908년경 편찬된 것으로 표제명은 '창원웅천읍지(昌原熊川邑誌)'로 되어 있다. 실질적으로는 창원군의 읍지와 웅천군의 읍지를 합하여 묶은 형태로 되어 있다. 창원군은 현재의 창원시의 일부에 해당하는 지역이다. 웅천군은 현재의 행정구역상 창원시 진해구, 성산구, 의창구 일부와 부산광역시 강서구 가덕도 일대를 관할하였다. 읍치는 진해구 성내동 일대에 있었다. 읍지는 서로 다른 역사과 전통을 지녔던 두 지역의 읍지를 합본 형식으로 편찬한 것으로, 실질적으로는 별개의 두 읍지를 묶은 것으로 볼 수 있다. 창원과 웅천은 서로 독자적인 역사를 지녔던 고을로, 20세기에 들어서야 행정구역 통합으로 하나의 고을이 되었던 지역이다. 비록 행정상으로는 통합되었다 하더라도 독자적인 읍지 편찬의 역사가 각기 존재하였던 만큼, 양 지역의 읍지를 통합하여 편찬하려는 시도보다는 각각의 지역에 전해지던 읍지를 취사선택하여 한 군데 모으는 방식의 읍지 편찬이 이루어진 결과 본 읍지가 탄생한 것이라 할 수 있다. 그 결과 비록 통합되고 완결된 읍지 편찬까지 나아가지는 못하였다는 한계를 지니고 있기도 하나, 행정구역 통합에도 불구하고 각 고을의 역사의식과 자의식은 여전히 강하게 남아있었다는 사실을 보여준다는 점에서, 본 자료는 20세기 초반 읍지에 대해 당대인들이 지니고 있었던 일면을 보여준다.
삼가읍지 (三嘉邑誌, 1908)	1908년에 편찬된 것으로 현재 행정구역상 합천군 삼가면, 가회면, 대병면, 쌍백면, 신원면 일대에 해당하며, 읍치는 삼가면 금리에 있었다. 삼가군은 1914년 행정구역 개편에 따라 합천군으로 편입되었다. 읍지는 1699년(숙종25)에 제작된 삼가 읍지를 토대로 내용을 수정보완하여 만든 읍지로서, 매우 다양한 항목을 설정하여 삼가 지역의 여러 면모들을 잘 전해주고 있다. 호구와 전결의 수로 미루어 볼 때 삼가군은 지방 고을들 가운데 비교적 규모가 작은 고을이었다. 읍지를 통해 삼가군 소속 면들의 이름과 위치를 비롯해, 삼가군의 풍속과 소재 산천, 읍성, 형승, 누정, 고적, 묘지, 학교, 사당, 관청, 창고, 제언, 역원, 봉수, 사찰, 장시, 삼가군의 호구수와 토지결수, 지역 토산물의 종류, 조세 내역 등을 확인할 수 있다. 특히 지역 인물 관련 기록이 풍부하다. 이전에 제작된 삼가 읍지들에는 나오지 않는 기록들이 다수 포함되어 있다는 점에서 본 삼가 읍지만의 중요한 가치가 있다. 또한 20세기 초 지방 사회의 구성원들이 자체적으로 만든 읍지가 어떠한 특징을 가지고 있었는지, 당시 읍지의 변화상을 연구하는 데에도 유용하게 활용될 수 있는 자료이다.
두류지 (頭流全誌, 김선신)	지리산(두류산)을 중심으로 한 여러 산·강·지·불우(佛宇) 등에 관하여 설명한 지리서로서, 2권 1책이다. 책머리에 천왕봉(天王峰)의 소재와 경계를 말하고, 지리산의 웅장함을 밝혔다. 권1의 제1장은 백두산에서 시작하여 지리산에 이르기까지 여러 명산의 산맥을 밝히는 두류조종보(頭流祖宗譜)가 기록되고, 제2장은 두류전신기(頭流全身記)가 기록되어 있다. 제3장은 두류자손록(頭流子孫錄), 제4장은 두류족당기(頭流族堂記), 제5장은 유수록(流水錄), 제6장은 여산군읍지(麗山郡邑誌), 제7장은 사원루정략(寺院樓亭略) 등으로 나누어 지리산 전체의 지리적 사항을 기재하였다. 권2는 사찰기(寺刹記)로서 지리산에 자리잡고 있는 여러 사찰의 소재지와 유래 등을 소개하였다. 그리고 고적차(古蹟箚)라 하여 지금까지 잘 알려지지 않고 있던 산중의 명승·고적 등도 아울러 소개하였다.

〈참고자료〉

서울대학교 규장각한국학연구원 지리지 종합정보(http://kyujanggak.
    snu.ac.kr/)

한국민족문화대백과사전(http://encykorea.aks.ac.kr/)